U0503179

全國高等院校古籍整理研究工作委員會直接資助項目

教育部人文社會科學研究資助項目

河南古都文化研究中心資助學術文庫成果

歷代買地券輯注

褚　紅　著

文物出版社

圖書在版編目（CIP）數據

歷代買地券輯注／褚紅著． -- 北京：文物出版社，2020. 10

ISBN 978 – 7 – 5010 – 6820 – 3

Ⅰ.①歷…　Ⅱ.①褚…　Ⅲ.①葬俗－研究－中國－古代　Ⅳ.①K892. 22

中國版本圖書館 CIP 數據核字(2020)第 186306 號

歷代買地券輯注

著　　者	褚　紅	
責任編輯	陳　峰	
封面設計	王文嫻	
責任印製	張　麗	
出版發行	文物出版社	
社　　址	北京市東直門内北小街 2 號樓	
郵　　編	100007	
網　　址	http：//www. wenwu. com	
郵　　箱	web@ wenwu. com	
經　　銷	新華書店	
印　　刷	北京京都六環印刷廠	
開　　本	710mm×1000mm　1/16	
印　　張	15. 5	
版　　次	2020 年 10 月第 1 版	
印　　次	2020 年 10 月第 1 次印刷	
書　　號	ISBN 978 – 7 – 5010 – 6820 – 3	
定　　價	178. 00 圓	

内容簡介

　　本書共輯録歷代買地券 40 件。輯録的原則是具有重要的學術研究價值，同時出土時間、地點明確。每件買地券盡量配以清晰的實物（拓本或摹本）圖版，力求展現原貌。所收買地券按購買冢地或逝者卒年（葬年）時間爲序。下以題記形式簡要介紹買地券的名稱、形制、尺寸、出土地點、研究概况等相關信息，然後依據實物（拓本或摹本）圖版，參校各家著録，重新標點録文，語詞校釋，并對相關問題做了探討，後附參考文獻，便於校檢。

凡　例

本書主要以歷代出土或傳世買地券的文字考釋、文本釋讀爲重點。主要包括定名、題記、録文、圖版、校釋、有關問題探討、主要參考文獻七個部分。

1. 不管原件有無標題，統一以朝代、姓名、質地命名。下附題記，主要介紹出土時地，現藏地；原件完缺情況、形制、質地；券文鐫刻方式、行數、字體，定名依據，以及前人著録研究情況。

2. 在録文中盡可能尊重原券（拓本或摹本）等直觀材料所反應的券文原貌，如實保留原文的用字特點，當時已用的簡體字、俗體字、異體字、假藉字、古字等，一般不用通用字取代。如，"直錢"不改"值錢"、"后土"不改"后土"、"扜"不改"於"。"万"和"萬"、"无"和"無"、"为"和"爲"、"台"和"臺"等，都按照原來面貌反映在録文中。再如"錢"字和"畝"字都有多種異體字，也原貌保留，不予篡改。

3. 本部分提供買地券的實物、拓本或摹本圖版，方便讀者查驗，校核文字，做出自己的判斷。同時，提供器物圖版有助於研究者瞭解買地券載體的情況。

4. 買地券文字隸定及標點大多參照諸家材料的綜合研究成果。券文缺字，單字顯示一個"□"，多字顯示相應數目的"□"；缺多字且難以判斷字數的用"……"表示。缺字據文意補充的，在補字外加框。原録文有誤，進行校改的，用總括號標注正確録文，并在後面用圓括號標注原録文。

5. 券文行與行之間以"/"隔開。對已有録文進行詳細校勘，補充闕漏，辨正訛誤。對疑難語詞、特色語詞等進行考辨，溯源探流，注文力求表述準確、科學。對文字、語句的注釋力求全面深刻，一般都有較爲深入的考證。對於一些重要的、共同性的問題，專闢"有關問題探討"一欄加以探討。其他研究者的解釋，也列於文中，以備眾説，供讀者參考。

目　録

第三章　隋唐宋金買地券輯注

第四章　元明清買地券輯注

第一章　東漢三國買地券輯注

墓葬中埋葬實物文字資料的習俗起源於秦漢，發展於魏晉，興盛於唐宋，明清延續，直至民初。這與長期以來傳統文化中喪葬禮儀習俗的融合及發展、政府層面的干預影響及民眾生死觀念的共識有着密不可分的關係。買地券分布呈現出一定地域特點，早期多出自中原地區，魏晉之後逐漸向周邊地區輻射，至遲到唐代已流行至全國大部分地區。

本部分共收錄買地券 10 件，其中東漢 8 件，三國 2 件。東漢時期多集中出土於河南地區，同時山西、河北也有少量出土。這一時期買地券主要是仿簡策製作，多使用長條形鉛板，也有用玉板和陶柱。買地券的行文特徵是模仿人間地契的樣式，界定土地交易的各項要素，但厭鎮鬼神之語也是買地券的重要部分。

三國時期，遭受"初平、興平之亂"打擊的洛陽、關中地區隨葬買地券習俗處於中斷狀態。吳國建業附近取代洛陽及其周邊地區，成爲買地券製作和使用最集中的地區。三國時期的買地券吳國出土最多。從東漢買地券以洛陽爲中心分布這一情況判斷，吳國使用鉛券的習俗應是從中原傳入的，傳入者多爲洛陽方士，買地券形制與行文多沿襲東漢特點。

東漢永平十六年（73）姚孝經買地陶券

【題記】

1990 年 1 月，出土於河南省偃師縣城關鎮北窑村東磚場，現藏偃師商城博物館。墓室爲十字形，從墓門到後室，長 555 厘米，前室寬 754 厘米。其東側的南北放有兩棺。陪葬品除了已經腐朽的漆器類物品外，祇有陶製品 44 件，五銖錢幣 1 枚，以及這塊買地券。

買地券平放在墓葬前室東側靠南的木棺前面，泥質灰陶，正方形。四邊規整，尺寸是 40 厘米 ×40 厘米，厚 5 厘米。正面磨光，背面平整無紋。券文正面從右至左陰刻隸書 6 行，行 5～8 字不等，加上漫漶不清者共約 40 字。筆畫硬直，字體大小排列不勻。刻法不一，多數爲陰刻尖底。從字體瘦硬的綫條來看，文字應該是刻在燒好的乾磚塊上的。另外，從前 3 行和後 3 行之文字的大小，以及結構上的差異看，好像是没有用朱墨書丹而直接刻上去的。今依照拓本圖版，參校各家著録，重新校録如下（圖一）。

【録文】

永平十六年四月廿/二日，姚孝經買〔1〕槁/偉〔2〕冢地〔3〕約畝〔4〕。出/地有名者〔5〕，以卷/書〔6〕從事〔7〕，歷中/□弟□周文功□〔8〕。/

圖一　河南偃師出土姚孝經買地陶券拓本（《考古》1992 年 3 期，230 頁）

【校釋】

〔1〕“買”，王木鐸録作“寘”，通“置”。涂白奎認爲，應是“買”字，字從四從貝，因爲“四”字兩邊的豎畫下出較長而導致了誤識。

〔2〕“槁偉”，王木鐸録作“槁偉”，通“蒿葦”，意謂長滿蒿葦的荒地。涂白奎認爲王氏誤讀“槁偉”爲“蒿葦”，其説不但與人們對葬地選擇的習俗不符，而且還湮没了賣主的姓名，進而模糊了磚文所明確表現的冢地買賣的性質。因爲“葦”這類植物一般生長在下濕之地，而下濕之地是不可能被選作墓葬用地的。涂氏認爲，“槁”，當讀作“橋”。“橋”從木從喬，“喬”從“高”得聲，因此，“槁”“橋”可通。《漢書·儒林傳》見“橋庇”之名，顔師古注：“姓橋，名庇，字子庸。”其人曾從孔子弟子受《易》。此外，《天下碑録》還見《漢太尉掾橋載碑》《漢橋玄碑》。蔡邕《故太尉橋公廟碑》云：“橋氏之先出自黄帝。”可知“橋”還算是著姓。毛遠明録作“槁偉”，認爲“槁”，通“蒿”。“偉”，通“葦”。“蒿葦”，蒿草蘆葦，爲荒蕪的墓地。毛氏認爲《漢魏石刻文字繫年》據《考古》報告録文，懷疑是“庫”字，非。

〔3〕“冢地”，王木鐸録作“冏”，未釋其義。涂白奎細審拓本，認爲此字還有一些較爲模糊的筆畫，可能爲“冢”或“家”字。毛遠明依據《洛陽新獲墓志》録作“冏地”，曰：“冏，字不識。《洛陽新獲墓志》未考證。反復揣摩，應是‘冢’字。‘冢地’，冢墓之地。”今從毛氏之説。

〔4〕“約畝”，王木鐸録作“約甶”，未釋其義。涂白奎認爲“約”下一字作“甶”，或可讀做“畝”，“畝”字本從田從每，寫作“畮”，《説文》或體又作“畝”，從田從十從久。而磚文寫作“甶”，當是田十的合書，此或爲省簡的俗寫體。毛遠明録作“約甶”，認爲“甶”字，字書不載，應是“束”字的俗字。“約束”，制約管束。建初二年《漢侍廷里父老僤買田約束石券》有“共爲約束石券”一句可爲證。《漢魏

石刻文字繫年》據《考古》報告録文，懷疑是"重"字，不取。今結合買地券行文特點，綜合各家觀點，校録如上。

〔5〕"有名者"，所占有之義。"名"，謂以己名占有。《史記·商君列傳》："明尊卑爵秩等級，各以差次名田宅。"《漢書·佞幸傳·鄧通》："竟不得名一錢，寄死人家。"

〔6〕"卷書"，王木鐸録作"卷"，通"券"，認爲"卷書"乃買地券之謂也。毛遠明録作"卷"，通"券"。"券書"，古指憑證、合同書等。《周禮·春官·大史》："有約劑者"，漢鄭玄注："約劑，要盟之載辭及券書。"《史記·孟嘗君列傳》："貧窮者，燔券書以捐之。"漢魏之後亦稱爲"券帖"。《南史·循吏傳·范述曾》："後有吳興丘師施亦廉潔稱，罷臨安縣還，唯有二十籠簿書，并是倉庫券帖。"宋蘇舜欽《檢書》詩："墜亡多玩愛，存聚必券帖。"

〔7〕"從事"，王木鐸録作"從事"，未釋其義。涂白奎、毛遠明等從之。毛遠明認爲《漢魏石刻文字繫年》據《考古》報告録作"徒"，不取。

〔8〕"中□弟□周文功□"，拓本模糊不清，各家録文差別甚大。涂白奎録作"中□弟□周文功□"，認爲其義不敢遽斷，所記或爲參與這次冢地買賣的見證人，即中人。毛遠明認爲"弟"下一字左半泐，右半"力"尚可見，疑是"功"字，備參。

【相關問題探討】

關於此券的性質，學界分歧較大。王竹林（1992）最早以《河南偃師東漢姚孝經墓》爲題作了介紹，"該字磚擺放在前室入口處，是一方具有墓志性質的刻字磚。"又曰："契刻内容包括紀年月日、墓主姓名，墓主身份和生平事迹等，我們認爲這方字磚，已初具墓志特徵，或可指爲墓志的初期代表。"

洛陽市第二文物工作隊（1996）刊發了《洛陽碑志選刊》，進一步肯定該磚文是"目前所發現的最早的東漢墓志"。王木鐸（2001）在《洛陽新獲磚志説略》一文中，對磚文進行了隸定和釋讀，并指出"磚文所述，應是爲買荒地做墓地的文書"。這本已説明了磚文的性質，可是，王氏筆鋒一轉，又沿襲前兩篇文章的說法，"又包括了紀年月日、墓主姓名、身份等，具備了墓志的一般特性，所以也應該爲墓志"。

隨着研究的深入，涂白奎（2005）撰文《〈姚孝經磚文〉性質簡説》，首次爲此磚文正名"姚孝經買地磚券"，認爲當歸入買地券類，并對其內容重新做了簡釋。毛遠明（2008）折中以上兩家觀點，認爲"內容兼有地券和志墓性質。"（日）西林昭一（2009）認爲："這塊買地券是現在所知最早的具有墓表性質的買地券之一。"

涂白奎認爲學者們錯誤的原因是墓志與買地券雖有相近之處，容易混誤，但是，兩者畢竟有着質的不同。墓志這一形式是由墓碑演化而來的。在正常的情況下，它應該明確表述墓主的身份、籍貫、姓名、卒日、享年、葬日、死者行狀等情況。簡略者也應該表記墓主的身份、籍貫、姓名。而磚文除見姚孝經之名及買地日期外，再未見其他與死、葬有關的文字。至於説契刻內容包含了"墓主身份和生平事迹"等，更屬子虛烏有。《簡報》《選刊》及王木鐸文作如此説，實是因疏忽而致誤，進而又導致錯誤的結論。

鑒於此，可以説，《姚孝經磚文》根本不具備墓志的功能和特點，因此不能説它是墓志。買地券的書寫內容，繁者雖有可能需要表述買地日期、買賣雙方姓名、墓地的位置所在、四至、買地費用、中人等情況，但簡略者祇要説明墓主對葬地的所有權，以使死者在地下不受侵擾即可。而磚文正明確表述了姚孝經於永平十六年四月廿二日買橋偉冢地，并强調"出地有名者，以券書從事"。即，如有人（指所謂的陰間）對這一次交易冢地的所有券有疑義的話，當按照券書的約定處理。如此，則死者自可安居於地下。今綜合各家觀點，結合買地券、墓志銘的性質及內容，我們認爲《姚孝經陶券》在內容、形式上更接近於買地券，而與墓志銘相去甚遠。

【主要參考文獻】

［1］王竹林. 河南偃師東漢姚孝經墓［J］.《考古》, 1992（3）: 227－231.

［2］郭太松. 河南碑志叙録［M］. 鄭州：河南美術出版社，1997：1.

［3］王木鐸. 洛陽新獲磚志説略［J］.《中國書法》，2001（4）：47－49.

［4］涂白奎.《姚孝經磚文》性質簡説［J］.《華夏考古》，2005（1）：87－88.

［5］毛遠明. 漢魏六朝碑刻校注（第1册）［M］. 北京：綫裝書局，2008：44－45.

［6］胡海帆. 中國古代磚刻銘文集（下）［M］. 北京：文物出版社，2008：4.

［7］〔日〕西林昭一. 新中國出土書迹［M］. 北京：文物出版社，2009：154。

［8］謝虎軍，張劍. 洛陽紀年墓研究［M］. 鄭州：大象出版社，2013：2－5.

［9］郭宏濤，周劍曙. 偃師碑志選粹［M］. 鄭州：中州古籍出版社，2014：149.

東漢建初六年（81）靡嬰買地玉券

【題解】

清光緒十八年（1892）山西忻州出土，青玉質，東漢建初六年（81）十一月十六日刻，現藏上海博物館。該券初爲王西泉所得，後歸吴大澂，又歸端方所有。此券兩面刻，拓片均高7厘米，寬4厘米，隸書。

最早著録該券并抄録文字的是清末大儒宋書升，他撰有《武靡嬰買冢田玉券考》，對該券的性質、節氣日名、冢田形狀、畝數畝價等問題做了較爲全面的探討，文後附有《建初六年辛巳曆表》①。誠如柯昌泗

---

① 宋書升. 武靡嬰買冢田玉券考［M］//徐世昌等. 清儒學案（第8册）. 北京：中華書局，2008：7526－7540.

所評價的“語極精詳”。

民國柯昌泗在《辛巳金石偶譚》一書中，記述了此券的訪得、流傳、收藏等情況，内容翔實，極具史料價值。兹轉引如下（標點爲筆者所加）：“此券出處，已見陶齋所記。惟最初訪得者，乃高翰生、郭申堂、田雨帆、王西泉。四人皆濰縣人，合貲購之。同邑宋晉之庶常，通經斅古，深於算術。見之，首爲考釋，語極精詳。此券遂顯於世。迭爲恒軒匋齋鎮庫上品。民國初年，端氏後人斥賣遺物，券歸合肥龔景張，今尚在龔氏。”①

清端方在《陶齋藏石記》一書中對此券的形制、質料、字數、字體等介紹亦爲詳備，謂：“玉版，高二寸三分强，寬一寸四分半，厚二分强。玉青色，有玄理，縱四衡二。……正背面各五行，行八字至十一字不等。字徑二分若至三分强不等，分書。”又曰：“買冢記有四，漢建初元年會稽摩崖，此石刻也；吴神鳳元年綏遠將軍甋，此塼刻也；晉太康五年楊紹甋，此瓦刻也；惟玉刻券秖建初六年武孟子耳。”最後還記述了端氏訪得此券的輾轉經過，“余官張家口監督，命人往求之，已爲濰賈王西泉所得，以歸吴愙齋中丞。逾年，愙齋攜以入都，王文敏、盛伯希皆嘆爲稀世之寶。庚子春，愙齋病罷家居，盡鬻所藏。吾友施雲儕，以六百金爲余致之。”②

端氏得此券後，曾邀請楊守敬爲其寫跋，題曰《壬癸金石跋·漢建初買地玉券》。跋文篇幅不長，有個别語詞考釋及部分文字的隸定。楊氏文字隸定對宋氏多有訂補。值得一提的是，楊氏首次以漢制畝數爲據，肯定了此券的真實性，曰：“此二十三畝有奇者，本漢制也。於此益足徵此券之真，非作僞者所能臆者。”此外，他還采取了“加減乘除法”及“方田求面積法”兩種方法，推算冢田的畝數，多有創見③。

20 世紀初，羅振玉《建初買地券》一文，對此券有録文，文字隸

---

① 柯昌泗. 辛巳金石偶譚·武孟子男靡嬰買地玉券［M］//嚴耕望. 石刻史料新編·金石稱例外十五種. 臺北：新文豐出版公司，1986：473-476.
② 端方. 陶齋藏石記·武孟子買田玉券［M］//嚴耕望. 石刻史料新編（第1輯，第11册）. 臺北：新文豐出版公司，1982：7993-7994.
③ 楊守敬. 壬癸金石跋［M］//謝承仁. 楊守敬集（第8册）. 武漢：湖北人民出版社，1997：998.

定多爲漢時古體，詞語考釋多有新意，具有重要參考價值①。其後，國內學著劉承幹、葉程義、方詩銘、李壽剛、吳天穎、張傳璽、魯西奇等，均對此券著有錄文及部分語詞考釋。80 年代初，日本學者仁井田陞、池田溫在探討中國土地法、中國宗教信仰等問題時，也引用到此券。兩位學者錄文、釋義，多有新意。今依據拓本、摹本圖版，參校各家著錄，重新校錄如下（圖二）。

圖二　山西忻州出土靡嬰買地玉券拓本
（《北京圖書館藏中國歷代石刻拓本彙編》第 1 冊，1989 年，28 頁）

【錄文】

建初六年十一月十六日乙/酉〔1〕，武孟子男靡嬰〔2〕買/馬熙宜〔3〕、朱大弟少卿冢/田〔4〕。南廣九十四步，西長六/十八步，北廣六十五，東長/七十九步，爲田廿三畝/奇〔5〕百六十四步。直錢十萬/二千〔6〕。東，陳田比分〔7〕，北、西、南，/朱少比分。時知券約趙/滿、何非，沽酒〔8〕各二斗〔9〕。/

【校釋】

〔1〕"建初六年十一月十六日乙酉"，今查陳垣《二十史朔閏表》，十一月庚午，十六日的干支是"乙酉"，於此券正合。宋書升亦曰：

_____

①　羅振玉．羅雪堂先生全集（七編）〔M〕．臺北：大通書局，1977：1121 - 1122.

"今用《時憲術》推建初六年節氣日名干支，與《後漢書》相印證，確得是年十一月十六日乙酉。"

〔2〕"武孟子男靡嬰"，宋書升謂："古人男女皆稱子，'孟子男'，猶言長子。"楊守敬謂："東漢少二名，靡、嬰當是武孟子之兩男，亦如今人買賣田宅，父子皆署名也。"張傳璽釋"武孟"爲地名，"子男"作"男子"解。魯西奇依據漢代無"武孟"之郡縣，認爲"武孟"爲人名，"子男"爲"武孟之子"。今按，楊守敬謂"東漢少二名，靡、嬰當是武孟子之兩男"，疑爲不確。今見漢時買地券中常有"二名"者，如《東漢延熹四年（161）鍾仲游妻買地鉛券》中"鍾仲游"、《東漢建寧二年（169）王末卿買地鉛券》中"王末卿"、《東漢光和七年（184）樊利家買地鉛券》中"樊利家"、《東漢中平五年（188）房桃枝買地鉛券》中"房桃枝"等等，均是"二名"者。此券文中"子男"當指兒子，漢時出土文獻中多見用例。如，《居延漢簡》中記載了漢代編户齊民"户主徐宗"家的户籍情況，曰："居延西道里徐宗，年五十，妻一人。子男二人，子女二人，男同産二人，女同産二人。宅一區直三千，田五十畝直五千，用牛二，直五千。"此例中"子男"與"子女"對舉，分指兒子與女兒。《二年律令·户律》中也有關於田宅的繼承規定："不幸死者，令其後先擇田，乃行其餘。它子男欲爲户，以爲其□田予之。"其中"子男"也是指兒子。唐宋文獻亦見沿用。如，唐韓愈《柳子厚墓志銘》："子厚有子男二人，長曰周六，始四歲；季曰周七，子厚卒乃生。"宋王安石《臨川王君墓志銘》"叔父娶朱氏，子男一人，某；女子一人，皆尚幼。"其中"子男"均是指兒子。特別是後例"子男"與"女子"對稱，分指兒子與女兒。宋時"子男"仍沿襲漢時稱呼，"子女"則已反序爲"女子"。《漢語大詞典》收有"子男"，義項②爲"兒子"。引文獻爲《史記》《後漢書》，此券可補漢時出土文獻用例。又，若按張傳璽所釋，"武孟"爲地名，則"武孟子男靡嬰"當釋讀爲"武孟（這個地方）的兒子靡嬰"，文意不通。魯西奇依據漢代無"武孟"之郡縣，認爲"武孟"爲人名，當爲是。

〔3〕"馬熙宜、朱大弟少卿冢田"，"熙宜"兩字，原券圖版模糊不

清，今從劉承幹、吳天穎之説，録作"熙宜"。楊守敬謂："此地係馬、朱二氏合賣也。"所言可從。東漢時期買地券中"合賣"冢田的還有兩例。《光和七年（184）樊利家買地券》中"雒陽男子杜謂子、子弟□"二家合賣、《□□卿買地券》中"申阿、仲節、季節、元節"四家合賣。

〔4〕"冢田"，即冢地、墓地。《説文·勹部》："冢，高墳也。"段玉裁注："《土部》曰：'墳者，墓也。'墓之高者曰冢。"《周禮·春官》："冢人"鄭玄注："冢，封土爲丘壟，象冢而爲之。"賈公彥疏："案《爾雅》，山頂曰冢，故云象冢而爲之也。"《史記·高祖本紀》："項羽燒秦宫室，掘始皇帝冢。"《後漢書·儒林傳·高詡》："建武十一年，拜大司農。在朝以方正稱。十三年，卒官，賜錢及冢田。"

〔5〕"奇"，《正字通·大部》："奇，俗作奇。"晉木華《海賦》："何奇不有，何怪不儲。"《漢語大字典》收有此字。

〔6〕"直錢十萬二千"，宋書升謂："計其錢，每畝之直當爲三千，其奇不足畝，亦給滿數，故云直錢十萬二千。今以建初尺較工部造尺，漢尺短二寸七分。每步六尺，則短今步一尺六寸二分。凡二百四十步，則短六十一步奇二尺八寸，爲漢畝不及今畝之數。"甚是。

〔7〕"比分"，學者録文分歧較大。一是宋書升録文作"比介"，謂："古介字與界通，比介猶接界。四界所至，不舉南者，此買地益冢田，其原田在其南故也。"其後，端方、劉承幹、楊守敬等均隸定爲"比介"。端方又考辨曰："介，界之本字。《説文》：'介，畫也，從八從人，人各有介。'後人承用界，實介之轉注。唐石經《毛詩》：'無此疆爾介。'猶存古誼矣。"二是羅振玉、仁井田陞、張傳璽等則録作"比分"，惜均未有校記。總體來説，兩家分歧的關鍵在於後字的隸定。券文中此字凡2見，摹本圖版中均作"分"，從字形辨識，當爲隸書"分"字。"分"字，《説文解字》中篆書作"分"。秦漢時期的字體還有"分"（秦·睡43）、"分"（秦·睡64）、"分"（西漢·張·1003）、"分"（西漢·居新·7615）等。與券文字形比對，當爲一字。再來看"介"字。"介"字，《説文解字》中篆書作"介"。秦漢時期的字形還有"介"（秦·睡70）、"介"（西漢·馬·老甲）、"介"（西漢·律

令）、“水”（東漢·朝侯小子碑）“↑”（西漢·武·秦射甲）等，與券文字形相較，區分甚明。“分”，《説文·八部》：“別也。從八從刀，刀以分別物也。”“比分”一詞，意思是指“冢田”四面與鄰人相臨，但分界清楚（没有產權糾紛）。正如清末楊守敬所言：“謂東一面與陳四連界，北、西、南三面皆與朱少連界。”2011 年成都出土的東漢《裴君碑》中恰有“汾”（分）、“禾”（介）二字，兩者字形亦區分明顯。董憲臣、毛遠明《成都新出漢碑兩種字詞考釋——與趙超、趙久湘兩位先生商榷》①一文對碑中“介”“分”兩字做了極爲精闢的考辯，讀者可參。

〔8〕“沽酒”，買酒。沽，通“酤”。《廣韻·暮韻》：“沽”，同“酤”。《論語·鄉黨》：“沽酒市脯不食。”陸德明釋文：“沽，買也。”劉寶楠正義：“沽與酤同。《説文》云：‘酤，一宿酒也。一曰買酒也。’……酤爲買賣通稱，《説文》、《廣雅》各舉其一耳。”東漢買地券中常見用例，如，《建寧二年（169）王末卿買地鉛券》：“時約者袁叔威。沽酒各半，即日丹書鐵券，爲約。”《光和七年（184）樊利家買地鉛券》：“時旁人杜子陵、李季盛，沽酒各半。”《漢語大詞典》收有此詞，書證舉《論語》，此例可以補東漢時期的書證。

〔9〕“各二千”之“二千”，宋書升、端方、柯昌泗、劉承幹、葉程義等均録作“二千”。張傳璽在正文録作“二千”，但下又出校釋，或録作“二半”“二斗”。羅振玉、吳天穎、池田溫録作“二斗”。仁井田陞、魯西奇録作“二半”。今查審券文摹本圖版，後字作“千”，從字形判斷，當爲隸書“千”字。先看“半”字。《説文解字》中篆書作“半”，謂：“物中分也。從八從牛。”秦漢時期字形還有“半”（秦·睡36）、“半”（西漢·馬·養生）、“半”（西漢·張·254）等，與券文區分甚明。再看“斗”字。《説文解字》中篆書作“斗”，謂：“十升也。象形，有柄。”秦漢時期字形可作“斗”（秦·睡43）、“斗”（西漢·馬·老乙前）、“斗”（西漢·居新·116）、“斗”（東漢·石門頌）等，

---

① 董憲臣，毛遠明. 成都新出漢碑兩種字詞考釋：與趙超、趙久湘兩位先生商榷［M］//鄧章應. 學行堂語言文字論叢（第4輯）. 成都：四川大學出版社，2014：178 – 188.

與券文區分亦明。最後看"千"字。《説文》中"千"字篆書作"千"
謂："十百也。從十從人。"秦漢時期可作"千"（秦·睡44）、"千"
（西漢·張·1135）、"千"（東漢·簿書殘碑）等形。正與此券文字形
相同。券文中"二千"一詞，是指用於沽酒的價錢，即買了二千錢的
酒水，當不是指買酒的容器。此外，此券上文有畝價"直錢十萬二
千"，此處的"千"字亦作"千"，字形相同，亦可爲證。

【相關問題探討】

券文："南廣九十四步，西長六十八步，北廣六十五，東長七十九
步，爲田廿三畝奇百六十四步。"極具史料價值，爲眾多專家學者所關
注。但學者的觀點分歧，至今未有定論。

清末宋書升《武氅嬰買冢田玉券考》謂："考其廣長畝數，此係四
邊不等之田。"并詳述其考證過程，"用兩廣長相加得三百奇六步，二
約之爲一百五十三步；南廣較五十九步，西長較八十五步，北廣較八十
八步，東長較七十四步；諸較連乘得三千二百六十五萬七千六百八十
步，開方得五千七百一十四步六八九。案《漢書·食貨志》注，古百
步爲畝，漢時二百四十步爲畝。以漢畝法收之，得二十三畝餘一百九十
四步，小餘六八九，畝數確合。"[①] 宋氏從冢田的廣長畝數，判斷其形
狀爲"四邊不等之田"，非常正確。他試圖用加減乘除、東漢步畝制等
有關知識，來推算此冢田畝數，亦有卓見。惜所得結果不令人滿意，宋
氏雖强説"畝數確合"，但其後所餘步數，與券文相差甚遠。

宋氏之後，楊守敬在《壬癸金石跋·漢建初買地玉券》一文中也
有探討，曰："按《司馬法》：'六尺爲步，步百爲畝。'《説文》（小徐
本）："秦田二十四步爲畝。"《離騷》王逸注亦云，漢與秦同也。今以
漢制二百四十步爲一畝，以加減乘除法算之，則得二十四畝奇八十四步
又四分之一步。以方田求面積法算之，則得二十三畝奇八十七步。皆與

---

① 宋書升. 武氅嬰買冢田玉券考［M］//徐世昌等. 清儒學案（第8冊）. 北京：中華書
局，2008：7530.

此券不合。此必其地有凹形故云爾，非必其算有誤也。"① 楊氏認爲，漢承秦制，二百四十步爲一畝，運用了"加減乘除法"和"方田求面積法"兩種方法，來推算冢田的畝數。可惜，所得結果如楊氏本人所言"皆與此券不合"。關於不合的原因，楊氏解釋説："此必其地有凹形故云爾，非必其算有誤也。"雖自認爲計算無誤，但以其田形狀"凹形"來推脱，難以令人信服。其後，羅振玉、劉承幹、柯昌泗、吳天穎、黃景春、王育成、張傳璽、魯西奇，以及日本仁井田陞、池田温等在言及此券時，對此問題或避而不談，或語焉不詳，都未能解決。

我國古代畝制在秦以前較爲混亂，除傳統的"百步爲畝"外，還有 80 步、120 步、160 步、200 步、240 步、360 步等多種説法。商鞅變法以後，秦將畝制定爲 240 步/畝。唐杜佑《通典》卷第一百七十四《州郡四》："按周制，步百爲畝，畝百給一夫。商鞅佐秦，以一夫力餘，地利不盡，於是改制，二百四十步爲畝。"張家山漢墓出土西漢竹簡《算數書》中記載了土地面積計算的問題，其"啓廣""啓從""少廣""大廣""里田"等畝制全爲 240 步。那麼，以漢制 240 步爲一畝來計算，此冢田面積要爲"23 畝又 164 步"，則其形狀有兩種可能（見下圖三、圖四），皆爲古代數學書所説的"四不等田"。

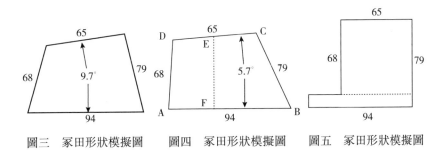

圖三　冢田形狀模擬圖　　圖四　冢田形狀模擬圖　　圖五　冢田形狀模擬圖

我們知道，《九章算術》是我國現存最早的數學典籍，它系統總結了戰國、秦、漢時期的數學成就。書中記載的"四不等田"面積計算法，

① 楊守敬. 壬癸金石跋［M］//謝承仁. 楊守敬集（第 8 册）. 武漢：湖北人民出版社，1997：998.

與此券刻寫時間（東漢建初六年）相吻合，正可用以推求冢田的畝數。《方田》章曰："廣從步數相乘得積步。以畝法二百四十步除之，即畝數。"《箕田》章曰："并兩邪而半之，以乘正從若廣。又可半正從若廣，以乘并，畝法而一。"又曰："并踵舌而半之，以乘正從。畝法而一。"

　　首先，我們來比較圖三、圖四，可以看出，圖四中直綫 DC 與 AB 的夾角更小，忽略這一點角度，視 DC 與 AB 平行，則可運用《九章算術》"箕田"的計算方法。設想以 DC 中點 E 作到 AB 邊上的高 EF，實測值 EF = 71.2 步，接近 71.5，以當時的測量工具和測量方法，誤差在可接受範圍之内。那麼，按"箕田"面積計算如下：

$$S = \frac{1}{2}(65 + 94) \times 71.5 = 5684.25 \approx 5684$$

$$\frac{5684}{240} = 23\frac{164}{240}$$

　　可喜的是，其計算結果正與券文記載吻合。當然，我們知道，古代土地方位少有圖表，多用"四至"來表述，這實際上是一種簡化處理，與田地的真實形狀往往會有差異，還有一種可能的田地形狀（如上圖五所示），此方田求其面積比較容易（以虛綫分爲兩個長方形）：

$$S = 65 \times 68 + 94 \times (79 - 68) = 5454$$

$$5454 \div 230 = 23\frac{164}{230}$$

　　但是，按照這種形狀計算冢田的面積，合 230 步/畝，與上文所云"漢制二百四十步爲一畝"稍有偏誤。據文獻記載，桂馥《説文解字義證》"畹"字下引《玉篇》曰："秦孝公二百三十步爲畝，三十步爲畹。"可知，秦孝公時以"二百三十步爲畝"，與我們所得結果正合。當然，這種情況是古人在計算過程中用錯了畝制，還是某個時期某個地域使用了 230 步畝制，抑或秦漢畝制可能就是 230 步，由於缺少文獻，還有待進一步研究。

【主要參考文獻】

[1] 陳尊. 建初玉買地券（原大）[J].《河北第一博物院半月

刊》，1934（78）：1.

　　［2］羅振玉. 建初買地券［M］//. 羅雪堂先生全集（七編）. 臺北：大通書局，1976：1121－1122.

　　［3］端方. 陶齋藏石記［M］//嚴耕望. 石刻史料新編（第一輯11）. 臺北：新文豐出版公司，1982：7967－8434.

　　［4］柯昌泗. 辛巳金石偶譚. 嚴耕望. 石刻史料新編（第三輯40）. 臺北：新文豐出版公司，1986：469－477.

　　［5］楊守敬. 壬癸金石跋［M］//謝承仁. 楊守敬集（第8冊）. 武漢：湖北人民出版社，1997：998.

　　［6］劉承幹. 希古樓金石萃編（第3冊）［M］. 北京：文物出版社，1982：25－27.

　　［7］張傳璽. 中國歷代契約會編考釋（上）［M］. 北京：北京大學出版社，1995：12.

　　［8］宋書升. 武靡嬰買冡田玉券考［M］//徐世昌等. 清儒學案·青甫學案（第8冊）. 北京：中華書局，2008：7526－7540.

　　［9］魯西奇. 中國古代買地券研究［M］. 廈門：廈門大學出版社，2014：26－27.

東漢延熹四年（161）鍾仲游妻買地鉛券

【題記】

此券出土於河南孟津，原券藏日本中村書道博物館。初由羅振玉（1931）《貞松堂集古遺文》卷一五著錄，稱爲《鍾仲游妻鎮墓券》，後附有摹本，文末謂："近世出孟津，往歲見之津沽"。吳天穎（1982）有錄文，歸其爲"乙型買地券"，認爲是以原有鎮墓文爲基礎，加進了虛擬誇張的土地價格，賣主也大都變成了執掌土地的神仙、土公之類。它同時具有鎮墓解適和向冥府登記購買土地的雙重意義，而後者正是買地券的基本特質。

池田温（1981）對此券材料搜羅極豐，但是，錄文脫漏、斷句錯訛之處不少。張傳璽（2008）有簡要的考釋。魯西奇（2014）在各家録文的基礎上重新校録并考釋部分字詞。此券刻在 2 張長方形的鉛版上，券文繁體豎行，共 4 行，每行字數不一，共 130 字。這是目前發現最早的具有道教色彩的買地券。今據摹本圖版，參校各家著録，重新校録如下（圖六）。

【録文】

延熹四年九月丙辰朔卅日乙酉〔1〕，直閉〔2〕，黄帝告丘丞、墓伯、地下二千石、墓左、墓右、主墓獄史、墓門亭長〔3〕，莫不/皆在。今平陰偃人鄉萇富里鍾仲游妻薄命蚤死〔4〕，今來下塋〔5〕。自買萬世冢田〔9〕，賈直九萬九千〔6〕，錢即日畢〔7〕。四角/立封〔8〕，中央明堂，皆有尺六桃卷〔9〕、錢、布（幣）、鉛人〔10〕。時證知者，□□曾□□□□□□□□。自今以後，不得干擾生人〔11〕/。有天帝教，如律令〔12〕。/

【校釋】

〔1〕"延熹四年九月丙辰朔卅日乙酉"，這是東漢典型的記日方式。陳夢家（1965）説："既注朔旦，又記日數及日序干支，乃東漢之制。"又曰："於月、日之間加了朔旦和日數，較西漢制更進一步。"① 延熹，是東漢桓帝劉志的第六個年號，漢朝使用這個年號時間共記 10 年，延熹四年即 161 年，十年六月改元永康元年。本年九月朔日（初一）的

圖六　河南孟津出土鍾仲游妻買地鉛券摹本（《考古學報》1982 年 1 期，31 頁）

---

① 陳夢家 . 漢簡年曆表叙［J］.《考古學報》，1965（2）：103 – 149。

干支爲丙辰，三十日爲乙酉，朔日與日序的干支相合，記日無誤。

〔2〕"直閉"，即值建除日中之"閉"日。"直"，當值，逢到。"閉"，古代術數家以"建初十二辰"卜吉凶，即將一月三十日分屬建、除、滿、平、定、直、破、危、成、收、開、閉十二日值，以定行事吉凶。

〔3〕"黃帝告丘丞、墓伯"，"黃帝"，亦作黃神、天帝等。買地券中假托"黃帝"告地下神靈者未見。虛第一人稱而"告"者，以《光和二年（179）王當買田鉛券》爲最早，但卻晚於《延熹四年（161）鍾仲游妻券》十八年。文曰："光和二年十月辛未朔三日癸酉，告墓上、墓下、中央主土、敢告墓伯、魂門亭長、墓主、墓皇、墓㹥。"① 以下神告地下神靈者，又晚三年，《光和五年（182）劉公磚地券》："〔光〕和五年二月〔戊子朔〕廿八日乙卯，□□□帝、神師，敢告墓上、墓下……地下二千石、墓主、墓皇、墓㹥……"② 而"告"的對象多是漢代人想象中陰間世界各種鬼吏，如"丘丞""墓伯""地下二千石""墓左墓右""墓門亭長"等等。這些鬼吏，實際上是將現實社會生活中的官吏改頭換面後搬到地下，讓他們在陰間起到管理地下世界的職能。

〔4〕"薄命蚤死"，漢代對人死亡的常用語。"蚤"，精母，幽部；"早"，精母，幽部，屬同音通假。《廣韻·皓韻》："蚤，古藉爲早暮字。"《説文》段注："經傳多假爲早字。"《詩經·豳風·七月》："四之日其蚤，獻羔祭韭。"《經典釋文》："蚤音早。"《論衡·問孔》："顏淵蚤死。"漢代的買地券用例不多。《光和五年（182）劉公買地券》："□太原太守中山蒲陰縣所博成里劉公……早死，今日合墓。"東漢後期的鎮墓陶罐中常見用例。如，《熹平二年（173）張叔敬陶罐文》："但以死人張叔敬薄命早死，當來下歸丘墓。"③《初平元年（190）陶罐文》："□薄蚤死。"④ 至南朝宋時始見於買地券。如，《元嘉九年

① 洛陽博物館. 洛陽東漢光和二年王當墓發掘簡報［J］.《文物》，1980（6）：52-57.
② 河北省文化局文物工作隊. 望都二號漢墓［M］. 北京：文物出版社，1959：13.
③ 吕志峰. 東漢熹平二年張叔敬朱書瓦缶考釋［J］.《中文自學指導》，2007（2）：19-23.
④ 中國科學院考古研究所洛陽考古發掘隊. 洛陽燒溝漢墓［M］. 北京：科學出版社，1959：154.

(432) 王佛女買墓田磚券》：“都鄉仁儀里王佛女薄命（下黄泉）。”①

〔5〕“今來下垄”，“垄”，“葬”的異體字。《集韻·宕韻》：“葬，或作垄。”其中之“垄”字，疑爲“塟”省去“艹”而成。漢魏碑刻墓志常見用例。如，《建寧元年衡方碑》：“其年九月十七日辛酉垄。”《楚相孫叔敖碑》：“垄枯槀乏，爰育黎蒸。”北魏《高宗夫人于仙姬墓志》：“四月四日垄於西陵，謚曰恭。”

〔6〕“賈直九萬九千”，“賈”，爲“價”的古字。《説文新附·人部》：“價，物直也。”《集韻·禡韻》：“價，售值也。”漢代買地券中有用例。如，《光和二年（179）王當等買地券》：“賈直錢萬，錢即日畢。”亦作“賈值”“賈”“直錢”“直”等。但書“九萬九千”之價，很可懷疑。其一，畝積不明，而價格太高，這在東漢的洛陽地區及其附近各縣所出的買地券中是罕見的。東漢洛陽及周邊地區買地券中畝價一般是三千左右。如，《王末卿買田鉛券》：“（買洛陽）田三畝，畝價錢三千一百，并直九千三百。”《孫成買田鉛券》：“（買）田一町，賈錢萬五千。”《曹仲成買田券》：“（買）田六畝，畝千五百，并直九千。”《王當等買地券》：“買穀郏亭部北佰西袁田十畝以爲宅，賈直錢萬。”《樊利家買地鉛券》：“（買）田五畝，畝三千，并直萬五千。”《房桃枝買地鉛券》：“（買）地一畝，直錢三千。”其二，“九萬九千”，不僅作爲通常的價格數目過大，而且它與買地券價格史在時代上有錯位之嫌。買地券上的價格由於受時代和宗教的影響，其發展和演變的過程，大致可以分爲前後兩個階段。前一階段自東漢前期至東晉末期（420），時長330餘年，爲自然數價格時期，如以上“其一”所舉之例。後一階段自南朝宋，直到明清，時長1500餘年，爲神秘化價格時期，既不言畝積，機械地以“九九之數”標價。元好問《續夷堅志》券三《王處存墓》：“唐哀帝所賜鐵券，券刻金字云：敕葬忠臣王處存，賜錢九萬九千九百九十九貫九百九十九文。”其後，此習更有發展。周密《癸辛雜

---

① 羅振玉撰述；蕭文立編校. 雪堂類稿 甲 筆記彙刊 [M]. 瀋陽：遼寧教育出版社，2003：140 – 277.

識》："宋時造墓，必製買地券，在梓木上用硃砂書寫：'用錢九萬九千九百九十九文，買到其地。'"①

〔7〕"錢即日畢"，即當日錢地交付完畢。東漢買賣文書中時興交易當天收付款，不得拖欠。"畢"，完畢；終了。《廣雅·釋詁三》："畢，竟也。"《集韻·質韻》："畢，終也。"漢魏時期，除了"畢"之外，表示"完成"義還有"畢成""交畢""畢了"等詞。

〔8〕"四角立封"，"角"，角落。據汪維輝研究，至遲到公元 2 世紀中葉，當"角落"講的"角"已經出現，因爲在出土的東漢買地券中"四角"一詞屢見。其他例子還有，《王當買地券》："故立四角封界，界至九天上、九地下。"《劉公買地券》："中有丈尺，券書明白，故立四角封界。"《甄謙買地券》："券書明白，故立四角封界。"②

〔9〕"尺六桃卷〔券〕"，即桃符，與錢幣等，皆爲鎮壓之物。桃木避邪的觀念，在我國古代流行甚早。春秋時期，已有用桃木和笤帚來被除殯柩周圍邪氣的作法，到了漢代，用桃木避邪的方法更多，如東漢舉行"大儺"之禮時，百官官府都在門上設"桃梗"之類以避邪。民間也有製成桃人、桃符、桃印等驅鬼避邪的習俗。

〔10〕"鉛人"之"鉛"，券文作"鉛"，即"鉛"的異體字，其他文獻未見，推測字形，殆將右上"八"形移寫"口"中。《東漢熹平二年（173）張叔敬朱書瓦缶》："鈆人持代死人。"③"鈆"，同"鉛"，見《干祿字書·平聲》。東漢墓中隨葬鉛人十分流行，且往往與朱書陶瓶同出，其目的是爲死者解除罪謫，代替、贖回生人。靈寶張灣東漢 M5 出土的陶瓶內裝有兩具鉛人，男女各一，瓶壁朱書曰："謹以鉛人金玉，爲死者解適，生人除罪過。"④ 長安縣三里村漢墓出土朱書鎮墓瓶上有

① （元）周密. 癸辛雜識〔M〕. 北京：中華書局，1988：277.
② 汪維輝. 著名中年語言學家自選集 汪維輝卷〔M〕. 上海：上海教育出版社，2011：20－21.
③ 呂志峰. 東漢熹平二年張叔敬朱書瓦缶考釋〔J〕.《中文自學指導》，2007（2）：19－23.
④ 楊育彬，張長森，趙青雲. 靈寶張灣漢墓〔J〕.《文物》，1975（11）：75－93，107.

"故以自代鉛人，鉛人池池，能舂能炊，上車能禦，把筆能書。"① 敦煌祁家灣西晉十六國出土的 50 餘件朱（墨）書斗瓶上大多有"斗瓶、五穀、鉛人"的文字，如"今下斗瓶、五穀、鉛人，用當地上生人"；"今送鉛人一雙、斗瓶、五穀，用贖生人，魂魄須鉛人□五穀"②。鉛人同斗瓶、五穀、金玉等配合入葬，象徵生人，替死人受罪。

〔11〕"干 擾 生 人"，《貞松堂集古遺文》所錄摹本此處恰缺。"人"字前空缺二字，張傳璽補爲"生人"。魯西奇補作"主人"，又曰據下文所引各券，或當爲"生人"之誤。池田温於"干"字下補出"擾"字，依漢時買地券習例，其説可從。

〔12〕"有天帝教，如律令"，此制不見於東漢買地券，但在《劉伯平鎮墓券》中有之，文字相同，作"有天帝教，如律令"。"如律令"，本爲"請按法令執行"，漢朝詔書或檄文結尾多用此語。《史記·三王世家》："御史大夫湯下丞相，丞相下中二千石，二千石下郡太守、諸侯相，丞書從事下當用事。如律令。"後來道教符、東漢的買地券、鎮墓文等都仿效官府文書，末尾多用"如律令"或"急急如律令"。此券由於兩端皆有斷缺，文字不全，年代不明。羅振玉據此券有"生屬長安，死屬大（太）山"；"河水清，大山□"之文，判定此券爲"漢季"遺物。他説："予舊藏延熹陶瓿有'生人屬西長安，死人屬東太山'。予别藏斷簡，亦有此語，但脱'死人屬東'之'東'字耳。'河水清，大山□'，'山'下殆脱平字。漢季崇尚道術，於此可見一斑。"③

【有關問題探討】

關於此券的性質和真偽，都有學者進行探討。首先，來看此券的性

---

① 陝西省文管會. 長安縣三里村東漢墓葬發掘簡報［J］.《文物參考資料》，1958（7）：62－66.

② 戴春陽，張瓏. 敦煌祁家灣——西晉十六國墓葬發掘報告［M］. 北京：文物出版社，1994：100－122.

③ 羅振玉. 丙寅稿［M］//羅繼祖. 羅振玉學術論著集（第10集）. 上海：上海古籍出版社，2010：125.

質。羅振玉（1931）在《蒿里遺珍》中提出："以傳世諸券考之，殆有二種：一爲買之於人，如建初、建寧二券是也；一爲買之於鬼神，則術家假托之詞。"在《貞松堂集古遺文》卷十五中，又將"買之於人"者視爲土地買賣文書，稱之爲"地券"；而"買之於鬼神"的明器，稱爲"鎮墓券"。吳天穎（1982）認爲，此券是在鎮墓券文的基礎上，加進了虛擬誇張的土地價格，它同時具有鎮墓解適和向冥府登記購買土地的雙重意義，它的性質是乙型買地券。

魯西奇（2014）則認爲，此券是"告地策""鎮墓文""買地券"三者的結合。具體分析是：本券以"黃帝"身份，通告"丘丞墓伯、地下二千石"等地下主吏，鍾仲游妻已亡，將要下葬，這是傳統"告地策"的內容。"自買萬世家田，賈直九萬九千，錢即日畢"，以及"時證知者，先［喪］曾［亡］（王）父母□□氏知也"，皆屬"買地券"內容。而"四角立封，中央明堂，皆有尺六桃卷、錢、布、鉛人"及"自今以後，不得干擾生人""有天帝教，如律令"，則屬於"鎮墓文"內容。因此，本券合告地、買地、鎮墓三方面內容於一券。此種行文格式，或當上溯至陝西咸陽所出《永平三年（60）鎮墓陶瓶朱書》："永平初三年十月九日丙申，黃神使者買地置根，爲人立先，除央去咎，利後子孫，令死人無適，生人無患，建立大鎮。慈、礬、雄黃、曾青、丹砂，五石會精，辰藥輔神，冢墓安寧。解□□草爲盟。如律令。"①

據學者們研究，買地券的發展演變過程，大致經歷了土地實物（薄土）或模型（陶田）——模仿真正土地契約的甲型買地券——純迷信用品的乙型買地券等階段。而《鍾仲游妻券》則正處於第二階段，即過度階段，所以，在內容上自然會雜入了告地策、鎮墓文、買地券的內容，但在性質上仍屬於買地券。

再來看其真僞之辨。張傳璽（2008）認爲，此券的關鍵性詞語多

① 咸陽市文物考古研究所. 咸陽教育學院漢墓清理簡報［C］//文物考古論集——咸陽市文物考古研究所成立十周年紀念. 西安：三秦出版社，2000：227－234.

數符合真實，少數值得懷疑，所以，他在編寫《中國歷代契約會編考釋》時，未將此券收入"買地券"中，也未納入"疑偽"中。在《契約史買地券研究》一書中，張氏雖專出一章，對此券部分重要字詞進行了考釋，但是對《鍾仲游妻券》的真偽，還是未能做出斷語。其實，關於它的真偽，張氏之所以會產生疑惑，關鍵還是在於它的內容不雜有告地、鎮墓、買券的內容，若是明白了此券的性質，則對其真實性就不會產生懷疑了。

【主要參考文獻】

［1］吳天穎. 漢代買地券考［J］.《考古學報》，1982（1）：15 – 35.

［2］張傳璽. 中國歷代契約會編考釋（上）［M］. 北京：北京大學出版社，1995：242 – 250.

［3］羅振玉. 貞松堂集古遺文·鉛券（卷一五）［M］. 北京：北京圖書館出版社，2003：355 – 357.

［4］呂志峰. 東漢熹平二年張叔敬朱書瓦缶考釋［J］.《中文自學指導》，2007（2）：19 – 23.

［5］張傳璽. 從買地券辨偽説到《鍾仲游妻券》的真與假［M］// 契約史買地券研究. 北京：中華書局，2008：242 – 250.

［6］魯西奇. 中國古代買地券研究［M］. 廈門：廈門大學出版社，2014：27 – 30.

東漢建寧二年（169）王末卿買地鉛券

【題記】

河南洛陽出土。最初著録於羅振玉《貞松堂集古遺文》上册卷一五《鉛券》，又收入《貞松堂吉金圖》卷下及《丙寅稿》中。羅氏稱其爲《王末卿買地鉛券》，有録文，并附有摹本。羅氏謂："貞松堂藏此券，廣約建初尺四分，長尺一寸，如古簡狀。表裏文字各一行，凡八十二言。文字極精。……平生見鉛地券真品不下六七品，而狀如古簡者，僅是一品耳。"①

　　王國維《觀堂集林》亦載有此券，稱爲《漢王保卿買地券》，跋文曰："漢王保卿買地券，近出洛陽。"② 據券文摹本可知，王氏名稱有誤，當爲"王末卿"，後人轉引王説時，多延承其誤。這一鉛券詳細地記載了土地買賣時成交的年月，土地的界址，買賣户主的姓名，地畝價格。吴天穎、張傳璽、仁井田陞、池田温、魯西奇等均著有録文。今依據摹本圖版，參校各家著録，重新校録如下（圖七）。

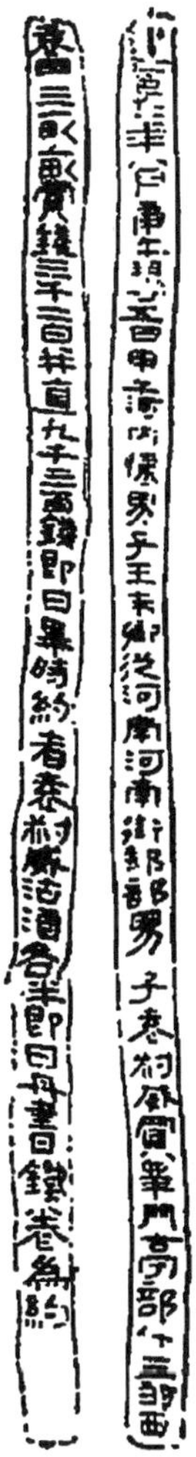

【録文】

　　建寧二年八月庚午朔廿五日甲午，河内〔1〕懷男子王末卿〔2〕，從河南河南街郵部〔3〕男子〔4〕袁叔威買𦥌門〔5〕亭部〔6〕什三邱〔7〕西/袁田三畝，畝賈錢三千一百〔8〕，并直九千三百，錢即日畢。時約者袁叔威，沽酒各半〔9〕。即日〔10〕丹書鐵券〔11〕爲約。/

【校釋】

　　〔1〕"河内"，郡名，屬司隸部。治懷，今河南焦作市武陟縣西南。
　　〔2〕"王末卿"，王國維《觀堂集林》卷十八跋釋作"王保卿"。
　　〔3〕"街郵部"，即街郵亭部。《漢書·高帝紀》顏注："秦法十里一亭。亭長者，主亭之吏也。

圖七　河南洛陽出土王末卿買地鉛券摹本（《考古學報》1982 年 1 期，23 頁）

---

① 羅振玉. 貞松堂集古遺文·鉛券（卷一五）[M]. 北京：北京圖書館出版社，2003：346 – 348.
② 王國維. 觀堂集林·外二種 [M]. 石家莊：河北教育出版社，2003：453 – 454.

亭謂停留旅宿食之館。”《續漢書·百官志》注引蔡質曰：“洛陽二十四街，街一亭；十二城門，門一亭。”《文選·西征賦》：“爾乃越平樂，過街郵，秣馬皋門，稅駕西周。”李善注：“平樂，館名也。酈善長《水經注》：梓澤西有一原古舊亭處，即街郵也。”據此可知，平樂、街郵、皋門均在東漢洛陽城西、河南縣城之東。懷縣爲河內郡治，在今河南武陟縣西南。河內懷縣人王末卿何以葬在二百餘里外的河南縣皋門亭部境內，原因不詳。

〔4〕“男子袁叔威”，張傳璽錄作“男袁叔威”，下文考釋部分又曰：“當作男子”，爲是。“男子”，指成年男性。《禮記·曲禮上》：“男子二十冠而字。”

〔5〕“𦊓門”，羅振玉錄作“皋門亭”，《漢王□卿買地券跋》按曰：“皋門亭，見《後漢書·皇后紀》：靈帝宋皇后歸宋氏舊塋皋門亭。章懷注：《詩》云：‘廼立皋門。’注云：‘王之郭門曰皋門。’《漢官儀》曰：‘十二門皆有亭’，云云。是皋門亭部爲負郭地也。”王國維錄作“𦊓”字，認爲即“皋”之別字。《觀堂集林》卷一八《漢王保卿買地券跋》案曰：“《文選》潘安仁《西征賦》云：‘乃越平樂，過街郵，秣馬皋門，稅駕西周’。又《水經注·瀍水》云：‘河南縣北有潛亭，瀍水出其北梓澤中。水西有一原，其上平敞，即舊亭之處也。潘安仁《西征賦》所謂“越街郵”者也’。又《穀水注》云：‘穀水東至千金竭，東合舊瀆，舊瀆又東，晉惠帝造石梁於水上，瀆口高三丈，謂之皋門橋。潘嶽《西征賦》曰：“秣馬皋門”即此處也’。據此券，則漢時已有皋門亭，其橋亦當是漢時舊迹，酈注稱‘橋西門之南頰文，稱晉元康二年十一月二十日改治石巷，到三年三月十五日畢’。而《西征賦》作於元康二年，已有皋門，且石刻云‘改治石巷’，則非惠帝始築明矣，其地據酈注之說，當在今洛陽城之東北，金墉城之西，金穀園故址之南。此券出土，必於是間矣。”①

〔6〕“亭部”，漢承秦制，十里一亭，亭所管轄的區域稱爲亭部。

---

① 王國維. 觀堂集林·外二種［M］. 石家莊：河北教育出版社，2003：453－454.

《漢書·百官公卿表》："大率十里一亭，亭有長；十亭一鄉，鄉有三老、有秩、嗇夫、游徼……縣大率方百里，其民稠則減，稀則曠，鄉、亭亦如之。"《後漢書·皇后紀》和帝陰皇后"葬臨平亭部"注："葬於亭部内之地也"。正如日本古賀登先生所説，漢代買地券寫作"某亭部某陌田"①，這是當時的習慣寫法。如，《王末卿買地券》作"皋門亭部"，《孫成買地券》《房桃枝買地券》作"廣德亭部"。

〔7〕"什三邼"，陌名。"陌"前常冠以數字，這是因爲作爲田區位置坐標的陌道，是按一定次序平行排列的，每一條阡陌都有自己的名稱或編號，都統領着若干家的份地。"邼"，是"陌"的異體字，仍爲形聲字，只是形符、聲符的位置互换，屬於同素異構異體字。羅振玉案："即陌之別搆。"東漢買地券中亭部或郵部之後即言"陌"，是用"陌"標明某塊田地的方位和歸屬。

〔8〕"畝賈錢三千一百"，東漢時期河南郡河南縣街郵部皋門亭部地區的畝價是三千一百錢一畝，畝價較高。究其原因，李振宏認爲，洛陽近郊的土地，人們稱之爲"負郭之田"，是歷代地價中較高的土地，這主要是因爲它是近城之地，"沃潤流澤，最爲膏腴"。東漢洛陽及其周邊地區的買地券中畝價一般是三千左右。如，《孫成買田鉛券》："田一町，賈錢萬五千。"《樊利家買地鉛券》："田五畝，畝三千，并直萬五千。"《房桃枝買地鉛券》："地一畝，直錢三千。"至於邊地的價格，則要低落很多，像居延漢簡中關於家庭財産的登記，每畝田價，祇值百錢，顯然偏低。

〔9〕"沽洎各半"，買酒以酬謝證人。"洎"當爲"酒"的異體字，因"酒"的聲符"酉"與"洎"的右半部分相似而混用。武威漢代醫簡中也有用例，如武威醫簡 17－18："有病者取大如羊矢，温洎飲之，日三四。"

〔10〕"即日"，當日。東漢時的買賣文書中時興交易當天收付款，

---

① 〔日〕古賀登. 縣鄉亭里制度の原理と由來［M］//漢長安城と阡陌·縣鄉亭里制度.（東京版）. 1980；142.

收付款行爲不得拖欠。《漢語大詞典》收有此詞，所引最早文獻是《史記》，此詞可補東漢出土文獻用例。

〔11〕“丹書鐵券”，或言“鐵券丹書”，漢時常語。羅振玉案曰：“券上塗朱，殆即券文所謂丹書也。”它是帝王頒賜功臣授以世代享受某種特權的鐵契，可以稱爲“天子”與凡庶之間的契約。《周禮·秋官·司約》：“書於丹圖。”鄭玄注：“今俗有鐵券丹書，豈此舊典之遺言。”所言“丹書、鐵契、金匱、石室”，即以鐵爲契，以丹書之，將皇帝與功臣、重臣的信誓用丹砂寫在“鐵券”上，裝進金匱藏於用石建成的宗廟內，以示鄭重和保證“鐵券”安全。

【有關問題探討】

券文中“袁田”一詞，學者釋義多有分歧，可分爲二：一是《辭海》（試行本），認爲轅田也叫“爰田”“辜田”，謂按休耕需要分配土地。後人多同意轅田爲易田（輸流休耕）之法。黃景春釋作“轅田”“爰田”，認爲是國家所有而後來賞賜給私人的田地，在漢代則相當於“公田”。余扶危、趙振華也認爲“袁田”即轅田，亦即爰田。袁、轅、爰三字通假。二是當讀爲“園田”。李家浩認爲“袁田”當讀爲“園田”，與歷史上“爰（轅）田”無關。呂志峰也讚同李家浩的觀點，指園圃和田地。魯西奇認爲本券所說之“袁田”，即轅田，意謂可以行車的平地。

我們認爲，買地券中兩處“袁田”，當與歷史上的“爰（轅）田”無關，黃景春、魯西奇兩位先生疑爲誤。李先生認爲袁田即“園田”，有道理，但釋義爲“園圃與田地”，尚可商榷。今查閱買地券用例，“袁田”，東漢買地券中凡2見。除此例外，還有1例。《王當等買地券》：“青骨死人王當、弟伎偷及父元興等，從河南□□左仲敬子孫等，買穀郊亭部北佰西袁田十畝，以爲宅。”

買地券書寫者多爲下層百姓，券文中省筆字、同音替代字等俗寫字甚爲常見。從此兩例用法及上下文意來看，此處“袁”字，當爲“園”字同音簡筆之字，用以指稱墓地、墓田。“園”字，漢時已有墓地義。

《史記・淮南衡山列傳》："追尊謚淮南王爲厲王，置園復如諸侯儀。"李賢注："園，謂塋域也。"《正字通・口部》："園，歷代帝王葬所曰園。漢制陵園有令。如文帝陵名文園，宣帝祖武帝戾太子葬處名戾園，是也。""園"字又可與等"冢""墳""塋"等詞同義連文，組成"冢園""墳園""園塋""園陵""園寢"等語詞，均有墳墓、墓地之義。秦漢及以後文獻不乏用例，如，《史記・齊悼惠王世家》："天子憐齊，爲悼惠王冢園在郡，割臨菑東環悼惠王冢園邑，盡以予菑川，以奉悼惠王祭祀。"《文選・顏延之〈拜陵廟作〉詩》："哀敬隆祖廟，崇樹加園塋。"李善注："《漢書》注曰：'塋，墓田也。'"均爲其證。《漢語大詞典》未見"袁田"一詞，但收有"田園"，釋義爲"田地"和"園圃"，所舉書證爲《史記・魏其武安侯列傳》與晉陶淵明《歸園田居》等，此詞可補《漢語大詞典》缺失義項。

【主要參考文獻】

［1］吳天穎. 漢代買地券考［J］.《考古學報》，1982（1）：15－35.

［2］張傳璽. 中國歷代契約會編考釋（上）［M］. 北京：北京大學出版社，1995：47－49.

［3］王仲犖遺著；鄭宜秀整理. 金泥玉屑叢考［M］. 北京：中華書局，1998：36－38.

［4］羅振玉. 貞松堂集古遺文（卷一五）［M］. 北京：北京圖書館出版社，2003：346－348.

［5］羅振玉. 漢王口卿買地鉛券跋［M］//羅振玉撰述；蕭文立編校. 雪堂類稿 丙 金石跋尾. 瀋陽：遼寧教育出版社，2003：63.

［6］王國維. 漢王保卿買地券跋［M］//觀堂集林・外二種. 石家莊：河北教育出版社，2003：453－454.

［7］黃景春. 王當買地券的文字考釋及道教內涵解讀［J］.《南陽師範學院學報》，2003（1）：16－21.

［8］魯西奇. 中國古代買地券研究［M］. 廈門：廈門大學出版社，2014：31－32.

東漢光和二年（179）王當等買地鉛券

【題記】

1974 年 7 月出土於河南洛陽東方紅拖拉機廠四十分廠 1 號東漢墓。此券是 1949 年後洛陽出土的唯一的一件有明確出土時間的東漢時期的買地券，具有重要的史料價值。買地券爲鉛質，置於前室西側的耳室棺床西偏北位置，長條形，長 40.5、寬 4、厚 0.2 厘米。此券出土時雖有破裂，但券文基本完整，陽文 5 行，約 250 餘字。第一行字體較大，因鉛版寬度所限，字體逐行縮小，字畫裏隱約可見塗朱痕迹。

洛陽博物館（1980）最早做了報道，有原券照片、摹本圖版，釋文未加標點。余扶危、趙振華（1981）有録文，未有標點，并對涉及的東漢土地私有制及土地兼并、東漢洛陽的地價、買地券的行文格式，以及"袁田""鉛券尺六"等語詞做了較爲全面的闡釋。其後，張傳璽（1995）、黄景春（2004）、張勛燎（2006）、魯西奇（2014）等均有録文，并對有關問題做了探討。今依據摹本圖版，參校各家著録，重新校録如下（圖八）。

【録文】

光和二年十月辛未朔三日癸酉〔1〕，告墓上、墓下、中央主士，敢告〔2〕墓伯、魂門亭長、墓主、墓皇、墓臽〔3〕：青骨死人〔4〕王當、弟伎偷及父元興/等，從河南□□左仲敬子孫等〔5〕買穀郟亭部〔6〕北佰西袁田十畝〔7〕，以爲宅〔8〕。賈直錢萬〔9〕，錢即日畢。田有丈尺〔10〕，券書明白。故立四角封界〔11〕，界至九天〔12〕上、九地下。死人/歸蒿里，地下不得何止，他姓不得名佑〔13〕。富貴利子孫。王當、當弟伎偷及父元興等，當來入藏〔14〕，無得勞苦苛剗，勿繇使〔15〕，無責生人父母、兄弟、妻子家室〔16〕。生人無/責，各令死者無適負〔17〕。即欲有所爲，待焦大豆生葉、鉛

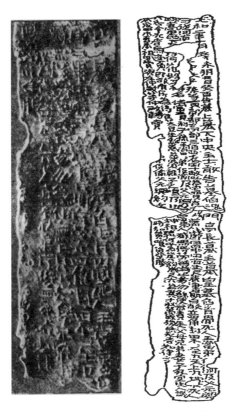

圖八　河南洛陽出土王當等買地鉛券原券、摹本
（《考古學報》1982 年 1 期，31 頁）

卷華榮、鷄子之鳴，乃與[諸]神相聽〔18〕。何以爲眞？鉛券尺六爲眞
〔19〕。千秋萬歲，後無死者。如律令！／卷成。田本曹奉祖田〔20〕，
賣與左仲敬等，仲敬轉賣[王][當][及]弟伎偷、父元興。約文〔21〕□□，
時知〔22〕黄唯、留登勝。／

【校釋】

〔1〕"光和二年十月辛未朔三日癸酉"，此爲東漢時期流行的紀時
方法，按照年、月、朔旦干支、日數以及日序干支排列，因此這個日期
可以翻譯成"光和二年（即公元 179）十月初三日，當月辛未日朔，紀
日干支是癸酉"。關於兩漢紀時方法，陳夢家説："（東漢）於月、日之

間加了朔旦和日數，較西漢制更進一步。"光和"，是東漢皇帝漢靈帝劉宏的第三個年號，東漢朝使用這個年號時間共記 7 年（178～184年），光和七年十二月改元中平元年。

〔2〕"告……敢告……"，據鄒水傑、李斯等人研究，"告"與"敢告"都是秦漢官文書的習慣用語，兩者亦有差別，即使用"告"的是由"丞某"向鄉發出的下行文書；使用"敢告"的是縣與縣之間的平行文書，多用於謙稱，表尊敬之情。雲夢睡虎地秦簡已有用例。《封診式》："爰書：某里士五甲縛詣男子丙，告曰：'丙，甲臣，橋悍，不田作，不聽甲令。謁買①公，斬以爲城旦，受賈錢。'"② 又曰："敢告某縣主：男子某有鞫，辭曰：'士五，居某里。'可定備事里，所坐論云可，可罪赦，或覆問毋有，遣識者以律封守，當騰，騰皆爲報。敢告主。"③

〔3〕"墓上、墓下、中央主士、墓伯、魂門亭長、墓主、墓皇、墓卻"，均是與葬墓有關的地下官吏。有的是根據想象中的地下情形設想出來的，如墓上、墓下、中央主士等，是以墓穴爲中心，想象墓地的上、下、中央、門口、墓穴各有陰吏主管。有的是根據人間社會的官吏設置，設想陰間也有同類官吏，如墓伯、亭長、墓主、墓皇等。"中央主士"，簡報最早錄作"中央主士"。余扶危、張傳璽、黃景春等從之。張勛燎、魯西奇等錄作"中央主土"。"墓卻"之"卻"，《說文》："卻，小阱也。"段玉裁注："阱，陷也。卻謂阱之小者。"在其他買地券中未見此詞，疑爲"丞"字之訛。

〔4〕"青骨死人"，"青骨"，指仙骨。東漢常用道教用語。《搜神記》卷五："蔣子文者，廣陵人也。嗜酒好色，挑達無度，常自謂己骨清，死當爲神。""清"當讀爲"青"。後世因以青骨指仙骨。宋韋居安《梅磵詩話》卷中："《百詠》中《蔣帝廟》詩有'闔棺漫說榮枯定，

---

① 秦漢之間"買"與"賣"常不分。秦漢簡牘用例，如上。
② 睡虎地秦墓竹簡整理小組. 睡虎地秦墓竹簡·封診式［M］. 北京：文物出版社，1978：259.
③ 睡虎地秦墓竹簡整理小組. 睡虎地秦墓竹簡·封診式［M］. 北京：文物出版社，1978：247-248.

青骨猶當履至尊’之句，人多不解‘青骨’二字。偶閱《海録碎事》，載後漢末蔣子文嘗爲秣陵尉，自謂青骨，死當爲神。後因顯靈，吴主爲立祠鍾山下，因改山爲蔣山。後纍封爲帝。始知二字本此。”主要是指不修煉即成仙。《漢語大詞典》收有此詞，舉例爲宋蘇軾《戲作種松》詩的例子，此例可提前書證到東漢時期。後世多用“仙骨”，不用“青骨”。如杜甫《送孔巢父謝病歸游江東兼呈李白》：“自是君身有仙骨，世人那得知其故。”《太平廣記》卷五引《搜神記》：“子有仙骨，又聰明，得此便成，不復需師。”

〔5〕“從河南□□左仲敬子孫等”，簡報最早以缺五字處理。張勛燎從之。余扶危、張傳璽、黄景春據券文内容補録出“□□左仲敬”。

〔6〕“穀郟亭部”，漢河南縣城西偏北，穀城與郟山之間，距穀水不遠。《水經注·穀水》記載：“東北過穀城縣北，又東過河南縣北，東南入於洛。”注文稱：“穀水又逕河南王城北，所謂成周也……《地理志》曰：河南河南縣，故郟、鄏地也。京相璠曰：郟，山名；鄏，邑名也。”《博物志》：“王城，南望洛水，北至郟山。”“郟山”，即今洛陽北邙山，王當墓坐落於漢河南縣城西偏北，郟山之南和穀水之側，屬於穀郟亭部的範圍。

〔7〕“北陌西袁田十畝”，簡報最早録作“三陌西袁田十畝”。余扶危、趙振華、張傳璽、黄景春與此同。張勛燎認爲，此句難解，“三”字實爲一單字殘存之左旁筆畫，且畫迹模糊。明顯不能釋爲“三”字。張氏引《鍾仲游妻鉛券》作“自買萬世冢田”、《曹仲成鉛券》作“伯北冢田”、《劉公磚券》作“自以家田三□”，頗疑此文當釋“穀郟亭部北陌西冢田十畝”或“北陌西家田十畝”，意謂從河南某姓子孫手中買的家傳穀郟亭部西北方鄉私地十畝以作冢地也。

〔8〕“宅”，陰宅，墓穴。《禮記·雜記》：“大夫卜宅與葬日。”鄭玄注：“宅，葬地也。”《漢語大詞典》收有此詞。

〔9〕“賈直錢萬”，券文中買十畝地没有單價，祇籠統地説“賈直錢萬”，土地價格已經虛化。“賈”，通“價”。“直”，值，價格。《正字通·目部》：“直，物價曰直。”

〔10〕"丈尺"，比喻明確的大小。《漢語大詞典》有三個義項，此例中，"丈尺"爲名詞，比喻土地有明確的大小，可補《漢語大詞典》義項。魏晉買地券中也有類似用法。《梁普通元年（520）何靖買地券》："不敢選日問時，不避天下禁忌，道行正真，丘墓營域，東西南北，各有丈尺。"

〔11〕"四角封界"，即在墓地四角堆土爲界。"封"，堆土、起壟。《小爾雅·廣詁》："封，界也。"《禮記·檀弓》："吾見封之若堂者矣。"鄭玄注："封，築土爲壟。"《左傳·僖公三十年》："（晉）又欲肆其西封。"杜預注："封，疆也。"《吕氏春秋·孟春紀》："王布農事，命田舍東郊皆修封疆，審端徑術。"高誘注："封，界也。"《漢語大詞典》收有此詞，舉《荀子·正論》："天下之大隆，是非之封界，分職名象之所起，王制是也。"此例可補東漢出土文獻用例。

〔12〕"界至九天"之"界"字，簡報最早衹有前一"界"字，此處無字。余扶危等作冒號處理。張傳璽、黃景春、張勛燎、魯西奇補録作"界"。黃景春認爲"四角封界"之後有一個重文符號，所以接下來的文字應該是"界至九天上、九地下"。"九天"，天上的最高處。《淮南子·天文》："天有九野，中央及四正四隅，故曰九天。""九地"，地下的最深處。"九"，古人常用以表示數的極點。《孫子·形》："善守者，藏於九地之下；善攻者，動於九天之上。"黃氏所説甚是。

〔13〕"地下 不 得 何 止，他姓 不 得 名 佑"，簡報最早録作"地下□□何□姓□□□佑"，缺字甚多，且總字數少一字。張勛燎與此同。余扶危補録作"地下□□何□姓□ 得 名佑"。張傳璽斷語有別，連接上下文，録作"死人歸蒿里地下，□〔得〕何〔花〕姓〔三得〕名佑（有）富貴"。此斷句既不可解，又不符合買地券習例。黃景春補録作"地下不得何止，他姓不得名"，并釋"何"，通"訶"，"訶"與"呵"是異體字，所以，"何止"即"訶止"。魯西奇補録作"地下〔不得〕何〔止〕，他姓〔不得〕名佑。"今從魯説。

〔14〕"當來入藏"，簡報最早録作"當來人藏"。余扶危等録作"當來人臧"。張傳璽、黃景春與此同。張傳璽釋"臧"字爲奴隸，亦

作臧獲之義。黃景春認爲"臧"即藏的本字。《説文》："臧，善也。"段玉裁注："凡物善者必隱於内也。以從艹之藏字，始於漢末。"《辭海》："藏，匿也。"《説文》："葬，臧也，從死在茻中。"《禮記・檀弓》："葬也者，藏也；藏也者，欲人之弗得見也。""當來人臧"意思是王當得後人來下葬。張勛燎録作"當來人藏"，認爲，"人臧"無解，乃"入藏"之誤釋，"入藏"即入葬之意。魯西奇録作"當來〔入〕（人）臧"，未釋義。今綜合各家之説，校録如上。

〔15〕"無得勞苦苛蒀，勿繇使"，這句話是告誡地下的陰間官吏，王當後人來葬，也不得勞苦、呵止或役使。簡報最早録作"無得勞苦苛蒀，勿繇使"。余扶危等録作"無得勞若[苛]止，易勿繇使"。張傳璽録作"無得勞苦苛止易，勿徭使"。黃景春録作"無得勞苦苛止，易勿繇使"，并對"苛""易""繇"等字均有考釋。"苛"通"訶"，讀 hē。"苛止"也即"呵止"。"易"與"亦"在古漢語中可以相互通假。《古字通假會典》："易，同'亦'。"《論語・述而》："五十以學《易》，可以無大過矣。"《釋文》："魯讀易爲亦。"同樣，亦也可以通"易"。《列子・黃帝》："二者亦知，而人未之知。"張湛注："亦，當作易。"段玉裁《説文解字注・亦部》："亦，或假藉爲易。""繇"通僦，役使也。《詩・大雅・民勞》箋："繇役繁多。"釋文："繇，本亦作徭。""繇使"，即徭使，役使。魯西奇録作"無得勞苦、苛止，易勿繇使"，他認爲"易"字，當作"亦"字解。

〔16〕"無責生人父母、兄弟、妻子家室"，簡報、余扶危與張勛燎均未加標點。張傳璽最早加標點爲"無責生人父母、兄弟、妻子家室"。黃景春斷作"無責生人、父母、兄弟、妻子，家室"。"生人"，指活着的人。漢晉買地券、鎮墓文中常用。《延光元年（122）朱書陶罐鎮墓文》："生人之死易解。生自屬長安，死人自屬丘丞墓。"《桓帝元嘉二年（152）河南緱氏鎮墓文》："黃帝與河南緱氏真□中華里許蘇阿銅□刑憲女合會，神藥以鎮，□家宅□□，七神定冢陰陽，死人無□□，生人無過。"《漢語大詞典》收有此詞。舉《莊子》《玉臺新詠》等爲例，此例可補東漢書證。

〔17〕"生人無責，各令死者無適負"，各家著録有分歧。簡報最早録作"生人無責各令死者無適負"。余扶危等從之。張傳璽録作"生人無〔責〕，各令死者無適負"。黃景春録作"家室生人無殃，各令死者無適負"。張勛燎認爲，此句乃"生人無央咎，令死者無適負"之誤釋。魯西奇校録作"生人無央咎。令死者無適負"。我們認爲，前句當爲"生人無責"。香港中文大學文物館收藏《序寧禱券》常見用例。據楊華研究，幾乎在所有的簡文中（簡 226、228、229、231、233、234、235、236、237、238、239）均如此作①。"無責"，責，本字爲"債"，是指陽世生人與陰司官吏鬼神之間無債務糾紛。"適負"，處罰罪過。"適"，動詞，譴責；懲罰。"適"，本通"讁"。"適"，書母，錫部；"讁"，端母，錫部。錫部疊韻，屬疊韻通假。朱駿聲《説文通訓定聲·解部》："適，假藉爲讁。"《説文》："讁，罰也。"《通俗文》："罰罪曰讁。"《詩經·殷武》："歲事來辟，勿予禍適，稼穡匪解。"朱珔云："此以適爲讁之假藉。"高亨曰："適，藉爲讁。譴責，懲罰。"《漢書·食貨志下》："故吏皆適令伐棘上林，作昆明池。"顏師古注："適讀曰讁。讁，責罰也。"可見，"適"與"讁"可通假。"負"，罪也。《史記·孟嘗君列傳》："下列有離上抵負之名。"《資治通鑑·晉惠帝元康九年》："雖知事小，而按劾難測，騷擾驅馳，各競免負。"胡三省注："負，罪負也。""適負"在東漢買地券、鎮墓文中常見。

〔18〕"即欲有所爲，待焦大豆葉、鈆卷華榮、鷄子之鳴，乃與諸神相聽"，"生"下疑脱"葉"字，當補。"華榮"，開花。同義連文。《説文·華部》："華，榮也。"《國語·晉語四》："諺曰：'黍稷無成，不能爲榮。'"韋昭注："榮，秀也。"今遍查其他文獻，未見"華榮"一詞。《翟氏衣物疏》："宋泮故妻翟氏□隨身所有衣物，人不得認名，認名須桃券華生，段鷄子雛□。"此句中"華生"一詞，從出現語境相同來看，其語義當與"華榮"相同。"鷄子"，鷄卵，即鷄蛋。據張勛

燎研究，此乃術者與墓神冢吏及王當、當弟伎偷及父元興等入藏死者盟誓之言，謂嚴肅入葬死者之鬼魂再回到家中爲祟生人，保證"後無死者"。如果他們不聽從命令，要想使不利生人的行動合法化，除非燒焦了的大豆再發新芽生長，鉛券長葉開花，鷄蛋像活鷄一樣啼鳴，那時纔有可能。漢晉買地券常以"焦大豆生□""烏大豆生葉"爲喻，旨在希冀墓葬永固，保佑死者長遠安寧，子孫後代"世世富貴"，與《張叔敬墓券》中死者持"黃豆瓜子"爲陰間賦税，以求"勿復煩擾張氏之家"，表達的都是相同的意願。

〔19〕"何以爲真？鉛券尺六爲真"之"真"字，簡報最早録作"真"。張勛燎録作"證"。黃景春録作"鎮"字，鎮壓、厭勝之義。今審驗原券拓本，結合同時期買地券用例，當爲"真"字。《光和六年(183)戴子起買地券》："何以爲信？尺六桃券丹書以爲信。""真"與"信"詞義相同，均爲"憑信"之義。又據余扶危、趙振華研究，實物券長40.5厘米，若以此爲準，則當時的一尺相當於今25.3厘米。《劉公磚地券》："諸神……"後有"尺六桃□……"數字①。據原報告，此磚地券長38厘米，若以此爲準，則當時一尺相當於今23.7厘米。後者接近於東漢長度單位的實際尺寸②。另《鍾仲游妻鎮墓券》也記有"尺六桃券"等語③。據摹本，券長38.4厘米，也接近於當時的"尺六"長度。上述各券的券文雖都爲"尺六"，但實際長度并不相等，與漢代尺寸也不完全相合，可見"尺六"一詞祇不過是地券中標明長度的常用語，并不代表地券的實際長度④。

〔20〕"田本曹奉祖田"等3句，王當墓爲遷葬墓，買地的王當、當弟伎偷、父元興均是殁亡之人，顯然，賣地的左仲敬也是亡人。因此之故，券文纔需要將此種買賣活動知會墓伯、魂門亭長等地下鬼神。

---

① 河北省文物工作隊. 望都二號漢墓 [M]. 北京：文物出版社，1959：13，20.
② 吳承洛. 中國度量衡史 [M] // 范文瀾. 中國通史簡編史（第二編）. 北京：商務印書館，1984：61–65.
③ 羅振玉. 貞松堂集古遺文 [M]. 北京：北京圖書館出版社，2003：356.
④ 余扶危，趙振華. 洛陽出土的東漢《王當買地鉛券》及有關問題初探 [J]. 《中原文物》，1981（特刊）：108.

〔21〕“約文”，即約束協議雙方或數方的辭文。“約”取“約束”之意。

〔22〕“知”，即知見人，知情人。王啓濤《中古及近代法制文書語言研究——以敦煌文書爲中心》指出，“知”“證”在中古及近代成爲一法制術語，有“證人”之義，其説甚是。

【有關問題探討】

東漢王朝爲了與豪强貴族争奪人口，保證其賦税收入，曾施行過假民公田、賜民以田的政策。《王當買地鉛券》的出土，有力地證明了這一事實。不過，這種賜田在券文中是以“袁田”的名稱出現的。此中名稱的賜田，除本券外，在《王末卿買地鉛券》中也有同樣的記載，然而，在有關的東漢文獻資料中還未曾見到過。余扶危、趙正華認爲，券文中提到的“袁田”即“轅田”，亦即“爰田”。“袁”“轅”“爰”三字通假。此詞首見於《左傳·僖公十五年》，其文曰：“晉侯使郤乞告瑕吕飴甥，且召之。子金教之言曰：‘朝國人而以君命賞，且告之曰：孤雖歸，辱社稷矣。其卜貳圉也。’眾皆哭。晉於是乎作爰田。”《國語·晉語》也記載了這件事：“且賞以悦眾，眾皆哭焉，作轅田。”此處爲“轅田”，當即“袁田”之異文。《左傳》所記爲晉國謀取霸權時事，“爰田（袁田）”是一種賞賜的田。關於“袁田”詞義，詳見《王末卿買地鉛券》中考釋。

【主要參考文獻】

［1］洛陽博物館．洛陽東漢光和二年王當墓發掘簡報［J］．《文物》，1980（6）：52-57.

［2］余扶危，趙振華．洛陽出土的東漢《王當買地鉛券》及有關問題初探［J］．《中原文物》，1981（特刊）：108.

［3］張傳璽．中國歷代契約會編考釋（上）［M］．北京：北京大學出版社，1995：52-53.

［4］黃景春．王當買地券的文字考釋及道教内涵解讀［J］．南陽

師範學院學報，2003（1）：16 – 21.

　　［5］張勛燎，白彬 . 中國道教考古（第 1 卷）［M］. 北京：綫裝書局，2006：196 – 201.

　　［6］謝虎軍，張劍 . 光和二年（179 年）漢洛陽穀邿亭王當墓［M］//洛陽紀年墓研究［M］. 鄭州：大象出版社，2013：35 – 39.

　　［7］魯西奇 . 中國古代買地券研究［M］. 廈門：廈門大學出版社，2014：35 – 37.

　　［8］馮健 . 東漢王當買地券［M］//洛陽藏寶中的歷史 . 鄭州：大象出版社，2014：130 – 131.

東漢光和五年（182）劉公買地磚券

【題記】

　　1954 年出土於河北望都（現并於唐縣）所藥村二號漢墓。林樹中（1958）最早發文，認爲此券紀年殘缺之字，當爲“熹平”三年（174），墓主是孫程的養子孫壽，或者是孫程弟孫美。河北省文化局文物工作隊（1959）出版發掘報告《望都二號漢墓》，有録文（無標點）與圖版，謂“磚質買地券一塊，長 38 厘米，寬 20 厘米，已斷成兩段，分別在中室及其東耳室發現。磚面塗抹白灰一層，書朱字，共十行，約三百餘字，約四分之一文字已剝落不清。”

　　其後，何直剛（1959）、周萼生（1959）、康捷（1959）、楊泓（1959）、陳直（1962）、金維諾（1981）等圍繞此墓年代及墓主身份等作了較爲深入的探討。張傳璽（1995）、張勛燎（2006）、魯西奇（2014）著有録文。此券與前述河南洛陽出土《光和二年（179）王當等買地券》同出於東漢靈帝光和之世，前後祇相差三年，内容基本相同，可以互證。今依據原券圖版，參校各家著録，重新校録如下（圖九）。

【録文】

　　光和五年二月戊子朔廿八日乙卯〔1〕，直閉，天帝神師〔2〕

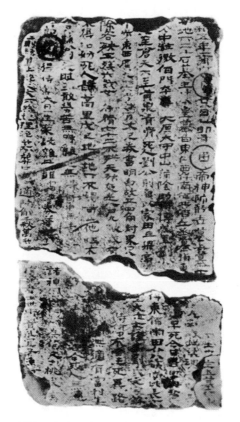

圖九　河北望都出土劉公買地磚券原券
（《中國法書全集》第 1 册，2009 年，266 頁）

敢告墓上、墓下……土□、主圡、墓□丞/□、地下二千石、墓主、墓
皇、墓臽、東仟、西仟、南佰、北佰、丘丞墓伯，東……南成北□，魂
門亭/长（長）、冡中游徼〔3〕、佰門卒史〔4〕：□大原大守〔5〕
中山蒲陰縣所博成里〔6〕劉公……薄命早死，今日合墓〔7〕，
□□□/□。上至倉（蒼）天，下至黃泉。青骨死人劉公，則〔8〕自
以家田三梁〔9〕，亭……得東佰南田廿八畝〔10〕，南北長七/土
步，東西廣九十六步。田有丈尺〔11〕，券書明白。故立四角封界，大
立土〔12〕謹爲劉氏之家解/除咎殃，五殘六賊〔13〕，女□行獝，
七十二不殡，天殆夜光〔14〕；八尸九煞〔15〕，或有……□□不

□〔16〕。生死異路，／不得相妨。死人歸蒿里戊己〔17〕，地上地下，不得苛止。他時不……無適，有富〔18〕，利生／人子孫，□□□無敢勞苦〔19〕，無呼繇□〔20〕，無得苛止〔21〕，無責……，令死人無適。／□即□□得，待焦大豆生葉，段鷄子雛鳴，鉛券華榮〔22〕。……諸神相聽〔23〕。何以爲信？尺六桃券爲信〔24〕。□□則絶。其上絶天文，下絶地理。絶墓葬□，□適除解。千秋萬歲〔25〕，後世無復死者，世世富貴，永宜子孫。／

【校釋】

〔1〕“光和五年二月戊子朔廿八日乙卯”，此券時間是斷定墓葬年代的主要根據，可惜第一個字殘去，所以，對此字的正確考證，顯得至關重要。林樹中（1958）最早據文望都一號墓爲孫程墓，補録爲“熹平”。河北省文化局文物工作隊（1959）則補録爲“光和五年”，考證較爲翔實：首先從第一號墓内銘讚“當軒漢室”，認爲此墓當亦屬於漢代。從東漢光武帝到漢獻帝期間，年號稱作“□和”者，有元和、章和、永和、建和、光和，但是超過五年時間的，僅有“永和”與“光和”，這兩個年號的“五年二月……廿八日”，其日的干支是乙卯的，根據陳垣先生的推算是光和五年①，因此，此墓的年代應爲東漢靈帝光和五年（公元182年）。何直剛認爲林文誤釋，據漢人記曆的習慣，把已佚二字補上“光和五年二月六日若廿八日乙卯。”但他自己又説，綜觀漢晉買地券紀年用例，無見有“若”字者。周萼生（1959）對何文有所訂補，他認爲所補光和五年的“光”字，是正確的。惟“六日若”三字，不無疑義。買地券這類文書是仿自生人契約，券上所記載的年月日即立約日期。根據漢代記年月日的習慣，往往在月份下綴以朔日的干支。漢代的人書寫“戊”字時往往把“戈”字第二畫起筆放在橫畫的正中，以致“戊”字的上半，看來好像是“六”字。因

---

① 陳垣. 二十史朔閏表［M］. 北京：古籍出版社，1956：40.

推"二月"下應是"戊子朔"三字。陳直（1962）贊同周尊生所説，認爲下空三字當爲"戊子朔"。今參校各家，校録如上。

〔2〕"直囷，天帝神師"，河北省文化局文物工作隊（1959）録作"□□□帝神□"，無標點，且大多作缺字處理。張傳璽（1995）録作"□□□帝、神師"。張勛燎（2006）參照圖版字迹和整個文意，認爲河北省文化局文物工作隊釋文脱漏不少，對券文重新校讀作："直（値）□。天帝神師。"黄景春録作"直□，□帝神師"，認爲"直"後一字爲錢痕所覆蓋，當是建除十二直之一。"帝"前所缺字當是"天"。魯西奇據摹本照片，參合各釋，校録作"直〔閉〕，〔天〕帝神師"，并進而指出："原券於'直閉'二字處刻一方孔圓形錢幣，然'直'字仍可辨認，故據上引《王當買地券》補出'閉'字。"今參校各家，校録如上。

〔3〕"游徼"，本爲鄉官名，秦始置，掌一鄉之巡察緝捕。兩漢至南北朝多沿置不改，後廢。《漢書·百官公卿表上》："十亭一鄉，鄉有三老、有秩、嗇夫、游徼。三老掌教化。嗇夫職聽訟，收賦税。游徼徼循禁賊盜。"作爲墓葬神煞，"游徼"的主要職責是緝捕作奸犯科的惡鬼。望都一號墓前室西壁自北至南，上部畫六人，其一榜題"門下游徼"，其形象爲戴冠佩劍，持笏，衣服寬肥，下及足面，袖垂至膝，面嚮北，弓腰而立，作朝拜狀①。

〔4〕"敢告"後自"墓上"至"丘丞墓伯"，均爲冥間主死人的大小神靈。"主土"，《望都二號漢墓》及宋鎮豪録作"主上"。黄景春補録作"中央主土"，文意雖通，但從拓本圖版來看不類"中央"二字。張傳璽作"主土"。魯西奇録作"主土"，指出："'主土'，諸家并釋作'主上'，今細辨拓本圖版，改釋。"其説可從。"墓□丞□"之"丞"字，《望都二號漢墓》及張傳璽、魯西奇均釋作"永"，現從黄景春改釋。"魂□□□、□中游徼"，魯西奇指出："'魂□□□、□中游

---

① 北京歷史博物館，河北文物管理委員會. 望都漢墓壁畫〔M〕. 北京：中國古典藝術出版社，1955：13.

徽'，張勛燎補作‘魂門亭長、冢中游徽'……均應可從。"　"佰門"，當即"陌門"，指墳墓之門。"冢中游徽"，兩漢鎮墓文中常見用例。《東漢熹平二年（173）張叔敬鎮墓文》作"冢中游徽"，《東漢建和元年（147）十一月加氏婦鎮墓文》作"伯（陌）上游徽"。

〔5〕"大原大守"，《望都二號漢墓》及張傳璽、張勛燎、宋鎮豪、魯西奇等均錄作"太原太守"。黃景春依圖版改錄作"大原大守"。今細審圖版照片，"大"字，筆畫清晰。"大"，"太"的古字。"太原"，郡名，屬并州，治晉陽，在今太原西南，劉公曾任太原太守。

〔6〕"蒲陰縣所博成里"之"縣"字，諸家均釋作"助"，張傳璽、魯西奇改釋作"縣"。魯氏指出："‘縣所'，當即縣署所在之地，或即都鄉、都亭所在。"張傳璽認爲"博成里"漏掉"博"字。"蒲陰"，縣名，屬中山國，治今河北完縣東南，地近今望都縣。

〔7〕"今日合墓"，據魯西奇研究，此墓當爲劉質改葬墓。蓋其時距劉質自殺已有十六年，此前必有葬埋，此次營葬當爲二次葬。

〔8〕"青骨死人劉公，則"，張傳璽連讀。黃景春與下一"則"字連讀，作爲名字。而魯西奇則將"則"歸下。此取後者。"青骨死人"，當指早期道教信徒。

〔9〕"自以家田三梁"，以自家三塊地用作冢地。"梁"，《漢語大詞典》："物體或人體上拱起或成弧形的部分。"此處指隆起的土地。魯西奇指出："三梁，當爲亭名。《水經注·滱水》‘博水'條記博水出望都縣，東南流，逕望都縣故城南，復東南‘逕三梁亭南'。漢望都縣故城，即在今望都縣城，自古無異辭。則此三梁亭，正在望城縣城東南不遠處，正與望城二號漢墓所在之所藥村位置相合。"後一字又是"亭"字，可備一説。

〔10〕"得東佰南田廿八畝"，其中"得東佰"之"得"字，《望都二號漢墓》及黃景春均缺。宋鎮豪補出"仟"。今審驗原券圖版，此字清晰可辨，張傳璽、張勛燎、魯西奇等所釋甚是。此外，張傳璽作"索田"，其下漏掉"廿"字，亦不確。

〔11〕"田有丈尺"之"田"字，圖版模糊不清。《望都二號漢墓》

及黄景春、宋鎮豪均録作"中"。張勛燎校作"地"。魯西奇校作"田"。今細審原券圖版，結合漢晉買地券習例，當爲"田"字。《王當等買地券》："賈直錢萬，錢即日畢。田有丈尺，券書明白。"

〔12〕"大立士"，《望都二號漢墓》及黄景春、宋鎮豪均釋作"大□士"。張傳璽多一字録爲"□大□士"。魯西奇改釋作"□，天帝"。今細察拓本，似乎第二個字爲"立"，王育成録作"大立士"①，可參。

〔13〕"五殘六賊"，《望都二號漢墓》録作"五殘六□"。黄景春作"五殘六殘"。張傳璽、魯西奇作"五殘六賊"。張勛燎作"五殘六傷"。宋鎮豪作"五殘六戕"。諸家所釋均不同。今細察原券圖版，右側"戈"字清晰可見，左側斷裂，似是"貝"字，故從張、魯之釋。《太上正一咒鬼經》："修營家宅，破壞舍屋，移轉井竈，動促門户，補治籬落，縛束壁帳，穿井掘窖，填補塞孔，高下之功，立成之功，破殺之厖，悉以斬殺之，并收某家宅中五殘六賊，十二袄惑。"張傳璽指出："五殘，啞、聾、跛、斷肢、侏儒。亦稱五疾。《荀子・王制》：'五疾，上收而養之，材而事之。'六賊，或爲色、聲、香、味、觸、法，導致種種煩惱者，佛經亦稱六塵。"似可商榷。此外，道教用語中有"五賊"一詞，主要指金、木、水、火、土五行之氣。《陰符經》："天有五賊，見之者昌。"唐李筌疏："五賊者，五行之氣也，則金、木、水、火、土焉。"范蠡等集注則謂：五賊者，"其一賊命，其次賊物，其次賊時，其次賊功，其次賊神"。不知"六賊"是否與此"五賊"有關，録之備考。

〔14〕"天殀夜光"，《望都二號漢墓》作"夭□□光"。黄景春作"夭殀如光"。張勛燎、張傳璽作"天殀夜光"。魯西奇作"天□夜光"。諸家所釋均不同。今細察圖版，應作"天殀夜光"。"殀"，《説文》已有此字。《歹部》曰："殀，枯也。"但於此文意不通，故此字意義待考。"夜光"，月光。《楚辭・天問》："夜光何德，死則又育？"

---

① 王育成. 洛陽延光元年朱書陶罐考釋 ［J］.《中原文物》, 1993（1）: 74 - 79, 84.

〔15〕"八尸九煞"，所缺之字，《望都二號漢墓》存疑不釋。張傳璽作從角從攵之字，黃景春釋作"欲"，宋鎮豪作"敨"，魯西奇釋作"煞"。今細察拓本，此字右側"攵"邊清晰可見，左側上部似是"刍"（芻），故從魯釋。此句意義待考。

〔16〕"□□不□"，《望都二號漢墓》及張勛燎、魯西奇缺釋；張傳璽作"侍何仲不圭"；黃景春作"□□有□"，諸家所釋均不同。今細辨拓本圖版，此處殘缺太甚，仍缺釋。

〔17〕"戊己"，指五行屬土，方位爲中央。後代買地券或作"中央戊己"，或作"中至戊己"。前者如，《永康元年（300）李達買地券》："東極甲乙，南極丙丁、西極庚辛、北極壬癸，中央戊己。"後者如，《唐咸通二年（861）王楚中買地券》："東至甲乙，南至丙丁、西至庚辛、北至壬癸，中至戊己。"

〔18〕"無適，有富"，没有罪謫和懲罰，祇有福佑。"適"，通"謫"。"富"，通"福"。張傳璽斷作"無適，有富利"，似可商榷。河南洛陽出土《光和二年（179）王當買地券》中有"富貴利子孫""令死者無適負"之語，"利"字當從下句爲是。

〔19〕"□□□□無敢勞苦"，黃景春録作"公則□無敢勞苦"。今細察原版圖版，此處應爲八個字，其釋漏掉一字，而且"敢勞苦"前面的五個字不清，祇有第五字可據文意補爲"無"，其他四字存疑不釋。魯西奇作"□□□無敢勞苦"，亦漏一字。

〔20〕"無呼繇□"之"繇"字，《望都二號漢墓》、張傳璽、黃景春、張勛燎等均釋"鷄"。魯西奇作"無呼繇□"，并指出"其下所缺之字，疑應是'役'或'使'字"，備參。

〔21〕"無得苟止"，《望都二號漢墓》最早録作"無得苟中"。張勛燎認爲"無得苟中"，其義無解，當爲"無得苟止"之誤釋，王當券文可爲證。

〔22〕"□即□□得，待焦大豆生葉，段鷄子雛鳴，鉛券華榮"，河北省文化局文物工作隊録作"□即□□得待鳥大豆生菜，叚鷄上雛

□□券□□”，無標點，且缺字多。張傳璽補釋作“□即［欲有］得，待［焦］大豆生菜，段鷄上雛［鳴］”。余石英對以上諸家錄文有非常翔實的考辨，有理有據，可資對比，轉引如下：“‘葉’，原報告釋讀爲‘菜’，劉昭瑞釋爲‘葉’，甚是；‘鷄子’，劉昭瑞釋爲‘鷄上’，似誤。上揭券文，黃景春從原考古報告釋文，并斷句爲‘待焦大豆，菜段，□鷄子雛鳴，□券華榮’，并解釋説，段當是‘髪’的別寫，‘菜段’意即蔬菜生長頭髪。這一釋文、斷句和解釋極有疑問。首先，券文中‘焦大豆生葉，段鷄子雛鳴’是相互對應的用語，把二者强行分開，并把‘菜段’獨立出來，這一用語的準確意思就無法理解了；其次，他對‘菜段’二字的解釋，似無憑據，因爲蔬菜無論如何也不會與頭髪産生聯繫！據圖版，我們認爲，劉昭瑞識讀爲‘葉’字是正確的。所謂‘焦大豆生葉’，意指燒焦的大豆長出豆葉。另外，券文中的‘段’，實即‘段’字，漢代碑文就如是寫。早期的‘段’字，就有鳥卵孵不出之意，《管子·五行》有云：‘然則羽卵者不段。’郭沫若等《管子集校》引洪頤煊曰：‘段’讀作㱚，《説文》‘㱚，卵不孚也’，《淮南·原道訓》‘獸胎不贕，鳥卵不㱚’，高誘注‘胎不成獸曰贕，卵不成鳥曰㱚，‘段’即‘㱚’字之省。”由此可見，券文中的‘段鷄子’，其實就是‘㱚鷄子’，也就是指孵不成小鷄的壞鷄蛋。‘待焦大豆生葉，段鷄子雛鳴’，意爲待到燒焦的大豆長出葉子，已壞的鷄蛋生出小鷄鳴叫，而這些實際上都是不可能發生的。券文使用此語，主要還是强調‘生死異路，不得相妨’之觀念。”其説甚是。《王當買地鉛券》中有“即欲有所爲，待焦大豆生葉，鉛券華榮，鷄子之鳴”之語句，可爲證。

〔23〕“諸神相聽”，張傳璽最早補作“諸神［相聽］”。其説可從。《光和二年（179）王當買地鉛券》中有“乃與□神相聽”之語，可爲其證。

〔24〕“何以爲信？尺六桃券爲信”，河北省文化局文物工作隊均缺字處理。張傳璽補錄、斷句作“［何以］爲尺？□桃□□□□則絶道”。似可商榷。黃景春補作“何以爲信？尺六桃券爲信”。魯西奇指

出："'何以爲□? 尺六桃□爲□'，張勛燎補作'何以爲真? 尺六桃符
爲真'，均應可從。"據圖版，我們認爲，黄景春釋讀是正確的。盡管
《王當買地券》有"何以爲真? 鉛券尺六爲真"之語句，而《劉公買地
券》之字形不類"真"字，從拓本看應是"信"字。

〔25〕"千秋萬 歲 "，所缺之字，張傳璽釋作"世"、黄景春作"代"、
魯西奇作"歲"。從原版圖版此字殘存筆畫來看，似應釋作"世"。

【有關問題探討】

關於此墓之墓主身份，國内學者多有探討，分歧較大。林樹中
（1958）最早認爲望都二號墓是東漢宦官浮陽侯孫程（望都一號墓的墓
主人）的養子孫壽的墓，或者是孫程弟孫美的墓，而從相差的年數來
看，最大的可能還是孫壽。

何直剛（1959）駁斥了林氏的説法，并依據二號墓出土買地券對
一號墓及二號墓的墓主重新做了考訂。他認爲，一號墓的墓主是東漢初
期浮陽侯劉欽。二號墓的墓主是"太原太守中山蒲陰助鄉博成里劉
公"，但由於缺少相關文獻，墓主人具體名諱闕如。

陳直（1962）不同意以上兩位的觀點，他認爲墓主應爲由河南内
調三公，或相當於公位，但關於墓主人姓名，暫以缺疑。金維諾
（1981）亦依據二號墓出土的買地券有年代和墓主的姓氏、籍貫、官職
等綫索，聯繫文獻資料，對望都漢墓的墓主作了探討。他認爲，一號墓
的墓主爲東漢浮陽侯劉欽，二號墓的墓主"太原太守劉公"，從時間、
官職、政治等來看，與延熹九年（166）被"棄市"的太原太守劉瓆正
相符，此墓可能是劉瓆夫婦合葬墓。

據魯西奇（2014）考證，桓靈間任爲太原太守者僅見有劉質一
人，而劉質於延熹九年（166）因譖被殺，故頗疑望都二號漢墓之墓
主，即爲劉質（瓆）。進而推測，蓋劉質或籍平原，而居里則在劉氏
祖居之地蒲陰縣，故死後葬於蒲陰縣境。又券文稱"今日合葬"，蓋
其時距劉質自殺已有十六年，此前必有葬埋，此次營葬當爲二次葬，
魯氏所言甚是。

此外，據楊泓（1959）研究，望都二號墓的出土遺物，和河南地區的一些東漢墓出土遺物極爲相似。如洛陽燒溝漢墓群中的東漢末期墓葬，所出陶壺、三足圓案、龍首柄勺以及井、竈、鷄、犬等，皆與望都的相同。由此可以看出當時河北中部和河南地區物質文化的聯繫，也具有重要的研究價值。由於缺乏文獻資料，關於此券的墓主身份，暫存疑待考。

【主要參考文獻】

［1］陳直．漢張叔敬朱書陶瓶與張角黃巾教的關繫［J］．西北大學學報（哲學社會科學版），1957（1）：78－80.

［2］林樹中．望都漢墓壁畫的年代［J］．《考古通訊》，1958（4）：66－72.

［3］河北省文化局文物工作隊．望都二號漢墓［M］．北京：文物出版社，1959：13、20.

［4］何直剛．望都漢墓年代及墓主人考訂［J］．《考古》，1959（4）：197－201.

［5］周尊生．讀"望都漢墓年代及墓主人考訂"後的兩點意見［J］．《考古》，1959（6）：280－281.

［6］康捷．望都二號漢墓［J］．《考古》，1959（11）：639.

［7］楊泓．讀"望都二號漢墓"札記［J］．《文物》，1959（12）：31－32.

［8］陳直．望都漢墓壁畫題字通釋［J］．《考古》，1962（3）：161.

［9］金維諾．關於望都漢墓的墓主［C］//中國美術史論集．北京：人民美術出版社，1981：70－74.

［10］張傳璽．中國歷代契約會編考釋（上）［M］．北京：北京大學出版社，1995：53－55.

［11］劉昭瑞．漢魏石刻文字繫年［M］．臺北：新文豐出版公司，2001：206.

［12］張勛燎，白彬．中國道教考古（第1卷）［M］．北京：綫裝

書局，2006：201 - 203.

[13] 魯西奇. 中國古代買地券研究 ［M］. 厦門：厦門大學出版社，2014：37 - 39.

東漢光和七年（184）樊利家買地鉛券

【題記】

此券鉛質，券文共約百二十字。最初著錄於羅振玉（1931）《貞松堂集古遺文》卷一五《鉛券》，又收入《丙寅稿》，稱其爲"樊利家買地鉛券"，附有摹本。跋文曰："此券最晚出，表裏刻字各兩行。"又曰："此券近歸金陵翁氏。夏間游滬江，得墨本，爰記其後。"①

楊樹達（1959）《積微居金文説》中有跋文《漢樊利家買地鉛券跋》，對此券的部分語詞釋義及相關問題作了探討，發表了與羅氏不同的觀點。吳天穎（1982）著有錄文及摹本圖版。張傳璽（1995）、黄景春（2004）、魯西奇（2014）等均有錄文，并考釋了部分詞語。今依據摹本圖版，參校各家著錄，重新校錄如下（圖一〇）。

【錄文】

光和七年九月癸酉朔六日戊寅，平陰男子/ 樊利家從雒陽男子杜謂子、子〔1〕弟□買/ 石梁亭部〔2〕桓千東比是佰北〔3〕田五畮，畮〔4〕三千/，并直萬五千。錢即日異〔5〕。

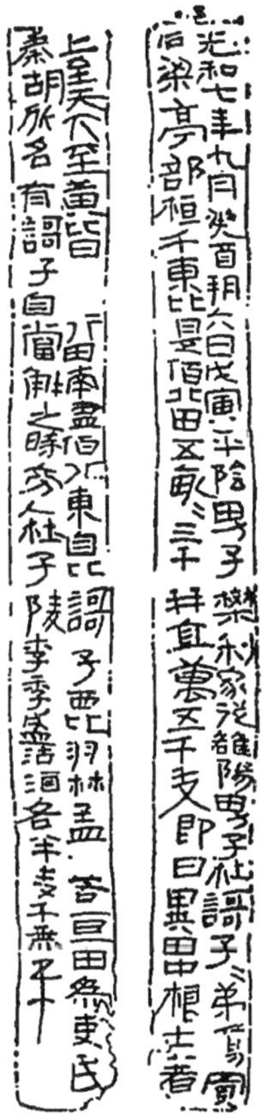

圖一〇　河南孟津出土樊利家買地鉛券摹本（《考古學報》1982 年 1 期，23 頁）

---

① 羅振玉. 貞松堂集古遺文·樊利家買地鉛券（卷一五）［M］. 北京：北京圖書館出版社，2003：351.

田中根土著〔6〕/，上至天，下至黄〔7〕，皆□□行〔8〕。田南盡佰，北、東自/比謌子，西比羽林孟□。若一旦田爲吏民/秦胡所名有，謌子自當解之。時旁人杜子陵、李季盛，沽酒各半〔9〕，錢千無五十〔10〕。/

【校釋】

〔1〕“子”，拓本圖版此處爲重文符號，今徑改之。

〔2〕“石梁亭部”，當屬雒陽縣。《水經注·穀水》記穀水過河南縣城北、千金堨、皋門橋之後，“穀水又東，又結石梁，跨水制城，西梁也”。《晉書》卷六三《魏浚傳》：“及洛陽陷，屯於洛北石梁塢，撫養遺衆，漸修軍器。”同書卷一〇三《劉曜載記》記劉曜遣劉岳進攻屯聚洛陽之石生，“岳攻石勒盟津、石梁二戍，剋之，斬獲五千餘級，進圍石生於金墉”。石季龍領兵來救石生，與劉岳“戰於洛西，岳師敗績，岳中流矢，退保石梁”；劉曜率軍進援，“次於金穀”。此處之“石梁塢”“石梁戍”當即東漢雒陽縣之“石梁亭”，其地在漢晉洛陽城西北、盟津之東南，也在上考河南縣皋門亭部之東。

〔3〕“桓千東比是佰北”，秦漢時人們習用阡陌爲坐標標明田地位置所在。羅振玉案曰：“漢人地券，文皆略同。惟多謌脱，且語太簡質，致不可通。此券云‘桓千東比是佰北’者，謂桓阡之東，比氏陌之北。古‘是’‘氏’通用。”楊樹達認爲，羅氏讀“比是陌”爲“比氏陌”，以“比”爲姓氏，其説非也。楊氏進一步闡釋了自己的看法：“桓千東比是陌北田五畝”十字當連讀，“是陌”者，陌名；“比”謂鄰近也。“桓千東比是陌北田五畝”者，爲桓阡之東連接是陌之北田五畝也。”下文云：“田南盡陌北。”陌即“是陌”，正此文“田比是陌北”之證也。楊説可從。《王末卿買地券》中有“什三陌”，《曹仲成買地券》中有“馬領佰”，皆足以證明“是陌”當爲阡陌之名。“桓千東比是佰北”一語，表明此處之“阡”爲南北走嚮，“陌”爲東西走嚮，確證阡與陌是垂直的。《漢書·諸侯王表》：“諸侯比境，周匝三垂。”顔師古注：

“比謂接次也。”券文下又有云：“東自比謌子，西比羽林孟□。”《房桃枝買地券》：“田東西南北比舊□，北比樊漢昌。”皆與此“比”字義同也。以上諸家均未對“桓”字作出解釋。陳直在對《漢書》中“桓東”一詞考釋時涉及“桓”字釋義，他綜合如淳、顏師古二家注觀之[①]，桓、和、羅、華，四字，皆一聲之轉。惟“桓”聲變爲“羅”，不見於古籍記載。他引此買地券來説明不獨郡縣治所前有“桓”，亭部治所前亦有“桓”，與如淳注正和。他又引了《房桃枝買地券》“買廣德亭部羅西造步兵道東冢下餘地一畮”，又吳黃龍元年《諸葛敬買地券》云“賣所名有青欒亭部羅陌田一通”，據此證明“桓”字演變爲“羅”，可備一説。

〔4〕“畮”，此處亦爲兩短橫的重文符號，今徑改之。

〔5〕“錢即日畢”，指錢當日交付完畢，漢晉買地券習語。原釋作“𨭖”，即錢字。關於“異”字，羅振玉斷句爲“即日異”，“錢”字上讀。他認爲：“‘異’乃‘畢’之譌字，即《孫成券》之‘即日畢’，《房桃枝券》省其文作‘即畢’。謂即日畢，買田之事也。”楊樹達認爲，羅氏誤以爲錢字上屬爲句，不知畢指錢言，因謂畢爲畢買田之事，非也。他認爲，此處當以“錢即日畢”連讀，謂價錢即日交付完畢也。《王末卿買地券》：“畮價錢三千一百，并直九千三百，錢即日畢。”《鍾仲游妻鎮墓券》：“賈直九萬九千，錢即日畢。”《房桃枝買地券》：“直錢三千，錢即畢。”句首皆有錢字，是其證也。

〔6〕“田中根生著”，羅振玉認爲：“《孫成券》作‘根生土著毛物，皆屬孫成。’此省略致不可通。”張傳璽亦認爲此處當爲“田中根生土著毛物”之省文，甚是。

〔7〕“上至天，下至黃”，羅振玉認爲：“乃‘上至青天，下至黃泉’之省文，猶晉《朱曼妻券》之‘上極天，下極泉’也。”羅説爲是。

〔8〕“皆□□行”之末字，羅振玉釋作“行”，吳天穎讀作“并”，

---

① 《漢書·尹賞傳》：“皆相枕藉死，便輿痙出寺門桓東。”如淳曰：“舊亭傳於四角面有百步，築土四方，上有屋，屋上有柱出高丈餘，有大極貫柱四出，名曰桓表，縣所治夾兩邊各一桓。陳宋之俗，言桓聲如和，今猶謂之和表。”顏師古曰：“即華表也。”

從字形來看，當爲"行"之篆體，羅説甚是。

〔9〕"沽酒各半"，羅振玉認爲："與《孫成券》同，殆如後世買地賣地者，各出酬金矣，《房（桃枝）券》省作'沽各半'，《建初玉地券》作'沽酒各二千'，義亦略同。"張傳璽加按語認爲，羅氏此説，與朱、裘説殊。可惜張氏未作進一步闡釋。

〔10〕"錢千無五十"，"錢"，原釋作"亐"，即錢字。羅振玉《丙寅稿》跋《房桃枝買地鉛券》曰："錢千無五十者，殆謂以九百五十爲千，非足陌也。"并引《隋書·食貨志》爲證。張傳璽認爲，東漢的"足陌"問題，原因不明。《漢書·食貨志》（下）引賈誼諫曰："又民用錢，郡縣不同。或用輕錢，百加若干。或用重錢，平稱不受。"顏師古注引應劭："時錢重四銖。法錢百枚，當重一斤十六銖。輕則以錢足之若干枚，令滿平也。"又曰："用重錢則平稱有餘，不能受也。"此或爲漢代發生"足陌"問題的重要原因之一。

【有關問題探討】

券文中"吏民秦胡"，魯西奇釋作"各色人等"。他認爲，"吏民"爲漢代常用語，指編户齊民；"秦胡"，未釋。《漢語大詞典》收有"吏民"，釋義爲"官吏與庶民"，但是"秦胡"與"吏民秦胡"均未收。其他學者多分別訓釋。

關於"秦胡"一詞，初師賓（1978）釋爲"秦時移居河西已匈奴化的外族人"。其後不久（1979），他修正了個人意見，又認爲"秦胡"是指秦時之胡或已漢化之胡。這一觀點被吳礽驤、余堯、趙永復等學者采納。方詩銘（1979）則認爲"秦胡"之秦指漢族人，胡指非漢族人。邢義田（2011）認爲"秦胡"指胡化的漢人，并指出在買地券中"秦胡"與"吏民"連言，可能還有"非編户齊民"的含義。胡小鵬、安梅梅（2001）認爲"秦胡"不特指某個少數民族或某地少數民族，而是一種政治身份或法律身份。

關於"吏民"一詞，高敏（2001）認爲，"吏"是編户齊民之下的特定群體"吏户"，其身份地位是低於編户齊民的依附民。劉敏

（2008）認爲，"吏民"是編户齊民中擁有"中家以上"財産的"生活富裕"的特定群體，其身份地位高於一般編户民。黎虎（2005/2007/2008）在批駁以上兩家觀點的基礎上提出，"吏民"即編户齊民。綜上可見，"吏民""秦胡""吏民秦胡"等究竟何義？至今聚訟紛紜。我們認爲，在買地券中"吏民"與"秦胡"兩詞并列，當是聯合結構，泛指地方政府管轄範圍內的所有民眾。其中"吏民"有編户齊民之義，而"秦胡"與之并舉，用以指稱非編户齊民。顧炎武《漢書注》條下亦曰"秦者中國人，胡者胡人，猶後人之言蕃漢人"。

20世紀70年代出土的居延漢簡中也有用例，《甲渠言部吏毋作使屬國》："建武六年七月戊戌朔乙卯，甲渠部守候敢言之，府移大將軍府書曰：屬國秦胡盧水士民，從兵起以來，□困愁苦，多流亡在郡縣，吏☐（EPF22：42，322）匿之。明告吏民，諸作使秦胡盧水士民畜牧田作不遣有無？四時言・謹案部吏毋作使屬國秦胡盧水士民者，敢言之（EPF22：43）。"此例中，有"秦胡""吏民""士民"三種身份的人，"吏民"與"士民"不同。雲夢睡虎地秦墓竹簡《語書》："故騰爲是而修法律令、田令及爲間私方而下之，令吏明布，令民皆明智之，毋巨於罪。"在古代文獻中"吏民"一詞大量使用，内涵豐富。

秦漢魏晉時期，隨着制度的變革，社會的變遷，吏民的涵義前後有所變化，所指群體的範圍有逐漸縮小的趨勢，所屬階層也在不斷下移。走馬樓吳簡中不少簡例有關於"吏民"的記載："□列所領吏民合廿七户口食七十四人（壹・8677）廣成里謹列領任吏民人名年紀口食爲簿（貳・1797）・集凡五唐里魁周□領吏民五十户口食二百八十九人（肆・380）集凡曼溲里魁□忽領吏民五十户口食二（？）百五十七人（肆・568）。"以上各里户簿簡書寫格式、内容基本相同。其中"領"字有"記録"之義。五唐里、小赤里、曼溲里等皆安排了專門的里魁，由里魁負責抄寫、編制各里户籍簿。傳世文獻已有"秦胡"記載，《史記・匈奴傳》："衛律爲單于謀，穿井、築城、治樓、藏谷，與秦人守之。"衛律本漢人降匈奴，所稱"秦人"，亦中國亡人也。

《抱樸子·登涉篇》："山中夜見胡人者，銅鐵之精；夜見秦人者，百歲木之精，勿怪之。"與此處用法同。《魏志·牽招傳》亦曰："流亡山澤，叛入鮮卑，爲中國患。"居延漢簡中多有記載禁亡人整邊防之事。例如，《居延漢簡·屯田二》："馬長史即有吏卒民屯士亡者，具署郡、縣、里、名、姓、年、長物、色、房、衣服，齎操，初亡年月日白報，具病已。"①

【主要參考文獻】

［1］楊樹達. 積微居金文説·漢樊利家買地鉛券跋［M］. 北京：科學出版社，1959：257.

［2］方詩銘. 釋"秦胡"［J］.《中國歷史博物館館刊》，1979（1）：37－39.

［3］吳天穎. 漢代買地券考［J］.《考古學報》，1982（1）：23－24.

［4］初師賓. 秦人、秦胡蠡測［J］.《考古》1983（3）：261.

［5］吳礽驤，余堯. 居延新獲建武秦胡册再析［J］.《西北師大學報（社會科學版）》，1984（4）：20－26.

［6］張傳璽. 中國歷代契約會編考釋（上）［M］. 北京：北京大學出版社，1995：55－56.

［7］胡小鵬，安梅梅. "秦胡"研究評說［J］.《敦煌研究》2001（1）：32－36.

［8］羅振玉. 貞松堂集古遺文·樊利家買地鉛券（卷一五）［M］. 北京：北京圖書館出版社，2003：348－351.

［9］黎虎. 魏晉南北朝"吏户"問題三獻疑［J］.《史學集刊》，2006（4）：13－22.

［10］黎虎. 原"吏民"——從長沙走樓吳簡談起［J］.《歷史文獻研究》，2008：34－41。

［11］劉敏. 秦漢時期"吏民"的一體性和等級特點［J］.《中國

---

① 勞榦. 居延漢簡考釋［M］//北京：商務印書館，1960：52.

史研究》，2008（3）：3－15.

　　［12］邢義田."秦胡"小議［M］//地不愛寶：漢代的簡牘. 北京：中華書局，2011：68－83.

　　［13］魯西奇. 中國古代買地券研究［M］. 厦門：厦門大學出版社，2014：40－42.

東漢中平五年（188）房桃枝買地鉛券

【題記】

最初著録於羅振玉（1931）《貞松堂集古遺文》卷一五《鉛券》，又收入《丙寅稿》《地券徵存》《芒洛冢墓遺文續編》卷上，羅氏稱其爲《房桃枝買地鉛券》（九十六字），鉛質. 有録文（未標點），附有摹本，貞松堂謂"此券十年前出洛陽，予在海東時得之"①. 李健民（1987）、張翠敏（1997）、白彬（2006）、張傳璽（2007）、魯西奇（2014）等均有録文. 今依據摹本圖版，參校各家著録，重新校録如下（圖一一）.

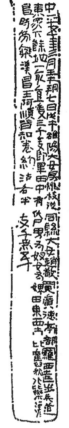

圖一一　河南洛陽出土房桃枝買地鉛券摹本（《考古學報》1982 年 1 期，23 頁）

【録文】

中平五年三月壬午朔七日戊午〔1〕，雒陽大女〔2〕房桃枝，從同縣大女趙敬買廣德亭部羅西造步兵道/東冢下餘地一畝，直錢三千，錢即畢〔3〕. 田中有伏尸，男爲奴，女爲婢〔4〕. 田東、西、南比舊冢〔5〕，北比樊漢/昌. 時旁人樊漢昌、王阿順皆知卷約. 沽各半，錢千無五十〔6〕./

【校釋】

〔1〕"中平五年三月壬午朔七日戊午"，考《長術》，三月壬午朔七日戊午，是年三月朔值壬午，與券合。惟七日當得"戊子"，券作"戊午"，當誤。

〔2〕"大女"，券文下又有"同縣大女趙敬"之語。依漢制，男子十五歲以上爲大，男稱大男，女稱大女。從此券可以窺探漢代婦女在經濟往來中具有獨立主體的地位。"大女"一稱，探討者頗多①。居延漢簡中多見。如，"妻大女昭武萬歲里孫第卿年廿一""母大女請卿年卌九"②。此處"大女"當是鄧小南所指"年齡及'丁'的成年女性或已婚成年女性"③。2004 年湖北荊州漢墓 M1 出土木牘中有"大女"用例。《二年西鄉户口薄（簿）》："大男九百九十一人，小男千卌五人，大女千六百九十五人，小女六百卌二人。"④ 關於此簿中"大男""大女""小男""小女"，彭浩引述楊聯陞意見，認爲："據居延漢簡，六歲以下爲未使男、未使女，七歲至十四歲爲使男、使女，十五歲及以上爲大男、大女，其使男、使女與未使男、未使女統稱爲小男、小女。……大男、大女的年齡上限應是《二年律令》規定的免老年齡，到達免老年齡者，不再承擔勞役，另行統計。"⑤ 楊振紅認爲："此簿中的大男、大女，應指 15 歲以上包括免老和罷癃的成年男女，小男、小女指 14 歲以下至剛出生的未成年男女。"⑥ 江陵高臺漢墓所出漢文帝時期《告地策》亦有用例，"牘乙：七年十月丙子

---

① 陳敬濤. 敦煌吐魯番契約文書中的群體及其觀念、行爲探微［M］. 北京：中國政法大學出版社，2013：58 – 78.

② 謝桂華等. 居延漢簡釋文合校（上、下）［M］. 北京：文物出版社，1987：44、97、171、223、280、315、316、317、564.

③ 鄧小南. 六至八世紀的吐魯番婦女——特別是他們在家庭以外的活動［M］//季羨林. 敦煌吐魯番研究（第4卷）. 北京：北京大學出版社，1999：219.

④ 楊振紅. 松柏西漢簿籍牘考釋［M］//出土簡牘與秦漢社會. 桂林：廣西師範大學出版社，2015：223.

⑤ 彭浩. 讀松柏出土的四枚西漢木牘［M］//武漢大學簡帛研究中心. 簡帛（第四輯）. 上海：上海古籍出版社，2009：333 – 345.

⑥ 楊振紅. 出土簡牘與秦漢社會·松柏西漢簿籍牘考釋［M］. 桂林：廣西師範大學出版社，2015：225.

朔庚（子），中鄉起敢言之，新安大女自言，與大奴甲、乙、大婢妨徙安都，受（名）數，書到爲報，敢言之。十月庚子，江陵龍氏丞敬移安都丞。亭手（正面）産手（背面）牘丙：新安戶人大女燕關內侯寡。大奴甲、大奴乙、大婢坊。家復不算不徭。"①吐魯番出土契約文書《晉泰始九年（273）翟姜女買棺契》中第 1 行有"大女翟姜女"。此契中的"大女"之義應承接漢代，其獨立的地位通過支配"練廿匹"這筆大額財産購買棺材可以證明。此外，在吐魯番所出的戶口田籍簿中多次出現"大女"一稱。如，《唐神龍三年（707）高昌崇化鄉點籍樣》："戶主大女張慈善年廿一""戶主大女陳思香年卅""戶主大女安勝娘年卅二""戶主大女康外何年六十八"等等②。據陳敬濤研究，吐魯番文書中的"大女"可能是延續了漢魏之遺風的習慣性稱謂，它在長期的演變中被人們賦予了某些特定的內涵，如對長者的敬稱之義，戶主常被稱爲"大女"，可能正是因其要承擔一定的社會責任之故③。

〔3〕"錢"，原券作"复"。羅振玉曰："此券文與孫成、樊利家兩券略同。錢字作'复'，樊利家券作'支'。"

〔4〕"男爲奴，女爲婢"，買地券是漢代隨葬明器之土地券約，其中詳錄購買者之所有權益，內容包括附屬土地的動植物、人口等，其買賣墓地過程及書寫格式，殆可能與生人無異。而且其所載項目，亦可反映該現世生活的物質條件。漢代買地券中常見用例。《孫成買地鉛券》："根生上著毛物，皆屬孫成，田中若有尸死，男即爲奴，女當爲婢，皆當孫成給使。"足見這種畜奴想法與風氣，當時十分普及。推究其原因，不外即生前享有田産、奴婢，死後欲爲其役用驅使也④。據學者們研

① 張萬高．江陵高臺18號墓發掘簡報［J］．《文物》，1993（8）：12－21。湖北省博物館．荆州高臺秦漢墓［M］．北京：科學出版社，2000：222－229.
② 吳震．中國珍稀法律典籍集成（甲編第4冊）［M］．北京：科學出版社，1994：631－639.
③ 陳敬濤．敦煌吐魯番契約文書中的群體及其觀念、行爲探微［M］．北京：中國政法大學出版社，2013：72.
④ 趙岡．中國歷史上的奴隸輸出與輸入［M］∥季嘯風．歷史研究・臺灣及海外文報刊資料專輯（第8輯）．北京：書目文獻出版社，1987：11－13.

究，兩漢時期奴婢所有權，由"公"轉至"私有"，及"私有"權下及平民，即連一個普通個體小農亦可能擁有一、二奴婢①。這可能就是漢晉買地券中常見"男爲奴，女爲婢"的社會背景。1973 年湖北江陵西漢墓葬出土竹牘《告地書》，記録了奴婢的情況："十三年五月庚辰，江陵丞敢告地下丞：市陽五大夫遂，自言與大奴良等廿八人、大婢益等十八人、軺車二乘、牛車一輛、口馬四匹、騂馬二匹、騎馬四匹。可令吏以從事。敢告主。"②告地書與買地券性質相類，均爲古人喪葬習俗中的一部分，是中國古代喪葬文化中極具特色的一部分，兩者可以互證。

〔5〕"南比舊冢"之末字，羅振玉作缺字處理。魯西奇補録出"冢"。今審驗拓本圖版，此字雖筆畫殘損，但字形輪廓仍能辨識，魯氏之説甚是。

〔6〕"錢千無五十"者，謂以九百五十爲錢，非足陌也。羅振玉曰："此券文與孫成、樊利家兩券略同。……五十二字合書，二券亦相同。"③古代"陌"通"伯"，即"百"。"非足陌"，又稱爲"短陌"，這種現象在歷史上長期存在。東漢靈帝之後，中央政府失去了對全國的控制，社會的紊亂，政治的動蕩不可避免地影響到貨幣的運行，從公元189 年董卓進京至 589 年隋統一，這種情況一直持續了數百年。東晉葛洪《抱樸子》曰："取人長錢，還人短陌。"《宋書》卷七十二《晉平刺王》載："景和元年……以短錢一百賦民田。"《隋書·食貨志》載，"梁世自破嶺以東，八十爲百，名曰'東錢'；江、郢已上，七十爲百，名曰'西錢'；京師以九十爲百，名曰'長錢'。大同元年天子乃詔用足陌。詔下而人不從，錢陌益少。至於末年，遂以三十五爲百云。前籍之載錢陌自梁始，觀於此券，知東漢之世以九百五十爲陌，足補史籍之闕。"

① 趙崗. 中國歷史上的奴隸輸出與輸入 ［M］//季嘯風. 歷史研究·臺灣及海外文報刊資料專輯（第 8 輯）. 北京：書目文獻出版社，1987：31.
② 楊寶成. 湖北考古發現與研究 ［M］. 武漢：武漢大學出版社，2000：246.
③ 羅振玉. 貞松堂集古遺文·鉛券（卷一五）［M］. 北京：北京圖書館出版社，2003：353.

【有關問題探討】

券文中"沽各半"一句，早期券契中的格式化套語。學者們對訂約後沽酒而飲的程序，發表了不同的見解。王國維最早認爲"沽□二斗"所論"是一袍之買賣亦有中費矣。"①

其後，學者們在此基礎上，展開了一系列討論。勞榦認爲"保證者酬質爲沽酒二斗，二斗之酒價爲十錢"②。張傳璽認爲此爲一種酬謝形式。這種"以宴飲的形式酬謝證人"，又稱爲"中禮銀""中銀"或"酒禮銀"，類同酬金③。郭建則側重於將其解釋爲一種"成交酒"儀式，認爲這是一種儀式契約的遺風。"各半"表示的是儀式費用的分擔情況④。李祝環從沽酒的數字比較大且有多人共飲，推測除了雙方當事人和中人之外，還有其他人參加，這帶有曉諭周知的隱意⑤。乜小紅從買酒酬謝旁證人的原因觀察，乃是由於書寫交易契約是旁證人在場，若發生爭議糾紛，該旁征人可以出面評斷⑥。任志强對前述某些觀點提出了質疑，認爲"沽旁二斗"意爲所賣二斗酒由買賣雙方和中人共同飲用，并不能推演出"中費"之内涵。"沽酒各半"亦非一種簽約儀式，僅指雙方當事人各負擔買酒費用的一半。他主張這種宴飲形式主要是慶祝之意，并非公告作用所設。總之，訂約宴飲具有表達酬謝、慶祝和共同作證内涵，但隨契約年代、契約形式及各地習俗不同，表達的意思會有不同⑦。

美國學者宋格文從漢代買地券的沽酒宴飲慣例中讀出了更爲深

---

① 羅振玉，王國維. 流沙墜簡［M］. 北京：中華書局，1993：194.
② 勞榦. 居延漢簡考釋·契據［M］//北京：商務印書館，1960：6.
③ 張傳璽. 買地券文廣例［C］//魏全瑞. 隋唐史論——牛致功教授八十華誕祝壽文集. 西安：三秦出版社，2007：70.
④ 郭建. 中國財産法史稿［M］. 北京：中國政法大學出版社，2005：188.
⑤ 李祝環. 中國傳統民事契約研究［C］//韓延龍. 法律史論集（第 2 卷）. 北京：法律出版社，1999：75 - 76.
⑥ 乜小紅. 略論《俄藏敦煌文獻》中的兩件十六國買賣券［J］.《中國經濟史研究》，2008（2）：75.
⑦ 任志强. 傳統社會契約的簽訂儀式探微［J］.《黃山學院學報》，2010（2）：33 - 36.

層的意義，亦即民間契約的效力源泉可能與宗教信仰密切相關。他
通過對漢代私人契約與更早的盟誓儀式的比較發現，兩者具有很大
的相似性。漢代契約中的沽酒宴飲慣例可能是盟誓中的歃血儀式的
替代，如同漢代墓葬中的陶俑是對早期人殉的取代。立約者之所以
重視儀式要素的記載，乃是因爲通過類似的儀式活動，可以使契約
産生基於神靈信仰上的約束力①。另一位美國學者韓森也相信漢代
買地券與神靈信仰有關，她在自己著作的中文版前言中寫道，"最
早從墓葬出土的契約，其紀年早至公元 1 世紀，它們看來是用於向
冥王購買墓地的買地券，與人們在陽間購買墓地的地契或地券相對
應。……人們可能首先在與陰君協商時用上了契約，然後纔在人世
間互相協商時簽訂契約文書。"②宋、韓兩位學者的認識各有偏重，
前者側重於説明民間券契模仿或受到盟誓活動的影響，而後者側重
於宗教性立約活動是民間訂約產生的基礎，這種認識顯然與他們文
化背景相關。

【主要參考文獻】

[1] 羅振玉. 地券徵存・房桃枝買地券［M］//羅雪堂先生全集
（五編，第 3 冊）. 臺北：大通書局，1973：1300.

［2］羅振玉. 芒洛冢墓遺文續編（卷上）［M］//嚴耕望. 石刻史
料新編（第 1 輯，第 19 冊）. 臺北：新文豐出版公司，1982：14057.

［3］李健民. 由新出考古資料看漢代奴婢制度的發展與特質
［M］//季嘯風. 歷史研究・臺灣及海外文報刊資料專輯（第 8 輯）.
北京：書目文獻出版社，1987：7 – 37.

［4］張翠敏. 漢代"房桃枝買地券""鎮墓券"及其他［M］//孫

---

① ［美］宋格文著；李明德譯. 天人之間：漢代的契約與國家［M］//［美］高道蘊，高
鴻鈞，賀衛方. 美國學者論中國法律傳統（增訂版）. 北京：清華大學出版社，2004：
203 – 204，223.
② ［美］韓森著；包偉民譯. 變遷之神：南宋時期的民間信仰［M］. 杭州：浙江人民出版
社，1999：10.

進己，馮永謙等．東亞文庫·中國考古集成．北京：北京出版社，1997：1094 - 1096.

[5] 羅振玉．貞松堂集古遺文（卷一五）［M］．北京：北京圖書館出版社，2003：352 - 354。

[6] 白彬．南方地區吳晉墓葬出土木刺研究［M］//霍巍．川大史學考古卷．成都：四川大學出版社，2006：571 - 593.

[7] 張傳璽．買地券文廣例［M］//魏全瑞．隋唐史論——牛致功教授八十華誕祝壽文集．西安：三秦出版社，2007：70.

[8] 魯西奇．中國古代買地券研究［M］．厦門：厦門大學出版社，2014：42 - 43.

三國東吳黄武四年（225）浩宗買地磚券

【題記】

清道光二十年（1840）出土於江西南昌城外東濠的古墓中。原藏安徽省望江倪氏、貴池劉氏，後歸南皮張仁蠡，後散佚。《北京圖書館藏中國歷代石刻拓本彙編》謂拓本高 24 厘米，寬 10 厘米。磚質，正書，含隸意。共 5 行，每行 20 字左右，計 104 字。清翁大年在《吳黄武買地券跋》中最早著録此券，名曰"吳黄武買地券跋"，曰："咸豐元年二月筱漚司馬出示此石券，云方伯倪公道出南昌時所得，高今工部營造尺七寸八分，廣三寸，厚一寸三分。……凡五行，百有四言。"①

施蟄存（2001）《北山談藝録續編》稱其爲"吳浩宗買地券"，有録文及拓本圖版，謂："清道光庚子六月出於南昌城外東濠古墓中，爲郡人倪濂舫所得。吳式芬《攈古録》始著録，磚今不知存佚，拓本罕覯。昔年杭州鄒適廬得一紙，乃倪氏拓贈海鹽陳南叔者。有倪氏題記，署'甲辰四月'，是此磚出土後五年也。鄒氏嘗影印於《藝術叢編》，殊不清晰。第一行'黄'字，第五行'魚'字，皆已損不可

① 翁大年．吳黄武買地券跋［J］，《金石書畫》，1937（84）：3.

見，玉魚堂、藝風堂兩家著録均缺'黄'字。余此本亦意外得之，黄、魚二字俱存，較鄒氏印本爲勝，當是出土後初拓。然亦未能通讀全文，蓋磚質歲久鬆散，刻淺處已漫漶也。"① 毛遠明（2008）《漢魏六朝碑刻校注》收録此券，稱爲"浩宗買地券"，有録文，及部分語詞考釋與校訂。羅振玉（1973）、張傳璽（1995）、白彬（2006）、魯西奇（2014）等均著録此券。今依據拓本圖版，參照各家録文，重新校録如下（圖一二）。

【録文】

黄武四年十一月癸卯朔廿八日庚午〔1〕，九江男子浩宗以□（年）□/月客死豫章〔2〕。從東王公〔3〕、西王母〔4〕買南昌東郭一丘，賈/直萬五千〔5〕。東邳［甲乙］，西邳庚辛，南邳丙丁，北邳壬癸。〔6〕以日/與月副時〔7〕，任知卷者雒陽金僮子〔8〕、鷦與魚。鷦飛上/天，魚下入淵〔9〕。郭師、吳廣廣□卷書爲明〔10〕，如律令！/

【校釋】

〔1〕"黄武四年十一月癸卯朔廿八日庚午"，三國曹魏承漢朝之曆，吳自爲曆，以示不統於曹魏。黄武四年，孫權王吳五年，即蜀後主建興三年，魏文帝黄初六年。據《魏書·文

圖一二 江西南昌出土浩宗買地磚券拓本（《北山談藝録續編》，2001年，147頁）

---

① 施蟄存著；沈建中編. 北山談藝録續編 [M]. 上海：文匯出版社，2001：146.

帝紀》，是年五月有壬戌，七年正月有壬子。券云“十一月癸卯朔”，推之，與史合。洪氏《魏疆域志》曰：“揚州，舊統治六郡，興平中，江東地悉入吳，魏惟得廬江、九江之地。淮南郡，本秦九江郡，漢初爲淮南國，後復故，魏復改今名，領縣十。《沈志》：‘魏改九江曰淮南。’《晉地理志》又云：‘晉武帝始改。’今從沈志。”今據券文及《天璽紀功碑》皆有“九江”，則洪氏從沈志作“淮南”，誤以《晉志》爲確矣。

〔2〕“九江男子浩宗以□月客死豫章”，羅振玉《地券徵存》釋作“九江男子浩宗，以□月客死豫章”。翁大年釋作“九江男子浩宗，□年□月客死豫章”。“豫章”，《吳疆域志》：“豫章郡，漢置。吳領縣十七，治南昌、九江。”“客死”，死於他鄉異國。《史記·屈原賈生列傳》：“〔懷王〕疏屈平而信上官大夫、令尹子蘭。兵挫地削，亡其六郡，身客死於秦爲天下笑。”《後漢書·安帝紀》：“〔元初二年〕二月戊戌，遣中謁者收葬京師客死無家屬及棺槨朽敗者，皆爲設祭。”“浩宗”，即陶穀所謂主名而不著其姓。時九江屬魏，豫章屬吳，常相攻戰，故客死豫章，葬於南昌耳。

〔3〕“東王公”，又稱木公、東王父、東華帝君、扶桑大帝等，與配偶西王母共爲道教尊神。東王公原爲一男神，後被道教奉爲男仙領袖。全真道則奉爲始祖。“東王公”一詞始見於《枕中書》，書中稱之爲“扶桑大帝”，文曰：“元始君經一劫乃一施朱元母，生天皇十三頭，治三萬六千歲，書爲扶桑大帝東王公，號曰元陽父扶桑大帝。”

〔4〕“西王母”，又稱“王母娘娘”“金母”“金母元君”等。據《山海經》記載：“西王母其狀如人，豹尾虎齒，善嘯，蓬髮戴勝，是司天之厲及五殘。”在《穆天子傳》中，西王母則變成了一個雍容平和、能歌善舞、熟諳世情的婦女。

〔5〕“賈 直 萬 五千”，羅振玉《地券徵存》釋作“賈□□五千”；羅振玉《蒿里遺珍》、Terry F. Kleeman 釋作“□□□□五千”；翁大年、徐乃昌釋作“賈□□萬五千”；池田溫釋作“賈直萬五千”。今從池田溫之説。

〔6〕"東邱〔甲乙〕"，"邱"，同"邸"。這裏通"抵"，至，到達。後世買地券標四界曰"至"，《太康買地券》則曰"極"，此書"邸"，義正同。《史記·河渠書》："自中山西邸瓠口渠。"正義曰："邸，至也。""邱"下所闕之字，輪廓應是"甲乙"。《陳重買地券》有"東至甲乙，南至丙丁，西至庚辛"，可以比照。

〔7〕"以日⬚月副時"，羅振玉《地券徵存》釋作"以日□月副時"。羅振玉《蒿里遺珍》、Terry F. Kleeman 釋作"以日月副時"。徐乃昌、翁大年釋作"以月□日副時"。池田溫釋作"以日主月副時"。張傳璽釋作"以日與月副時"。翁大年考釋曰："任，即太康券日月爲證，爲任之謂。《説文》：'任，保也。'"今從張氏之説，此先月而後日者，神道尚右也。

〔8〕"任知卷者雒陽金僮子"，"卷"，古通"券"。《莊子·庚桑楚》釋文："券，本作卷。""任知券者"，指參與立券的見證人。"僮"，同"僮"。

〔9〕"鶴飛上⬚，魚下入淵"，羅振玉《地券徵存》、徐乃昌釋作"鶴飛上□，魚下入淵"。羅振玉《蒿里遺珍》、Terry F. Kleeman 釋作"鶴□□□入淵"。翁大年釋作"鶴飛上□，魚□入淵"。今綜合各家觀點，又兼及漢晉墓券習例，增補如上。

〔10〕"郭師、吳⬚□卷書爲明"，羅振玉《地券徵存》釋作"郭師、吳□□卷書爲明"；翁大年、徐乃昌釋作"郭師吳廣□卷書爲明"。今兼采兩家之説，校録如上。

【有關問題探討】

東吳時期的墓券文獻中東王公與西王母常配對出現，具有重要的意義。目前所見東吳時期的買地券，約有 3 件均有關於"東王公""西王母"的記載。除本券外，尚有兩例。湖北武漢出土《黃武六年（227）吳郡男子鄭丑買地券》，券文先云"今從主縣，買地立券"；券末則作"知者東王公、西王母"。另一件是武漢出土《永安五年（262）丹陽郡石城縣□□校尉彭廬買地券》，也是先云"今造百世□冢，□□丘父土主，買地縱橫三千步"，末云"知者東王公、西王母，如律令"。以上 3 件地券出土集中在長江中游的武漢、南昌一帶，券文中東王公、西王母的職司證明，地下的買地使死者擁有如同陽間地主一樣的所有權。

從入晉以後的買地券來看，東王公、西王母的職司已漸趨固定。浙江平陽出土《東晉咸康四年（338）朱曼妻薛氏買地券》，券末作"知者東王公、西王聖母，如天帝律令"。江蘇徐州出土《劉宋元嘉九年（432）王佛女買地券》，也作"時知者東皇父、西王母，任者王子僑，傍人張亢狼"。以上兩例中"知者"的身份即是證知者。墓主既有男、女兩種性別，而生命終極的狀況也有客死在外與壽終正寢之別，就泛請東王公、西王母共同證知，尚未見因性別之異，祇請求其中一位證知的。

【主要參考文獻】

［1］羅振玉. 蒿里遺珍［M］//羅雪堂先生全集（七編第三冊）. 臺北：大通書局. 1973：1118，1123 – 1124.

［2］馬子雲. 浩宗買地券［M］//碑帖鑒定. 桂林：廣西師範大學出版社，1993：99 – 100.

［3］翁大年. 陶齋金石文字跋尾［M］//叢書集成續編（第 72 冊史部）. 上海：上海書店出版社，1994：592 – 593.

［4］張傳璽. 中國歷代契約會編考釋（上）［M］. 北京：北京大學出版社，1995：104 – 106.

［5］張勛燎，白彬. 中國道教考古（第 2 卷）［M］. 北京：綫裝書局，2006：819.

［6］毛遠明. 漢魏六朝碑刻校注（第二冊）［M］. 北京：綫裝書局，2008：232.

［7］魯西奇. 中國古代買地券研究［M］. 廈門：廈門大學出版社，2014：79 – 82.

三國東吳黃武六年（227）鄭丑買地鉛券

【題記】

1955 年 4 月 27 日出土於湖北武昌任家灣 113 號磚墓。武漢市文物管理委員會（1955）最早發表《武昌任家灣六朝初期墓葬清理簡報》一文，做了報告。據簡報介紹，同墓出土的木簡共三片，長 18.8～21.5 厘米，寬約 3.5 厘米，其中祇有一片可以看清有"道士鄭丑再拜"等字樣。王育成（2003）認爲此簡是道教向地祇神或墓神發送的問起居謁刺木簡，其所拜者，當是道教文獻中的"地下主者"，或所謂"地吏"①。此券出土於後室木棺底板下，券長 31、寬 5、厚 0.5 厘米。最初因氧化過甚，已看不清上面是否有文字，故原報告未録釋文。後程欣人（1965）重新洗剔，録出釋文。鉛券左下角刻有符號，當爲道符。池田温（1981）、張傳璽（1995）、白彬（2006）、魯西奇（2014）等著有録文。今參校各家著録，重新校録如下。因未見清晰圖版，行與行之間暫不標識。

【録文】

黃武六年十月壬戌朔十日辛未〔1〕，吳郡男子鄭丑〔2〕，年七十五，以［六］（元）年六月〔3〕□□□江口夏沙羨縣〔4〕物故。今從主縣買地立冢，□□比：東比、西比、南比、北比，合四畝半地〔5〕，直錢三萬，錢即日交畢〔6〕。立此，證知者東王公、西王母，〔7〕若後有安□□者，磐□所勒田記□埋穴□□□。

【校釋】

〔1〕"黃武六年十月［壬戌］（戊戌）朔十日辛未"，"黃武六年"

---

① 王育成. 考古所見道教簡牘考述［J］.《考古學報》，2003（4）：485－486.

之"六"字，程欣人録作"元"。今考孫權於建安二十七年①（魏黄初三年，222）十月建元黄武，不當有"黄武元年六月"；且墓主鄭丑若殁於元年六月，至六年十月方營葬，停葬五年餘，似亦無此理，故當作"六年"。又，自黄武二年起，吴用乾象曆，而魏、蜀仍用四分曆，故朔閏頗有異同。按干象曆，黄武六年十月當爲壬戌朔，十日正爲辛未，程氏釋作"戊戌"，則十日應是"丁未"，與券文所記不合，當是因原券模糊不清所致誤。張傳璽亦認爲當爲"丁未"，可爲其證。

〔2〕"吴郡□□鄭丑"，程欣人釋作"吴郡男子鄭丑"，云："鄭字下面一字不太清晰，似爲'丑'字或'全'字。如'全'字，則木簡所書之'道士鄭丑再拜'的鄭丑當爲另一人。"其後，張傳璽、黄景春、張勛燎、魯西奇等均沿程氏之説。池田温折中保留兩説，釋作"吴郡男子鄭丑（或'全'）"。據白彬考證，名刺、地券爲葬埋時使用之專門冥器，如果同一墓葬既出名刺又出地券，表明它們均屬同一墓主，絶無例外。"道士鄭丑再拜"名刺清楚無誤地表明該墓墓主是鄭丑，鉛券無疑也是供墓主鄭丑使用的，斷無名刺爲"鄭丑"而鉛券爲"鄭全"使用之理，券文中"鄭□"當爲鄭丑無疑。白氏之説甚是。

〔3〕"以［六〕（元）年六月"，程欣人釋作"以元年六月"。黄景春、張傳璽、魯西奇沿用程説。據白彬考證，鄭丑去世時所在地和安葬地均在同一地點，不存在遷葬或二次葬的可能。鄭丑去世年代與入葬年代可能并不完全一致，但這兩個概念無論如何不會相差五年之久。程氏在兩個關鍵性年代的釋讀上可能有誤，"黄武六年"的"六"字與"元"字在字形筆畫上頗爲接近，容易混淆。那麼，鄭丑既然是6月份去世的，相隔4個月之後即於當年10月擇地下葬，這種可能性是很大的。據此，前後兩個關鍵年代應該一致，或同爲"元"，或同爲"六"。但又因黄武元年十月的朔日干支與黄武六年的朔日干支完全相同，都是

---

① 據《建康實録》記載，（建安）二十五年春正月，魏王曹操薨，太子丕即位，改漢建安爲延康元年。……明年冬十月，曹丕代漢稱魏，號黄初元年，而權江東獨稱建安。

"壬戌"，又增加了判斷的難度，存疑録作"以元（？六）年"。今存疑，備考。

〔4〕"江夏沙羨縣"，當沿用漢時舊稱，或其時武昌郡已省廢。兩漢沙羨縣地望，舊説頗有異同，而此券出，則知其地望當在今武漢市境，且今武昌區屬沙羨縣，當無疑問。《三國志·吴書·吴主權傳》：建安二十六年（221）四月，"權自公安都鄂，改名武昌。以武昌、下雉、尋陽、陽新、柴桑、沙羨六縣爲武昌郡。"① 則黄武中沙羨縣當屬武昌郡。

〔5〕"□□比：東比、西比、南比、北比"，程欣人釋作"□□比東、比西、比南、比北，比合四畝半地"。黄景春沿用程氏之説，解釋句意是："所買的土地連接東西南北四面，共四畝半。"張傳璽、魯西奇、張勛燎、白彬録爲"□□比：東比、西比、南比、北比，合四畝半地"。"比"，即比鄰界至的意思。關於四至標寫，漢魏買地券常見用例。如，《孫成買地券》："田東比張長卿，南比許仲異，西盡大道，北比張伯始。"《□□卿買地券》："田東比沐君謙、沐君高、沐□□；南比章延年、章仲千、章阿□；西比申阿、申仲節、季節、元節；北比申阿、申中節、季節、元節。"《房桃枝買地券》："田東、西、南比舊□，北比樊漢昌。"若按程氏之標讀，既與漢晉買地券習例不合，"比合四畝半地"義又不可解。"□□比"當爲"其四比"之義。今從張傳璽、魯西奇、張勛燎、白彬之説。

〔6〕"直錢三萬，錢即日交畢"，程欣人釋作"直（值）錢三萬，錢即日交畢"。黄景春、張傳璽、魯西奇沿用程氏之説。張勛燎、白彬則録爲"直（值）錢三萬錢，即日交畢"。"畢"，完畢；終了。"錢即日畢"，指錢當日交付完畢，漢晉買地券常見用例。如，《王末卿買地鉛券》："并直九千三百，錢即日畢。"《孫成買地券》："賈錢萬五千，錢即日畢。"《王當等買地鉛券》："賈直錢萬，錢即日畢。"

---

① （晉）陳壽. 三國志·吴主權傳（卷四七）［M］. 北京：中華書局，1959：1121.

《樊利家買地鉛券》："并直萬五千。錢即日異" 綜上可知，"錢" 字當從下句。

〔7〕"立此，證知者東王公西王母"，程欣人釋作 "立此證，知者東王公西王母"。張傳璽沿用其説，衹是把逗號改爲句號："立此證。知者東〔王公〕、〔西王母〕。" 黃景春、張勛燎、白彬與以上兩家觀點不同，斷爲 "立此。證知者東王公、西王母"。魯西奇録作 "立此證。知者王公、西王母"。按買地券習例，今綜合各家之説，改釋如上。"證知者"，即證人，漢晉買地券中常用語。《鍾仲游妻買地券》作 "時證知者"，《王當買地券》作 "時知"，《房桃枝買地券》作 "知券約"。

【有關問題探討】

券文中 "物故" 一詞，故訓資料中已有訓釋。王念孫《讀書雜志》"物故" 條曰："'前以降及物故，凡隨武還者九人。' 師古曰：'物故謂死也，言其同於鬼物而故也。一説，不欲斥言，但云其所服用之物皆已故耳。' 宋祁曰：'"物"，當從南本作 "歾"，音没。' 又《釋名》曰：'漢以來謂死爲物故，物就朽故也。'《史記·張丞相傳》集解引高堂隆《答魏朝訪》曰：'物，無也。故，事也。言無復所能於事。' 念孫案：子京説近之。'物' 與 '歾' 同。《説文》：'歾，終也。或作歿。''歾''物' 聲近而字通，今吳人言 '物' 字聲如 '没'，語有輕重耳。'歾故'，猶言死亡。《楚元王傳》云 '物故流離，以十萬數'，《夏侯勝傳》云 '百姓流離物故者過半'，'物故' 與 '流離' 對文，皆兩字平列，諸家皆不知 '物' 爲 '歾' 之藉字，故求之愈深，而失之愈遠也。"

顔師古對於《漢書》中 "物故" 釋義有二，一是物就朽故。二是物，無也；故，事也。王氏在高堂隆説解的基礎上，有所補充。王氏認爲，物故，即 "歾故"，猶言死亡。"歾""物" 聲近而字通，并以當時吳地方言 "物" 字聲如 "没" 證之。其説是正確的。《説文·歺》：

"歾，終也。" 段玉裁注："'歿死'字當作此。""歾"，同"歿"。《廣韻·没韻》："歿，又作歾"。《左傳·僖公二十二年》："叔詹曰：'楚王其不歾乎！'" 杜預注："不歾，言不以壽終也。"《太玄·灾》："詘其節，執其術，共所歾。" 範望注："歾，盡也。""物故"，先漢傳世文獻已見用例。《荀子·君道》："人主不能不有游觀安燕之時，則不能不有疾病物故之變焉。"《史記·司馬相如傳》："治道二歲，道不成，士卒多物故。"《漢書·匈奴傳》："當孝武時，雖征伐剋獲，而士、馬物故亦略相當。" 對於士卒、戰馬之死，同以"物故"稱之。

兩漢出土碑刻資料中，此詞使用頗爲頻繁，除了用於指稱人死之外，牛馬等牲畜，以及衣物、金錢、糧食作物等死亡、損壞等亦可稱爲"物故"。如，《居延新簡》EPT51.192："受正月餘襲二百卌二領其二領物故 今餘襲二八卌領。" 又 EPT51.405："藁矢百皆斤呼物故。" 此兩例中把衣物及箭矢損壞或不存稱爲"物故"。又《二年律令》簡78-79："諸有假於縣道官，事已，假當歸。弗歸，盈二十日，以私自假律論。其假別在它所，有物故，毋道歸假者，自言在所縣道官，縣道官以書告假在所縣道官收之。" 此例所謂"物故"的物品包括了金錢、布帛、粟米、牛馬等，範圍進一步擴大。這可以反映了秦漢時期人們對死亡的一種看法，即人與馬、牛、衣物、箭矢等一樣，同是一種"物"，人、馬、牛的死亡，與物品的損壞或消耗，意義相同。

【主要參考文獻】

［1］武漢市文物管理委員會. 武昌任家灣六朝初期墓葬清理簡報［J］.《文物參考資料》，1955（12）：65-73.

［2］程欣人. 武漢出土的兩塊東吳鉛券釋文［J］.《考古》，1965（10）：529-530.

［3］（日）池田温. 中國歷代墓券略考［J］.《東洋文化研究所紀要》，第86冊，1981：225.

［4］張傳璽．中國歷代契約會編考釋（上）［M］．北京：北京大學出版社，1995：105 – 107.

［5］王育成．考古所見道教簡牘考述［J］．《考古學報》，2003（4）：183 – 199，500 – 510.

［6］黄景春．早期買地券、鎮墓文整理與研究［D］．華東師範大學博士學位論文，2004：155 – 156.

［7］張勛燎，白彬．中國道教考古（第3卷）［M］．北京：綫裝書局，2006：815 – 818.

［8］魯西奇．中國古代買地券研究［M］．廈門：廈門大學出版社，2014：82 – 84.

第二章　魏晉南北朝買地券輯注

　　魏晉南北朝時期，隨葬買地券之風仍在中國大部分地區延續。本部分共收録買地券 10 件，其中兩晉 4 件，南北朝 6 件。兩晉時期買地券主要出土於浙江、江蘇、甘肅。製作材料比較多樣，瓦券、鉛券、石券、木券均有發現。買地券的寫法與三國東吳一派相承，變化不大。南北朝時期買地券數量較爲豐富，其中南朝 4 件，主要分布在湖南、湖北等省。從製作材料看，以磚券最多，未見鉛券、木券。北朝 2 件，主要分布在山西。與南朝相較，載體明顯不同，載體有墓門、石板、墓磚等，文本格式的差別也很大。可以説，從東漢末年北方買地券消失，至南北朝時期此俗還在逐步恢復的過程中，買地券仍呈現出不確定的形態。

西晉太康五年（284）楊紹買地瓦券

【題記】

　　明萬曆元年（1573）山陰二十七部應家頭（今浙江紹興坡塘應家潭頭）之西出土。有拓本傳世的漢晉買地券，以此券出土爲最早。國家圖書館善本室今存章鈺舊藏之拓本，當爲磚券之正面，上刻“晉都鄉楊紹買冢地券”九字①。背面拓本圖版見仁井田陞《漢魏六朝の土地買賣文書》。明徐渭得此券，并吟詩二首以志之。《青藤書屋文集》卷四稱：“柳元轂以所得晉太康間冢中杯及瓦券來，易余手繪二首……詳玩右文，

---

① 北京圖書館金石組. 北京圖書館藏中國歷代石刻拓本彙編（第 2 册）［M］. 鄭州：中州古籍出版社，1989：48。拓本圖影下説明文字謂是券爲萬曆元年（1573）在杭州出土，誤。

似買於神，若今祀后土義，非從人間買也。二物在會稽倪光簡冢地中，於萬曆元年掘得之。"① 清洪亮吉《北江詩話》也記載了此券，謂："古人卜葬，必先作買地券，或鐫於瓦石，或書作鐵券，蓋俗例如此。又必高估其值，多至千百萬，又必以天地日月爲證，殊爲可笑。然此風自漢晉已有之。"

　　1918 年，羅振玉將他所收集到的 19 種地券匯編成《地券徵存》，其中就包括《楊紹買地莂》。關於此券形制，跋文曰："（拓本）高七寸三分，廣四寸五分，五行，行字不等，草隸書刻瓦上。舊藏山陰童氏，今佚。"② 李國鈞（1990）介紹甚詳，"西晉刻石。亦稱《楊紹買冢地莂》。太康五年（284）九月刻，明萬曆元年（1573）會稽倪光簡冢地出土。形似破竹，以陶爲之。曾歸柳元穀、山陰童鈺、粵東温氏。書法奇古，草隸相雜，如竹簡書。六行，行六至十四字不等，共六十五字。清乾隆時（1736～1795）尚完好。嘉、道間自首至末裂紋一道，未幾即佚。拓本鮮見，有重刻本。羅振玉《兩浙佚金佚石》《神州國光集》輯入。"③ 後此券幾經轉手，不知所終。今依據拓本圖版，參照各家錄文，重新校錄如下（圖一三）。

【錄文】

　　大男楊紹從土公買冢地一丘〔1〕。東/極闕澤，西極黄縢，南極山背，/北極於湖〔2〕。直錢四百萬，即日交畢。/日月爲證，四時爲任〔3〕。/太康五年九月廿九日〔4〕，對共破莂〔5〕。民/有私約，如律令〔6〕。/

【校釋】

　　〔1〕"大男楊紹從土公買冢地一丘大男"，"大男"，成年男子或長

① 徐渭. 徐文長全集（上）[M]. 上海：上海中央書店，1935：24.
② 羅振玉《地券徵存》，北京圖書館藏，藍皮布面，石印 64 開本，索書號：古 520·04/ 925/：3.
③ 李國鈞. 中華書法篆刻大辭典 [M]. 長沙：湖南教育出版社，1990：495.

圖一三　浙江紹興出土楊紹買地瓦券拓本
（《魏晉書法視覺形式研究》，2013 年，43 頁）

子爲户主者。“土公”，土地神。“冢地”，墓地。“一丘”，也作“一邱”，指一塊土地。

〔2〕“東極闞澤，西極黄滕，南極山背，北極於湖”，此處標明墓地四至。王國維跋曰：“文中‘東極闞澤’。澤，即《吳志》立傳之闞德潤。德潤，山陰人。此券出於山陰，必謂其葬地也。又云‘南極山背’，‘北極於湖’。山，謂會稽山；湖，謂鑒湖。區域甚廣。與《浩宗券》之南邸丙丁、北邸壬癸略同。蓋非實緣買地券。本施之鬼神，故不嫌其誇也。”① 羅振玉《蒿里遺珍》亦曰：“其券雖爲寓言，與浩宗券同，而所記四至則是記實。杜氏《越中金石記》謂‘東極闞澤，謂東至澤墓，西極黄滕，謂西至黄滕，兩姓之界。’其説其當。”②

① 王國維. 楊紹瓻跋［M］//觀堂集林（外二種）. 石家莊：河北教育出版社，2003：656.
② 羅振玉. 蒿里遺珍［M］//羅雪堂先生全集（七編 3）. 臺北：大通書局 . 1973：1124－1125.

　　〔3〕"日月爲證，四時爲任"，日月之神作爲證人，四季之神作爲擔保人。"任"，擔保人，徐渭把"任"釋作"伍"。《吳神鳳元年（252）孫氏買地券》作"日月爲證，四時爲憑"，與此義同，可爲證。

　　〔4〕"太康五年九月廿九日"，即西晉武帝太康五年（284）九月廿九日。徐渭釋文作"太康""九月廿六日"。"大"，"太"的古字。

　　〔5〕"對共破莂"，買賣雙方和證人、保人核對券文，製作買地券。"對"，核校。"莂"，契約。徐渭把"莂"字釋作"剪"，拓本圖版字迹甚爲清晰，應予糾正。《釋名·釋書契》："莂，別也。大書中央，中破別之也。"

　　〔6〕"民有私約"，"私約"，私下約定。意謂：民間的私人約定有如同法律一樣的效力。浙江杭州出土買地券也有 2 例，與此相同。《潘延壽買山莂》："合莂大吉，左有私約者當律令。"《孫氏買地磚券》："日月爲證，四時爲憑，有私約者當律令。"李學冬認爲，"民有私約，如律令"所表達的意思與《建寧元年馬莂磚銘》和《吳神鳳元年買冢城記》"有私約者當律令"一句所表達的意思相同，與五代後唐《天成二年買地碑》"官有政法，下憑私契爲據"[1] 和《未年安環清買地券》中"官有政法，人從私契"[2] 所表達的思想也是一樣的。故完全可以得出結論，這些材料充分證明了在中國古代，"百姓間的私約具有如同官法的效力"理念，不但源遠流長，而且得到了普遍認同。

　　【有關問題探討】

　　券文有云："東極闕澤，西極黃滕，南極山背，北極於湖。"此今文契寫四至之始。賣田契寫東南西北所至處，謂四至。按，《爾雅·釋地》有"東至""西至""南至""北至"之文。李吉甫《元和郡縣志》："每縣皆八到或六到。"四至外有東南、西南、東北、西北。《爾

① 李顯冬. 私約與律令：以《天成二年買地碑》爲例［J］.《中國政法大學學報》，2009（1）：22 - 23.

② 李顯冬. 私約與律令：以《天成二年買地碑》爲例［J］.《中國政法大學學報》，2009（1）：23.

雅》"四極"，即"四至"也。陸放翁筆記載："長安民家契券四至，有
云：'某處至花萼樓，某處至含元殿。'"宋凌萬頃《玉峰志》有"四至
八到"，若《左傳》"東至海，西至河"，此一國之四至。《文選》載宣
德皇后令，所謂"地狹乎四履也"。浙江出土買地券亦有用例。如，
《東吳神鳳元年（252）孫氏買地磚券》："會稽亭侯并領錢唐水軍綏遠
將軍，從土公買冢城一丘，東南及鳳皇山巔，西極湖，北極山盡，直錢
八百萬，即日交畢。日月爲證，四時爲憑，有私約者當律令。大吳神鳳
元年壬申三月破笧大吉。"①

【主要參考文獻】

［1］徐渭．徐文長全集（上）　［M］．上海：上海中央書店，
1935：24.

［2］羅振玉．地券徵存［M］//羅雪堂先生全集（五編，第三冊）.
臺北：大通書局，1973：1301－1302.

［3］杜春生．楊紹買冢地茆［M］//嚴耕望．石刻史料新編（第2
輯，第10冊）．臺北：新文豐出版公司，1979：7067.

［4］仁井田陞．漢魏六朝の土地買賣文書［M］//中國法制史研
究·土地法·取引法．東京：東京大學出版會，1980：443.

［5］北京圖書館金石組．北京圖書館藏中國歷代石刻拓本彙編
（第2冊）［M］．鄭州：中州古籍出版社，1989：48.

［6］張傳璽．中國歷代契約會編考釋（上）［M］．北京：北京大
學出版社，1995：110.

［7］錢大昕．十駕齋養新錄·楊紹買地券［M］．南京：江蘇古籍
出版社，2000：324.

［8］黃景春．早期買地券、鎮墓文整理與研究［D］．華東師範大
學博士學位論文，2004：168－169.

---

① 陳子善，張鐵榮．周作人 集外文（上）［M］．海口：海南國際新聞出版中心，1993：
222.

［9］張勛燎，白彬．中國道教考古（第3卷）［M］．北京：綫裝書局，2006：832.

［10］魯西奇．中國古代買地券研究［M］．廈門：廈門大學出版社，2014：98－99.

西晉太康六年（285）曹翌買地鉛券

【題記】

1955年春夏季，江蘇省南京市江寧區丁甲山一號墓出土。鉛質。券長28厘米，寬5厘米，厚0.1厘米。雙面刻字，正面刻買地券，文字3行；背面刻人物、用品，文字上下兩列，各2行，共約84字。

江蘇省文物管理委員會（1957）最早發表《南京近郊六朝墓的清理》一文，作了報道，有録文，并附有拓本圖版，較爲清晰。據張傳璽（1995）可知，正面爲田券，背面爲《隨葬衣物疏》。池田温（1981）、張傳璽（1995）、黃景春（2004）、張勛燎（2006）、魯西奇（2014）均著録此券。今依據拓本圖版，參照各家録文，重新校録如下（圖一四）。

【録文】

太康六年六月廿四日，吳故左郎中、立節校尉〔1〕、丹陽江寧〔2〕/曹翌，字永翔〔3〕，年卅三亡，買石子崗坑虎牙之田，地方十里〔4〕，直錢/百萬，以葬，不得有侵抵〔5〕之者。券書分明。/（正）

奴主、奴教、婢西，/右三人是翌奴婢〔6〕。/故布褠一領，故練被一張〔7〕。/（背）

【校釋】

〔1〕"左郎中、立節校尉"，墓主曹翌，仕吳爲左郎中、立節校尉。

圖一四　江蘇南京出土曹翌買地鉛券正面、背面拓本
（《文物參考資料》1955 年 8 期，98 頁）

"左郎中"，不見於《三國志》。魯西奇推測認爲，曹翌以 33 歲歿亡，
然已官至左郎中、立節校尉，當係出世家。"立節校尉"，原報告認爲，
從漢武帝至魏、晉皆置諸校尉，杜佑《通典》及《歷代官職表》不見
有立節校尉官職，由此可見金石刻文足補史志之缺。陳直不同意簡報觀
點，他認爲，"三國時官職，將軍以下有校尉、有都尉，皆比二千石。
吳有立信校尉莊祐見《晉書·武帝紀》。又有立信校尉杜契，見《茅山
志》。立信官號，已與立節官號類型相似。又案符秦廣武將軍碑碑陰有
立節將軍題名。《後魏書·官氏志》：立節將軍在從第三品下。立節校
尉，當屬於立節將軍。立節將軍的官號，雖不見於《吳志》，但是在十
六國後魏時尚沿用不廢"。張傳璽與陳直觀點一致，又補一史例。《三

國會要》卷十《職官》下《武秩》引吳騫云："周處碑：'父鮒，立節
校尉；本傳作趙義。'"

〔2〕"丹陽江寧"，吳丹陽郡無江寧縣。《晉書·州郡志》丹陽尹
"江寧令"："晉武帝太康元年，分秣陵立臨江縣。二年，更名。"略有
不同，當以《宋書·州郡志》所記爲確。券文稱曹翌爲丹陽江寧人，
當用晉制。

〔3〕"曹翌"，據陳直研究，《三國吳志》無《曹翌傳》。

〔4〕"地方十里，直錢百萬"，這裏没有説明四至，衹是誇張地説
"地方十里"。買錢也誇張到百萬。"直錢"，買冢地的價錢。

〔5〕"侵抵"，原報告録作"侵持"。黄景春沿用，考釋曰："侵
持，侵犯占有。"張傳璽改釋"侵抵"，無考釋。今審辨拓本圖版，筆
畫模糊難辨。依買地券習例，此處當爲違約之語，漢晉買地券中常見用
例，如，《劉氏買地磚券》"不得苛止"、《龍桃杖買地磚券》"不得爭
容"、《甄謙買地磚券》"不得相妨"、《彭廬買地券》"不得抵道"。今
綜合考量，則"侵抵"一詞更爲允當。

〔6〕"奴主、奴教、婢西，右三人是翌奴婢"，發掘報告推測，"奴
主、奴教、婢西"當是二男奴一女婢的名字，但未發現陪葬俑，可能已
被破壞或僅刻名而已。

〔7〕"故布褠一領，故練被一張"，隨葬的布單衣一件，絲被一
床。"故"，舊的，墓主生前用過的，這裏指隨葬使用之物。"褠"，
袖狹而直，形狀如溝的單衣。《釋名·釋衣服》："褠，襌衣之無胡者
也，言袖夾直形如溝也。"《資治通鑒·魏高貴鄉公甘露元年》："始，
岱親近吳郡徐原，慷慨有才志，岱知其可成，賜巾褠，與共言論，後
遂薦拔，官至侍御史。"胡三省注："褠，單衣，漢魏以來，士庶以爲
禮服。"

【有關問題探討】

此券是買地券與衣物疏的合用之例。衣物疏與買地券出現的時間有
先後之分，觀念上卻是一派相承的：買地使死者得到宅舍以便在陰間

“安居”，衣物疏讓死者得到財物和奴婢以便更好地在陰間“生活”，所以，二者書寫在同一鉛券中，絲毫都不相排斥。

【主要參考文獻】

[1] 南京博物館. 南京附近六朝墓葬出土文物 [J]. 《文物》，1955（8）：97 – 133.

[2] 江蘇省文物管理委員會. 南京近郊六朝墓的清理 [J]. 《考古學報》，1957（1）：187 – 191.

[3] 陳直. 對“洛陽晉墓的發掘”與“南京近郊六朝墓的清理”兩文的意見 [J]. 《考古通訊》，1958（2）：59 – 61.

[4] 陳直. 文史考古論叢 [M]. 天津：天津古籍出版社，1988：488 – 491.

[5] 張傳璽. 中國歷代契約會編考釋（上）[M]. 北京：北京大學出版社，1995：111 – 112.

[6] 黃景春. 早期買地券、鎮墓文整理與研究 [D]. 華東師範大學博士學位論文，2004：169 – 170.

[7] 張勛燎，白彬. 中國道教考古（第3卷）[M]. 北京：綫裝書局，2006：832.

[8] 魯西奇. 中國古代買地券研究 [M]. 廈門：廈門大學出版社，2014：99 – 100.

東晉咸康四年（338）朱曼妻薛氏買地石券

【題記】

1896年浙江溫州平陽縣宜山鄉鯨頭村石埄下山麓出土，券石原由宜山陳錫琛收藏，現藏於溫州博物館。石質粗劣，色灰白，裂紋頗深，已將斷脫。左側石面平滑，似曾作過磨刀石。券長30、寬17.2、厚8.5厘米。共八行，行十四字，末行僅九字，計約106字。全碑畫有格綫。石斷爲二，第一行“二月”字畫邊緣已剝落，篆文尚清晰可辨。第八行"母"上僅留殘畫，其下爲司（合同）二字，是并寫的半截體。

該券最初爲當地人氏陳錫琛（筱坨）號筠莊所得，陳氏拓數份，請孫詒讓、吳承志等著名學者辨識，知是晉代遺物，就視若珍寶，秘不示人。1954 年，陳德輝（陳錫琛之孫）意外地於其家寢室地板下發現此券原石，爲有關文博部門所收購，遂廣爲人知①。由於此碑出土的年代爲晉，晉初沿襲曹魏禁止立碑，當時通常的做法就是直接把相關文字記録埋到墓中，故傳世魏晉碑文鮮少。從此碑出土之日始，特別是陳錫琛將碑拓流布社會，引起金石界關注。

今傳世的拓片中，可見的名家題識有沙孟海、陸維釗、姜東舒、夏承燾等。除了浙江省博物館朱家濟的拓本，浙江美術館還有一件，是方介堪送給吳莃之的拓本。方在跋文中考證，第二行吳故舍人之"舍"字孫詒讓釋作"令"，冒廣生益衍其說，今細審原刻，還是應該爲"舍"；以及"母"字上格有筆畫似爲"聖"字殘文，篆意似三國吳天璽時期的國山碑，所以是最早與浙中漢三老碑并重的出土文字。方介堪（1965）、羅振玉（1973）、仁井田陞（1980）、池田温（1981）等也都作過釋文。其中方介堪、仁井田陞二文還分別附有拓本照片，後者遠較前者清晰。今依據原石及拓本圖版，參照各家録文，重新校録如下（圖一五、一六）。

【録文】

晉咸康三年二月壬子朔三日乙卯〔1〕，/吳故舍人〔2〕、立節都尉〔3〕晉陵丹徒朱曼/故妻薛〔4〕，從天買地，從地買宅。東極甲/乙，南極丙丁，西極庚辛，北極壬癸，中/極戊己；上極天，下極泉〔5〕。直錢二百萬，/即日交畢。有誌薛地，當詣天帝；有誌薛宅，當詣土伯〔6〕。任知者：東王公，西王/聖母〔7〕。如天帝律令。司〔8〕。/

---

① 方介堪. 晉朱曼妻薛買地宅券［J］.《文物》, 1965（6）: 48 – 49.

圖一五 浙江温州出土朱曼妻薛氏
買地石券原券（《收藏家》2016
年2期，49頁）

圖一六 浙江温州出土朱曼妻薛氏
買地石券拓本（《收藏家》2016
年2期，49頁）

【校釋】

〔1〕 "晉咸康三年二月壬子朔三日乙卯"，"晉咸康三年"之
"三"，拓本筆畫清晰。方介堪將其釋作"三"是不對的。"四"寫作
"三"，是王莽始於建國三年（11）至建國地皇四年（23）流行的一種
特殊的寫法，考古發掘出土新莽時期之板瓦、居延王莽簡中也都有不少
這方面的例證①。今查《二十史朔閏表》，東晉咸康三年（337）二月的
朔日干支是丁巳，二月四日的干支是庚申，明顯與石券文字不合。而東
晉咸康四年二月的朔日干支是壬子，二月四日的干支正好是乙卯，與券

---

① 張勛燎. 論七·十 [M] //四川大學學報編輯部，四川大學古文字研究室. 古文字研究論
　文集（第10輯）. 成都：四川人民出版社，1982：101-136. 高大倫. 居延王莽簡補正
　[C] //四川大學歷史系. 徐中舒先生九十壽辰紀念文集. 成都：巴蜀書社，1990：264-
　266.

文紀年正合，也説明原釋“三”者誤。

〔2〕“舍人”，吴時掌管宫中財政的職官。《三國會要》卷九《職官》上《公卿庶職·中書通事舍人》注：“《初學記》引《要略》云：‘舍人掌宫中之政，出廪分財。’或吴制如此。”魯西奇認爲，當爲“太子舍人”之簡稱。《續漢書·百官志四》：“太子舍人，二百石。本注曰：無員，更直宿衛，如三署郎中。”則太子舍人爲東宫宫署。吴太子官屬見有太子太傅、太子少傅、太子率更令、太子中庶子、太子庶子、都講祭酒、太子賓客等，太子舍人，無考。據此，則吴時亦置有太子舍人。魯氏之説，則矯枉其實也。

〔3〕“立節都尉”，官名。《三國會要》卷十《職官》下《武秩》，吴有立信、立義、立忠等都尉，有立信、立節等中郎將，傳世文獻缺載。

〔4〕“晉陵丹徒”，當指晉陵郡丹徒縣。黄景春認爲，魏晉時期没有晉陵郡，而丹徒縣在毗陵郡域内，疑“晉”爲“毘”之誤。“毘”，同“毗”字。當祇知其一未知其二也。《晉書·地理志》揚州“毗陵郡”：“吴分會稽無錫以西爲屯田，置典農校尉。太康二年，省校尉爲毗陵郡。”揚州後續云：“又以毗陵郡封東海王世子毗，避毗諱，改爲晉陵。”

〔5〕“上極天，下極泉”，張傳璽認爲，是“上極青天，下極黄泉”省，其説可從。

〔6〕“有誌薛地，當詣天帝；有誌薛宅，當詣土伯”，此處之二“詣”字，羅振玉、仁井田陞、池田温皆釋作“詢”字，唯有方介堪釋作“詣”。今細審拓本圖版，“當詣天帝”之“詣”字筆畫清晰，左爲“言”字，右作“旨”而非“旬”。漢晉買地券常用此語。《黄甫買地磚券》：“若有爭地，當詣天帝；若有爭宅，當請土伯。”《陳重買地磚券》：“若有爭地，當詣天帝；若有爭宅，當詣土伯。”《李達買地磚券》：“若後志宅，當詣東王公、西王母是了。”所以，“詢”字當以釋作“詣”字爲宜。

〔7〕“任知者：東王公，西王聖母”，吴承志對“母”字上的殘文，引鐘鼎款識“𝕊𝕍”爲證，以爲“𝕊𝕍”字。方介堪認爲，原刻字

偏旁刻畫刀痕頗深，不像是剥落殘缺，可能出土時，因石質鬆軟，擦去一角。且其字形位置又在聖字左側之上，應爲一個完整的"聖"字殘畫，故釋作"西王聖母"。這樣釋讀在漢晉買地券中未見用例，似爲不當。

〔8〕"司"，張傳璽認爲，是"同"字之半，與漢簡中之"稟給文書"同制，爲此制使用於買賣契約（質劑）上之反映。

【有關問題探討】

該券出土地在溫州平陽縣，據文獻記載，西晉武帝太康四年（283）始置始陽縣，旋改橫陽縣，爲平陽分疆立縣之始。而《朱曼妻薛買地券》刻石時間爲成帝咸康四年（338），晚於橫陽立縣56年。這説明橫陽雖東南僻隅小縣，但晉以來已有豪門世家的顯達官宦流寓於此，朱曼也成爲平陽歷史可考的第一人。這塊買地券無疑成爲平陽移民史最早的佐證。

【主要參考文獻】

〔1〕方介堪. 晉朱曼妻薛買地宅券〔J〕.《文物》，1965（6）：48–49.

〔2〕羅振玉. 地券徵存〔M〕//羅雪堂先生全集（五編，第3冊）. 臺北：大通書局。1973：1302–1303.

〔3〕（日）仁井田陞. 漢魏六朝の土地買賣文書〔M〕//中國法制史研究·土地法·取引法. 東京：東京大學出版會，1980：434.

〔4〕（日）池田溫. 中國歷代墓券略考〔J〕.《東洋文化研究所紀要》，1981（第86號）：227–228.

〔5〕張傳璽. 中國歷代契約會編考釋（上）〔M〕. 北京：北京大學出版社，1995：114–115.

〔6〕張勛燎，白彬. 中國道教考古（第3卷）〔M〕. 北京：綫裝書局，2006：838–840.

〔7〕魯西奇. 中國古代買地券研究〔M〕. 廈門：廈門大學出版

社，2014：105 - 107.

　　［8］高啓新. 東晉《朱曼妻薛氏買地券》發現始末［J］.《温州人》，2016（2）：94 - 98.

前秦建元十八年（382）高俟買地木券

【題記】

　　2000 年甘肅高臺駱駝城遺址南十六國前秦 M1 墓出土買地券一件，墓主人名高俟，是高俟與其妻朱吴桑的合葬墓。買地券縱 24、横 8、厚 0.7 厘米，墨書行楷書，自右至左豎書 4 行，約 81 字。曹國新（1999）對墓葬發掘清理情況作了介紹。趙雪野（2008）在此基礎上，對出土木質墓葬文書予以介紹，并對其中所祭祀的神祇和卜宅圖加以考證。寇克紅（2009）、劉衛鵬（2009）對其録文、校釋，并附有圖版。今依據拓本圖版，參照各家録文，重新校録如下（圖一七）。

【録文】

　　建元十八年正月丁卯朔廿六日壬辰〔1〕，建康郡表是縣都鄉楊下里高俟/物故，葬歸蒿里，四維下封，不得禁止。生人有城，死人[有]郭〔2〕，仟/陌、道路將軍〔3〕，從往迎送〔4〕，敢有固遮，收付河伯〔5〕。丹書鐵/券，死人無怨，急急如律令〔6〕。/

【校釋】

　　〔1〕"建元十八年正月丁卯朔廿六日壬辰"，"建元"，是前秦宣昭帝苻堅的第

圖一七　甘肅高臺出土高俟買地木券拓本（《考古與文物》2008 年 1 期，86 頁）

三個年號,使用僅兩年。"正月丁卯朔廿六日壬辰",與《二十史朔閏表》合。

〔2〕"死人 有 郭",聯繫上句,此應爲"死人有郭"。劉衛鵬認爲原券漏寫一字"有",當誤。今審驗原券,"郭"字下頓點後加"有"字。綜觀全券,未見有加標點符號者,則此處"、"當不屬於標點。寇克紅定作乙正符號,校録作"生人有城,死人有郭",極是。同墓出土的《高俟墓券(二)》《高容男墓券》俱有"死者屬太山、生者屬長安"語,句式相同。

〔3〕"仟陌、道路將軍",這裏的"將軍"是主管道路的武將。"仟陌",即"阡陌",本義是田間的道路,南北爲阡,東西爲陌。這裏是祈使管理阡陌和道路的"阡陌將軍、道路將軍"允許開穴築墓,并允許墓道通行。

〔4〕"從往迎送",此句録文分歧較大。何雙全等録作"於往迎送";趙雪野等録作"收望迎送";寇克紅録作"從往迎送";劉衛鵬録作"登往迎送"。

〔5〕"敢有固遮,收付河伯",漢晉買地券常見"收付"一詞,表示抓捕、押送之義。整句是對黄泉路上主管各種關卡的冥吏的警告,如有敢阻攔、刁難者,則會被抓捕、押送給暴虐的河伯處置,故有冥間通行證的效力。

〔6〕"急急如律令",第二"急"字省寫,今補上。道教符籙或咒語中常用的敕語,意爲勒令鬼神按照符令火速遵行。

【有關問題探討】

券文:"葬歸蒿里,四維下封,不得禁止。""蒿里",即《漢書·武帝紀》載武帝所祭之高里,"蒿里"的產生是中國冥界觀念的一大發展,即死人原來都在孤立的以家爲中心的"聚落",現在都要先到蒿里集合,構成了一個"社會",吴榮曾認爲,蒿里即由高里訛變而來。蒿里是死人的歸宿。《永樂大典》收録的《大漢原陵秘葬經》曾載天子至庶人墓西北角均置"蒿里老翁"。《説文解字》作"死人里也",又稱鬼

所。《赤松子章曆》卷六《大冢訟章》提到："公解冢訟墓注……臣謹
爲伏地拜章一通……輒按《千二百官章儀》并正一真人所授南嶽魏夫
人治病制鬼之法，爲某家……加符告下某家及丘丞、墓伯、地下二千
石、蒼林君、武夷君、左右冢侯、地中司徽、墓卿右秩、蒿里父老，諸
是地獄所典主者，并嚴加斷絕某家冢訟之氣、復注之鬼。"敦煌類書
《語對》云："蒿里，死人里也。""泰山"，爲冥府中最高樞紐所在，而
蒿里則是死人聚居的地方；前者相當於漢之都城，後者則相當於漢之鄉
里。荀悅撰《漢紀》卷一四《孝武皇帝紀》："太初元年冬十月行幸太
山。十有二月甲子朔旦，冬至，祠上帝於明堂。……十有二月，禪里
（高）里，祠后上（土）。"可知，漢武帝之時即建有蒿里祠，并與後土
同祀。

　　"四封"當指墓葬四至界限，這正如《王當等買地券》所謂的"四
角封界"。"四封"也虛指想象的空間，如《劉覬買地券》所云："封域
之內，東極甲乙，南極丙丁，西極庚辛，北極壬癸，上極青雲，下極黃
泉。"除"蒿里""四封"的名詞外，唐代以後性質相同的墓券上還出
現了蒿里老人的形象。武威西郊林場 1977 年發現的西夏墓葬木板畫上
就有蒿里老人的形象，福建五代墓葬出土的蒿里老翁陶俑，作扶杖、戴
風帽的老者形象，南宋石雕作戴圓帽、菱形帽或巾幘帽老人形象。在以
後的墓葬神祇中還出現了四封都尉。

【主要參考文獻】

　　[1] 曹國新. 駱駝城出土珍貴文物 [J].《絲綢之路》，1999
（3）：54–55.

　　[2] 何雙全，狄曉霞. 甘肅省近年來新出土三國兩晉簡帛綜述
[J].《西北師大學報》（社會科學版），2007（5）：101–104.

　　[3] 趙雪野，趙萬鈞. 甘肅高臺魏晉墓墓券及所涉及的神祇和卜
宅圖 [J].《考古與文物》，2008（1）：85–90.

　　[4] 劉衛鵬. 甘肅高臺十六國墓券的再釋讀 [J].《敦煌研究》，
2009（1）：47–52.

［5］陳松梅. 河西地區魏晉告地文書中道教思想考釋［J］.《敦煌學輯刊》, 2009（1）: 94 – 103.

［6］寇克紅. 高臺駱駝城前秦墓出土墓券考釋［J］.《敦煌研究》, 2009（4）: 91 – 96.

［7］中共高臺縣委. 高臺魏晉墓與河西歷史文化研究［M］. 蘭州: 甘肅教育出版社, 2012: 193.

劉宋元嘉九年（432）王佛女買地磚券

【題記】

此券出土於江蘇徐州城北龜山。原品張伯英藏, 國家圖書館藏有拓本, 高33、寬18厘米。券文9行。第1至8行, 各18字, 第9行2字, 共164字。羅振玉《石交錄》卷二中最早介紹此券, 有錄文。謂: "二十餘年前, 徐州農人耕地, 得元嘉九年王佛女專買地券, 爲鄉紳張君伯英所得。上截少半, 土漿不可去, 有二三十字, 不可辨, 餘皆清晰, 書迹似輯安之好大王陵碑。……予在海東, 曾集傳世地券爲《地券徵存》, 此券得於成書之後, 不及增入。"馬子雲亦有介紹, 此券"正書（兼隸）, 有陰紋方格, 九行, 行二（當爲一）十八字。元嘉九年（432）十一月廿日。此券上半部分漫漶。其文爲元嘉九年十一月爲王佛女買彭城郡某縣□城里村南龜山爲墓田, 後爲四至及買價若干, 此券祇見拓本, 出處與藏處不知"。仁井田陞（1980）、池田温（1981）、張傳璽（1995）、黃景春（2004）、張勛燎（2006）諸氏均著有錄文。今據拓本圖版, 參校各家著錄, 重新校錄如下（圖一八）。

【錄文】

宋元嘉九年太歲壬申十一月壬寅朔廿日辛/酉〔1〕, □彭城郡/彭城縣都鄉仁儀里王佛女, 薄命/早死, 當來下葬, 下歸黃泉。〔2〕今爲佛女占買彭城郡/彭城縣北鄉垙城里村南龜山爲墓田百畝

圖一八　江蘇徐州出土王佛女買地磚券拓本
(《漢魏六朝碑刻校注（第 3 冊）》，2008 年，107 頁)

〔3〕，東/至 青 龍，西至白虎，南至朱雀，北至玄武〔4〕。雇錢卅/
□□□。有丹書鐵券〔5〕，事事分明。時知者東皇父、/西 王 母；〔6〕
任者王子僑〔7〕，傍人張亢㧜〔8〕當 永 今/元嘉九年十一月朔廿日辛
酉，〔9〕歸就后土蒿里。如女青/律 令！〔10〕/

【校釋】

〔1〕"宋 元嘉九年太歲壬申十一寅朔廿日辛 酉"，此句首尾羅振玉
均做缺字處理，當分別是"宋""酉"。今查《二十史朔閏表》，宋文帝
元嘉九年（432）的干支是壬申，當年十一月的朔日干支是壬寅，與磚券
文所記完全相符，則首字當爲"宋"字。仁井田陞、池田溫最早將末字
補釋作"二十日辛 酉"，甚是。元嘉九年，即公元壬申年，十一月二十

日干支爲辛酉，後文有"□日辛酉歸就后土蒿里"也可與此句互證。

〔2〕"□ 彭 城 郡 彭 城 縣 都鄉仁儀里王佛女，薄命 早 死， 當 來 下 葬，下 歸 黃泉"，羅振玉錄作"□□□□□□□都鄉仁儀里王佛女薄命□□□□□下□黃泉"，無標點，且缺字很多。券文中殁亡人王佛女籍貫之郡、縣名及買地所在之縣名并缺。《宋書·州郡志》"彭城太守"條："漢高立爲楚國，宣帝地節元年，改爲彭城郡，黃龍元年，又爲楚國，章帝還爲彭城。"郡治即在彭城縣。據此，則上錄文中"郡"字前可補"彭城"二字，其後則可補出"彭城縣"三字。"薄命□□□□□下□黃泉"，今參照《東漢熹平二年（173）張叔敬鎮墓盆》"但以死人張叔敬薄命早死，當來下歸丘墓"之語，"王佛女薄命"之後所缺二字當以釋作"早死"，下字當爲"歸"字，今補錄如上。"黃泉"，地下深處，指葬身之地。《左傳·隱公元年》："而誓之曰：'不及黃泉，無相見也。'"

〔3〕"今爲佛女占買彭城郡 彭 城 縣 北鄉垞城里村南龜山爲墓田百畝"，羅振玉錄文中"彭城郡"下缺三字。今聯繫上文，補作"彭城縣"。墓主王佛女即彭城郡彭城縣都鄉仁儀里人，葬地則在彭城縣北鄉垞城里村南龜山。"垞城里村南龜山"，表明龜山所在之村屬垞城里，村名亦可能就是"垞城村"，村、里合一。酈道元《水經注·泗水》："泗水又逕留縣，而南逕垞城東。城西南有崇侯虎廟。……［經］（泗水）又東南過彭城縣東北。"①《元和郡縣圖志》卷九河南道五徐州彭城縣"故垞城"條："在（彭城）縣北二十六里。或曰古崇侯國。兗州人謂實中城曰垞。"②《太平寰宇記》卷一五徐州彭城縣"垞城"條："在（彭城）縣北三十里，北面臨泗水。"③ "垞城里"，當因垞城而得名，在徐州城北，泗水西南。

〔4〕"東 至 青 龍，西至白虎，南至朱雀，北至玄武"，羅振玉錄文

---

① （北魏）酈道元著；王先謙合校. 水經注·泗水（卷二十五）［M］. 成都：巴蜀書社，1985：2134–2144.

② （唐）李吉甫. 元和郡縣圖志·徐州彭城縣（卷九）［M］. 北京：中華書局，1983：225.

③ （宋）樂史. 太平寰宇記·河南道十五徐州縣（卷一五）［M］. 北京：中華書局，2007：299.

中 "東" 字後二字缺。今參照廣西桂林出土《泰始六年（470）歐陽景熙買地石券》："東至青龍，南至朱雀，西至白虎，北至玄武"，此處補錄作 "東 至 青 龍"。青龍、白虎、朱雀、玄武，道教護衛神，又叫 "四象"，源於古人對星宿的崇拜。早在戰國時期就有了二十八宿和四象之說。道教興起後，作爲護衛神，以壯威儀，《抱樸子》描述老子形象稱："左有十二青龍，右有二十六白虎，前有二十四朱雀，後有七十二玄武。" 其後四象被逐漸人格化，成爲四位護法神。

〔5〕"丹書鐵券"，羅振玉錄作 "丹書錢券"。"錢" 字當爲 "鐵" 字之誤。"丹書鐵券" 一語，漢代已經常用，今不贅舉。

〔6〕"時知者東皇父、 西 王 母"，羅振玉錄文時 "母" 字前缺兩字，明顯當釋作 "時知者東皇父、 西 王 母"。

〔7〕"任者王子僑"，當即王子喬。由王子喬傳言采薪孺子令其勿取其墳上樹觀之，後世因此將其視爲墓冢的保護神。《列仙傳》："王子喬者，周靈王太子也。好吹笙作鳳凰鳴。游伊洛之間，道士浮丘公接以上嵩山。" 王符《潛夫論》卷九《志氏姓》、《論衡》卷七《道虛篇》、《風俗通義》卷二《正失·葉令祠》均見有王子喬，乃東方朔之屬神仙者。

〔8〕"傍人張亢狼"，"傍人"，見證人。"傍" 通 "旁"。"張亢狼"，即後世買地券與衣物疏中常見之 "張堅固"。

〔9〕"當 永 今元嘉九年十一月朔廿日辛酉"，羅振玉錄作 "當□今□□□□□日辛酉"，缺字甚多。仁井田陞、池田温補錄作 "當永？今元嘉十一月二十日辛酉"。

〔10〕"如女青 律 令"，羅振玉 "青" 字後缺二字。仁井田陞未作釋文。池田温認爲所缺當是 "律令" 二字。"女青" 乃人名，太上老君麾下使者，替老君傳達上天敕令。女青得名之義不詳，據考證，應由道教經籍中 "玉女" 演變而來①。在道教神譜中，太上老君身邊有仙人、

---

① 劉昭瑞. 嬭女地券與早期道教的南傳［C］//考古發現與早期道教研究. 北京：文物出版社，2007：325.

玉女等。"玉女傳言",所傳自然就是太上老君的敕令,與出土材料中"女青"身份相符,可知"女青"即"玉女"。《道藏·洞神部·戒律類》有《女青鬼律》,稱此律令乃太上滑惡鬼害人,故"下此《鬼律》八卷,紀天下鬼神姓名,凶吉之術,以敕天師張道陵,使敕鬼神不得妄轉東西南北。"

【有關問題探討】

1982 年,吳天穎在研究漢代買地券時,曾經提到過該券①。該券行文,與 1949 年以後經科學考古發掘出土的吳晉買地券有所不同,其中"東至青龍,西至白虎,南至朱雀,北至玄武",在目前已經刊布的絕大部分六朝買地券文中均不見此語。從考古發現材料看,青龍、白虎、朱雀、玄武比較廣泛地出現在地券文中代表塋域四至範圍,是唐以後的事情。如前面我們已經討論過的買地券,以及後面將要談論的買地券,皆作"東至甲乙,西至庚辛,南至丙丁,北至壬癸",或作"東極甲乙,南極丙丁,西極庚辛,北極壬癸,中央戊己"。這種情況直到隋代依然如此。如後面將要討論的《隋大業年間陶智洪磚券》作"東至甲乙,南至丙丁,西至庚辛,北至壬癸,中央戊己"。

其次,券文中出現了"女青律令"的字樣。如果不誤,這是迄今爲止買地券材料中最早的"女青律令"實物。從目前考古發現來看,凡是帶有"女青"字樣的地券,年代一般都在南朝以後,最早的是湖南長沙出土的《劉宋元嘉十年(433)徐副買地磚券》,其時間爲劉宋元嘉十年(433)。劉宋以前的帶有"女青詔書"字樣的地券還從未發現過。

由於這樣兩個方面的原因,張勛燎、白彬曾一度懷疑這件買地券可能是贗品,所記內容并不可靠。歷史上確實發生過僞造六朝地券的情況。如,端方《匋齋藏石記》卷五《高鎮買墳地券》有"□木(宋)元徽元年癸丑十月二十五日丁卯"與"急急如五帝使者女青律令"之

---

① 吳天穎. 漢代買地券考 [J]. 《考古學報》,1982(1):15–35.

文。端氏據其字迹、紀年干支、州郡不合實際及"通篇俚語"與宋代地券相同，"疑出後人僞造"，迄今已成定論①。

儘管絕大部分東吳、兩晉、南朝甚至隋代地券皆以十天干代表墳塋方位，但以四靈代表墓葬四至範圍的例子并非祇有王佛女磚券一例。1938年廣西桂林出土《宋泰始六年（470）歐陽景熙買地石券》："東至青龍，南至朱雀，西至白虎，北至玄武，上至青天，下至黃泉，四域之内，悉屬死人。"同樣以青龍、白虎、朱雀、玄武四靈代表墳塋四至，從未有人對此券的真偽問題提出過懷疑。1997年9月，江西省文物考古工作者在江西南昌六朝墓葬發現了一件時代爲東晉永和八年（352）的墨書行書木方衣物疏，文字亦出現了"女青詔書"的字樣②。該木方的年代，比王佛女磚券早了整整80年。凡此，皆説明劉宋元嘉九年（432）王佛女磚券并不偽，對其内容的可靠性表示懷疑看來是没有多少根據的。

【主要參考文獻】

[1]（日）仁井田陞. 漢魏六朝の土地買賣文書［M］//中國法制史研究·土地法·取引法. 東京：東京大學出版會，1980：423 - 424.

[2]（日）池田温. 中國歷代墓券略考［J］.《東洋文化研究所紀要（86册）》，1981：229.

[3] 北京圖書館金石組. 北京圖書館藏中國歷代石刻拓本彙編（第2册）［M］. 鄭州：中州古籍出版社，1989：127.

[4] 馬子雲，施安昌. 碑帖鑒定［M］. 桂林：廣西師範大學出版社，1993：129.

[5] 張傳璽. 中國歷代契約會編考釋（上）［M］. 北京：北京大學出版社，1995：115 - 117.

[6] 羅振玉撰述；蕭文立編校. 雪堂類稿（甲）·石交録［M］.

① 吳天穎. 漢代買地券考［J］.《考古學報》，1982（1）：15 - 35.
② 彭明瀚，李國利. 江西南昌晉墓群出土精美漆器［J］.《文物天地》，1998（4）：16 - 17.

瀋陽：遼寧教育出版社，2003：211.

［7］張勛燎，白彬. 中國道教考古（第3卷）［M］. 北京：綫裝書局，2006：843－846.

［8］魯西奇. 中國古代買地券研究［M］. 廈門：廈門大學出版社，2014：108－110.

劉宋元嘉十年（433）徐副買地磚券

【題記】

1977年夏出土於湖南長沙縣麻林橋一座磚室墓。墓坑已平毀，大小、形制及構築方式不詳。出土買地券1件，由青石板鐫刻而成，長33、寬26、厚近2厘米，右上角稍有殘缺。券文真書，稍帶隸意，共17行，滿行16～36字不等，共493字，文末刻符籙，保存完整。

該券最初刊載於1982年《湖南考古輯刊》第一輯上，釋文之外附有拓本圖版。其所附拓本圖版質料不高，字迹模糊，且釋文有明顯錯誤。90年代，王育成（1993）先後發表兩篇文章，對原報告中的釋文錯誤做了一些糾正，發表了不少很好的意見，隨文刊出的拓本圖版也更爲清晰。1996年，美國學者 Peter Nickerson 亦對該券進行過隸定和考釋。不過，王育成和 Peter Nickerson 的釋文均有不少可商之處。黃景春（2004）、白彬（2006）、魯西奇（2014）等都有校釋。今據拓本圖版，參校各家著録，重新校録如下（圖一九）。

【録文】

宋元嘉十年太歲癸酉十一月丙申朔廿七日壬戌辰時〔1〕，新出太上老君〔2〕符勑〔3〕：天一地二，孟仲/四季，黃神后土，土皇土祖，土營土府，土文土武，土墓上、墓下、墓左、墓右、墓中央五/墓主者，丘丞墓伯，冢中二千石，左右冢侯，丘墓掾史，營土將軍，土中督郵，安/都丞，武夷王，道上遊羅將軍、道左將軍、道右將軍，三道將軍，嵩里父老，都/集伯辰，營域亭部，墓門亭長，天翳、太一、登明、功曹、傳送隨斗十二神等：荊州/長沙郡臨湘縣北鄉白石里男官祭酒、代元治黄書契令徐副〔4〕，年五十九歲以去，壬/申年十二月廿六日，醉酒壽終〔5〕，神歸三天〔6〕，身歸三泉，長安蒿里。副先人丘者，鸞墓/乃在三河之中，地宅俠迮，新創立此〔7〕，本郡縣鄉里立作丘冢，在此山堁中。遵奉/太上諸君丈人道法，不敢選時擇日，不避地下禁忌，道行正真，不問龜筮，今已扵此山堁/爲副立作宅兆。丘墓營域，東極甲乙，南至丙丁，西接庚辛，北到壬癸，上極青天，下座/黄泉。東仟佰，各有丈尺，東西南北，地皆屬副。日月爲證，星宿爲明，即日葬送。板到〔8〕/之日，丘墓之神，地下禁忌，不得禁呵誌訝，墳墓宅兆，營域冢郭，閈（閉）繫亡者/魂魄，使道理開通，丘墓諸神，咸當奉板，開示亡人道地，安其尸形，沐浴冠/帶，亡者開通道理〔9〕，使無憂患，利護生人。至三會吉日，當爲丘丞諸神，言/功舉遷，各加其秩祿，如天曹科比〔10〕。若有禁呵，不承天法，誌訝冢宅，不/安亡人，依玄都鬼律治罪〔11〕。各慎天憲，明承奉行。一如太清玄元上三天/無極大道、太上老君、地下女青詔書律令。/

圖一九　湖南長沙出土徐副買地磚券拓本（《考古》1993 年 6 期，571 頁）

【校釋】

〔1〕"宋元嘉十年太歲癸酉十一月丙申朔廿七日壬戌辰時"，本券刻寫的年代也就是這次葬埋徐副的年代，"元嘉十年"，是年的干支是"癸酉"。"辰時"，在一天的上午九至十一點之間。

〔2〕"新出太上老君"，符敕的發布者。太上老君本來就是道教的尊神。如，《無上秘要》："太上老君，此太清老君中之尊者。"劉宋道經《三天内解經》："太上謂世人不畏真正而畏邪鬼，因自號爲新出老君，即拜張爲太玄都正一平氣三天之師，付張正一盟威之道，新出老君之制。"可看出新出太上老君之"新"即張天師正一盟威之道，因此可以推測此類符敕的製作者是天師道的道士。

〔3〕"符勑"，即符敕，爲了安穩墓冢，券文采取了對冢墓神靈發布符敕。如，《田和磚券記載》："新出大（太）上老君符敕天一、地二、孟仲四季……"有時還附有道符。如，湖南資興縣出土《梁天監四年（505）佚名買地磚券》券尾附有道符。在道教文化中，道符具有發布命令、役使神靈的作用。

〔4〕"代元治黄書契令徐副"，"代元治"，天師道以"治"爲行政單位。東漢末年前，天師道由張陵創建一套行政組織，其名稱爲"治"。一開始是二十四治（即二十四個管理區），内分上八治、中八治、下八治。其後，不斷增加，出現四別治、八游治、八配治等名目。《三洞珠囊》卷七《二十四治品》引《張天師二十四治圖》叙述八品配治的名稱次序爲：漓沅治、利里治、平公治、八慕治、天台治、賴鄉治、樽領治、代元治，最後一個治名與徐副地券治名全同。"黄書契令"，原報告録作"黄書羿字令"。王育成改釋作"黄書契令"，并考釋曰："黄書契是道教八契之一，令是指以該契爲名行文布。"

〔5〕"年五十九歲以去，壬申年十二月廿六日，醉酒壽終"，"年五十九歲以去"，王育成認爲"以去"是去世之義。白彬則認爲"以去"乃一時間概念，即"過去"之義，包括去年和去年的範圍。兩者意思不同，則斷句亦不同。王育成"以去"隨前斷，白彬則隨後斷。今從

王育成之説。"十二月"，原報告録作"十二年"。王育成改釋作"十二月"，今從之。"醉酒壽終"，喻指人死後因遇到神仙賜酒，酒醉不歸而成仙的意思。魏晉社會嗜酒成風，士族地主終日飲酒不輟，并寄希望於酒醉成仙，從而遠離如此黑暗、腐敗的社會，這也體現了魏晉人"逍遥、遁世"的人生觀。於是道教爲滿足現實社會的需要，將酒與長生成仙聯繫在一起。如此能使人"長生不老"的神酒衹有仙境纔有，故出土買地券中常見"醉酒身喪""醉酒不禄"等語詞，用以喻指人死後因遇到神仙賜酒，酒醉不歸而成仙的意思，皆體現了道教長生久視、不死成仙的思想。張勛燎、白彬認爲冥界文書中"醉酒身喪"這類詞語的使用"衹見於東晉、南朝及有的江南地區，其分布似有很强的地域性"。

〔6〕"神歸三天"，"三天"是天師道的專用名詞，指三氣所化的三清天境。《雲笈七籤》卷八《釋除六天玉女三天正法》："三天者，清微天、禹餘天、大赤天是也。"《道教義樞》卷七引《太真科》釋曰："三天。最上號曰大羅，是道境極地，妙氣本一。唯此，大羅生玄、元、始三氣，化爲三清天：一曰清微天玉清境，始氣所成；二曰禹餘天上清境，元氣所成；三曰大赤天太清境，玄氣所成。"正因爲此，《無上秘要》卷四十七引《洞玄請問上經》徑稱張陵爲"三天法師"。

〔7〕"副先人丘者，鸞墓乃在三河之中，地宅俠迮，新創立此"，此處聯繫墓券所記徐副死亡日期和書券日期前後不同材料，整句文意是説徐副在元嘉九年十二月二十六日死亡之後，最先入葬的丘墓原在三河之地，後來因爲舊墓太小墓室狹窄，所以便在現在我們所看到的墓地另建新墳，於元嘉十年十一月二十七日遷葬於此。此句各家録文及句讀差別較大。王育成録作"副先人立者鸞墓乃在三河之中"；Peter Nickerson釋作"副先人立者舊墓，乃在三河之中"，義不可解。黄景春從王氏之説。他認爲，道教徒以死去爲乘鸞升仙，故稱冢墓爲"鸞墓"。白彬細審拓片圖版後録作"副先人丘者，鸞墓乃在三河之中"，他認爲，"先人"的"人"字，筆畫確是很清楚，但是古代的"人""入"二字字形，往往混同不分。"入"字亦作人形，《簡牘帛書字典》《隸辨》等書

材料可證。顧南原引東漢鄭固碑"入則腹心"，衡方碑"入登衛□"，
"入"字皆寫作人，并於證固碑材料後加按語説："人即入字。《説文》
本作人，象從上俱下也"。字形皆同作人，何者應釋爲"人"，何者應
釋爲"入"，往往要聯繫前後文確定。王育成所謂的"鷩"字原石字迹
本極模糊，僅下半部與"鷩"字相近。"立者"之"立"字乃"丘"
字字形，上面一撇左端未超過豎畫界限，與其後"立作丘冢"之"丘"
字形一樣，而與券文中僅有之三個"立"字寫法均不同。今從白氏
之説。

〔8〕"板到"，原報告録作"極到"。王育成改録作"板到"，他認
爲，此處與下文的"奉板"是對應之辭。在道教中是書有太上老君救
命的法物名稱之一，其最著名者稱"都功板（或版）"。

〔9〕"地下禁忌，不得禁呵志訝，墳墓宅兆，營域冢郭，閅（閉）
繫亡者魂魄，使道理開通，丘墓諸神，咸當奉板，開示亡人道地，安其
尸形，沐浴冠帶。亡者開通道理"。關於此句句讀，學者多有不同。王
育成、Peter Nickerson 原釋作"地下禁忌，不得禁呵志訝，墳墓宅兆，
營（塋）域冢郭，閅（閉）繫亡者魂魄，使道理開通，丘墓諸神，咸
當奉板，開示亡人道地，安其尸形，沐浴冠帶，亡者開通道理"。白彬
改讀作"地下禁忌，不得禁呵，志訝墳墓宅兆。營（塋）域冢郭
（椁），閅（閉）繫亡者魂魄，使道理開通。丘墓諸神，咸當奉板，開
示亡人道地，安其尸形，沐浴冠帶亡者，開通道理"。他認爲，"志訝
墳墓宅兆""志訝冢宅"之語，亦見於其他買地券。作"志訝墳墓"
"志訝丘墓""志訝冢宅"。本券及其他券屢次提到的"志訝"，當作
"致訝"，"志"與"致"同音通假，意謂致使死者的墳墓宅兆受到驚
擾、干擾。魯西奇録作"地下禁忌，不得禁呵志訝。墳墓宅兆，營域冢
郭，閉繫亡者魂魄，使道理開通，丘墓諸神，咸當奉板，開示亡人道
地，安其尸形，沐浴冠帶。亡者開通道理"。今參校各家録文，録文如
上。"閅"，原報告録作"閅"，未有釋文。據王育成考證，此字當即
"閉"的異體字。魏《石門銘》、隋《張喬墓志》均作"閅"，皆"閉"
之異文。

〔10〕"至三會吉日，當爲丘丞諸神，言功舉遷，各加其秩禄，如天曹科比"，古代墓葬觀念認爲，如果冢墓安穩，便利生人，説明冢墓神靈恪盡職守，就要對其言功，否則就治罪。如券文所述，三會吉日爲丘墓之神言功請賞。"三會日"，是道教中的重要節日。《赤松子章曆》説三會日是"正月五日上會，七月七日中會，十月五日下會"，道教信衆在此日上章言功，受法籙、施功德、消災禍[①]。許多重要事宜集中於此日，爲神靈言功也是其中的一項内容。所請功的對象是天帝及衆聖，"其日，天帝一切大聖俱下，同會治堂，分形布影，萬里之外，回應齊同"。所請的獎賞，《赤松子章曆·上清言功章》講有"玄都進品，上仙加爵帝秩，隨科署真，無令遺失"[②]，如券文所述也是舉遷之意。上章言功的地方是道教首領的治所，《老君音誦戒經》："三會日，道民就師治。初上章籍時，於靖前南正北嚮行立定位，各八拜、九叩頭、九搏頰，再拜，伏地請章籍訖，然後朝賀師，明慎行，如律令。"[③] 上章之類的儀式是在道教首領的主持下進行的。

〔11〕"若有禁呵，不承天法，志訝冢宅，不安亡人，依玄都鬼律治罪"，若冢墓神靈不能安穩亡人就要依玄都鬼律治罪。"玄都"，即道教中之"太玄都"或"太清玄元上三天"，簡而言之，就是"天"。《道藏·洞神部·戒律類》有《玄都律文》，券文中"玄都鬼律""地下女青詔書"當在此律文之例。

【有關問題探討】

券文中"荆州長沙郡臨湘縣北鄉白石里男官祭酒"一句，主要介紹徐副的籍貫和任職。王育成（1993）録作"界官祭酒"。王氏認爲"祭酒一名是天師道的獨有稱號"，并引《三國志·張魯傳》《三天内解經》等材料，認爲，"徐副不僅是天師道祭酒，還是某代天師親自授命的，故有'官祭酒'之稱號"。這樣解釋。將"界"字與"白石里"

---

① 張繼禹. 赤松子章曆（卷二）[M] //道藏（第11冊）. 北京：華夏出版社，2014：183.
② 張繼禹. 赤松子章曆（卷四）[M] //道藏（第11冊）. 北京：華夏出版社，2014：209.
③ 張繼禹. 老君音誦戒經 [M] //道藏（第18冊）. 北京：華夏出版社，2014：214.

連讀，成爲"白石里界"，雖不甚通達，但仍可理解。白彬校改作"男官祭酒"。并考釋認爲，"男"字所從之力，漢晉皆寫作"刀"。《西晉太康五年（284）楊紹磚券》"大男楊紹"、南京出土東晉末太元十七年（392）王彬繼室《夏金虎墓志》"男仙之衛軍參軍"，"男"字皆無不作此形。

魯西奇録作"界官祭酒"，他認爲，"祭酒"并非天師道之獨有稱號。《隸釋》卷一六在均州所見漢《中部碑》碑陰題名，首列"祭酒謝俊"，與其下之主簿、諸曹掾、門下功曹、門下游徼、門下賊曹、諸曹史等并列，顯然是郡縣吏。同時又有校官祭酒一人，里祭酒十五人。他據此推測，蓋"祭酒"本爲漢中郡乃至更廣泛地區鄉里三老之類年高德劭所擔當的鄉里職官，張魯居漢中後因之而改造纔成爲天師道所用之稱號。若然，則徐副地券中"界官祭酒"或當作"校官祭酒"，其性質當與漢《中部碑》所見之諸"里祭酒"相類。換言之，徐副之身份并非天師道之祭酒，更非"官祭酒"，而是臨湘縣北鄉白石里之里祭酒。這樣解釋并不影響對徐副是天師道徒的判斷，祇不過認爲天師道的道眾組織并未取代自漢以來的鄉里組織。當然，徐副之得任白石里祭酒，很可能與其在天師道組織中有較高地位有關。綜合以上幾家觀點，我們認爲，"祭酒"前有"官"字，當不是一般所指的鄉里職官，當還是天師道專任職官。"官祭酒"，某代天師親自授命的祭酒，即爲"官祭酒"。《三天内解經》卷上："立二十四治，置男女官祭酒，統領三天正法，化民受户，以五斗米爲信，化户百萬户，人來如云。"則"界"當爲"男"字。"男官祭酒"即《三天内解經》卷上所成天師"立二十四治，置男女官祭酒，統領三天正法，化民受户"之男官祭酒，説明徐副之性别爲男而非女也。《赤松子章曆》卷五《三月一時言功章》："黄書契令、十二月命君等男官女官"，可爲徐副生前爲"黄書契令""男官祭酒"之明證。

【主要參考文獻】

[1] 肖湘. 長沙出土南朝徐副買地券［J］.《湖南考古輯刊》第1

輯，長沙：嶽麓書社，1982：117 - 119.

〔2〕王育成. 徐副地券中天師道史料考釋〔J〕.《考古》，1993
（6）：571 - 575.

〔3〕Peter Nickerson. Taoism，"Death，and Bureaucracy in Eaily Me-
dieval China."appendix6：Texts，1996，pp. 655 - 662.

〔4〕王育成. 中國古代道教奇異符銘考論〔J〕.《中國歷史博物
館館刊》，1997（2）：25 - 50.

〔5〕黃景春. 早期買地券、鎮墓文整理與研究〔D〕. 華東師範大
學博士學位論文，2004：220 - 222.

〔6〕張勛燎，白彬. 中國道教考古（第3冊）〔M〕. 北京：綫裝
書局，2006：846 - 851.

〔7〕韓理洲等. 全三國兩晉南北朝文補遺〔M〕. 西安：三秦出版
社，2013：233 - 234.

〔8〕魯西奇. 中國古代買地券研究〔M〕. 廈門：廈門大學出版
社，2014：110 - 112.

劉宋元嘉十六年（439）藺謙買地磚券

【題記】

2002年10月至12月，湖北鄂州郭家細灣六朝墓出土。郭家細灣墓
地位於鄂州市司徒村，西北距六朝武昌城遺址約1500米，北距長江約
1000米。黃義軍等（2005）發表《湖北鄂州郭家細灣六朝墓》一文，
作了介紹，并附有三件券文摹本。據報告介紹，買地券3塊，依次編號
爲M8右：9 - 1至9 - 3。爲長方形墓磚，磚長31.5、寬15.5、厚4.5
厘米。M8右：9 - 1四面均有銘文，自正面依次嚮左側、背面、右側，
合成一券；M8右：9 - 2自右側依次向左面、左側，合成一券；M8右：
9 - 3正面及左側存銘文，合成一券。三件買地券的券主是同一個人，
而且三件一起比較整齊地擺放在同一間墓室的同一座棺床上。三件買地
券的券文內容雖寫的是同一件事，即爲同一券主置買墓地的事，但其行

文款式、內容表述、文字繁簡等，差異較大。今據摹本圖版，參校各家
著錄，重新校錄如下（圖二〇～二三）。

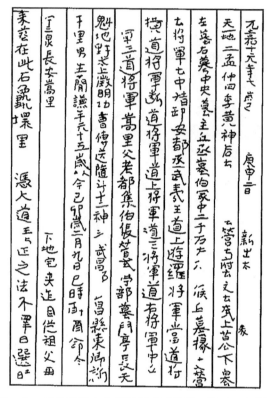

圖二〇　湖北鄂州出土蕭謙買地磚券第一券正、左摹本
（《文物》2005 年 10 期，42 頁）

【錄文】

第一券：

元嘉十六年太歲己卯十二月庚申朔二日辛酉〔1〕新出太上
老君符敕〔2〕/天一地二，孟仲四季，黃神后土〔3〕……土營土府，
土文土武，上墓下墓，/左墓右墓，中央墓主，丘丞墓伯，冢中二千石，
左右冢候，丘墓掾史，營/土將軍，土中督郵，安都丞〔4〕，武夷王
〔5〕，道上遊羅將軍、當道將軍，/橫道將軍，斷道將軍，道上將軍，

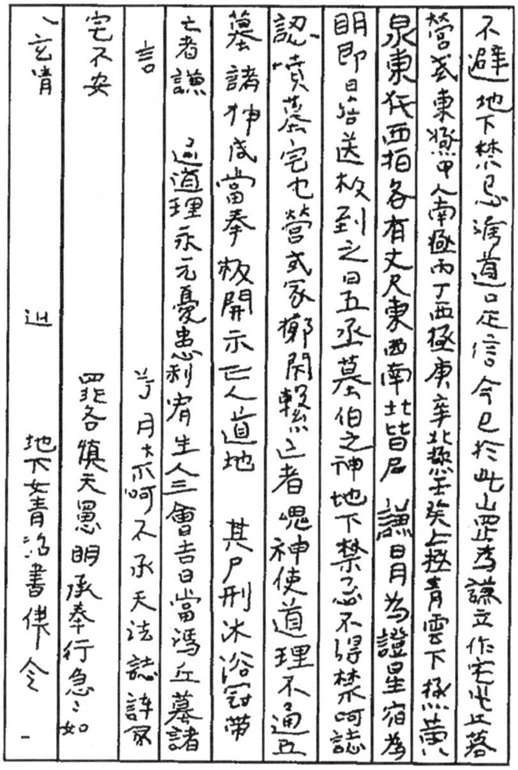

不避地下禁忌清道□足信今巳於此山罡爲謙立作宅此丘塚

營武東燳甲人南凾兩丁西後東辛換圭癸上扐青雲下撅黃、

泉東伐西栢各有丈尺東西南北皆尸　謙月爲證星宿券

明即日沽送板到之日五丞墓伯之神地下禁忌不得禁呵誌

認憤蒸宅它營武家椰開轠勬立者嵬神使道理不通丘

墓諸伸戌當奉板開示亡之道地　其尸刑冰浴它帶

言　　過道理永元憂患剎宥生人三會吉曰當馮丘墓諸

亡者謙　　芋月木呵不承天法誌許眾

宅不安　　罷各慎天愚明承奉行急急如

入玄清　　迌　　地下女青詔書佽令　一

圖二一　湖北鄂州出土蔺謙買地磚券第一券背、右摹本
（《文物》2005 年 10 期，42 頁）

道左將軍、道右將軍、中道/［將］軍三道將軍，蒿里父老，都集伯悵，營域〔6〕亭部，墓門亭長，天/魁地罡、太上徵明、功曹、傳送隨斗十二神等。武昌郡武昌縣東鄉新/平里男子蔺謙，年六十五歲，以今已卯歲二月九日巳時，醉酒命終，身/歸三泉，長安蒿里……下，地宅夾迚〔7〕，自從祖父母/來葬在此石龜壞里……憑大道□正之法，不擇日選時，/不避地下禁忌，惟道是信。今已扵此山罡爲謙立作宅兆。丘墓/營域，東極甲乙，南極丙丁，西極庚辛，北極壬癸，上極青雲，下極黃/泉〔8〕。東仟西佰，各有丈尺。東西南北，皆屬謙。日月爲證，星宿爲/明，即日葬送。板到之日〔9〕，丘丞墓伯之神，地下禁忌，不得禁呵志/認。墳墓宅兆，營域冢槨，悶繫亡者魂神〔10〕，使

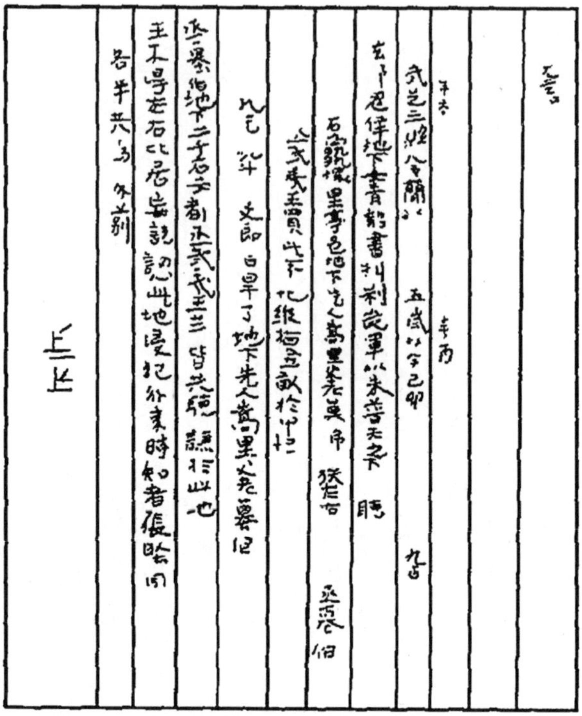

圖二二　湖北鄂州出土蕭謙買地磚券第二券摹本

（《文物》2005 年 10 期，43 頁）

道理不通，丘/墓諸神咸當奉板，開示亡人地道，安其尸刑，沐浴冠帶，/亡者謙開通道理〔11〕，永無憂患，利宥生人。三會吉日，當爲丘墓諸/神，言功舉遷，各加其秩祿，如天曹科比。若有禁呵，不承天法，志訝/冢宅，不安亡人，依玄都鬼律治罪，各慎天憲，明承奉行。急急如/太玄清元上三天無極大道、太上老君地下女青詔書律令。/靈座前〔12〕

第二券：

元嘉〔13〕/十六年太歲己卯十二月庚申朔二日辛酉武昌郡/武昌縣□邑□縣令蕭謙六十五歲，以今己卯歲二月九日巳時沒故。/玄都鬼律，地下女青詔書刑制：亂軍以來，普天之下，

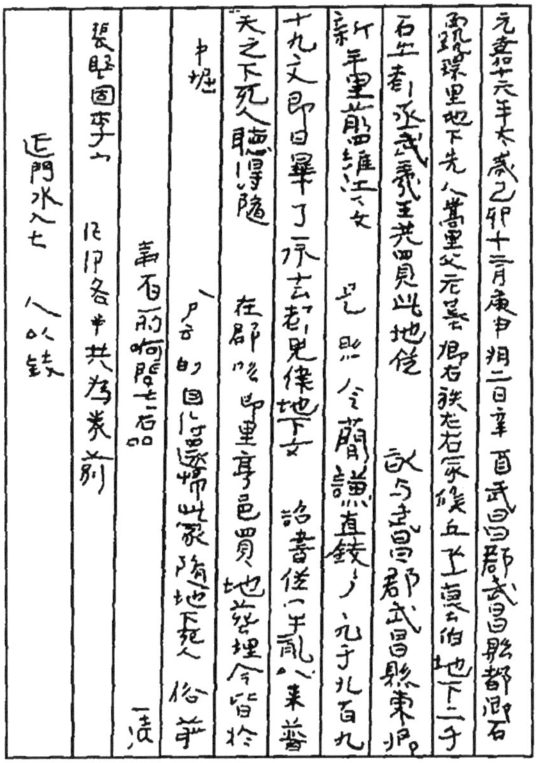

圖二三　湖北鄂州出土蕭謙買地磚券第三券摹本
（《文物》2005 年 10 期，43 頁）

死 人 聽 隨 生 人 所 在 郡 縣 葬 埋 /……石龜環里亭邑，地下先人，
蒿里父老，墓鄉右秩，左右冢候， 丘 丞墓伯， 安 都 丞，/武夷王，買
此冢地。縱廣五畝，於中 掘 葬 埋 謙尸喪， 顧 錢 萬 萬 /九 千 九百
九十 九 文，即日畢了。地下先人，蒿里父老，墓 鄉 右秩， 左 右 冢
候， 丘 丞墓伯，/地下二千石，安都丞，武夷王，并皆共聽謙扵此地
中 掘 土 作 冢 葬 /埋。/不能左右比居，妄志認此地，侵犯□□。知
者張堅國、李定度，沽/酒各半，共爲券莂。/座前〔14〕。

第三券：

　　元嘉十六年太歲己卯十二月庚申朔二日辛酉，武昌郡武昌縣都鄉石/
龜環里地下先人，蒿里父老，墓鄉右秩，左右冢候，丘丞墓伯，地下二千/石，安都丞，武夷王：共買此地，從⃞廣⃞五⃞歆，與武昌郡武昌縣東鄉/新平里前羅江□□邑縣令蕭謙，直錢［萬萬］九千九百九/十九文，即日畢了。承玄都鬼律，地下女青詔書：從軍亂以來〔15〕，普/天下之死人，聽得隨⃞生⃞人⃞所在郡縣鄉里亭邑買地葬埋〔16〕。今皆扵/□中掘⃞土⃞作⃞冢⃞葬埋，□□的自得還歸此冢，隨地下死人俗□/……違者，□呵問左右□……⃞時⃞知⃞者/張堅固、李定⃞度，⃞沽⃞酒各半〔17〕，共爲券莂。/……延門水入土……人，以錢⃞半⃞百，⃞分⃞券⃞爲⃞明，⃞如⃞律⃞令。/

【校釋】

〔1〕"⃞元嘉十六年⃞太歲己⃞卯⃞十⃞二⃞月庚申⃞朔二日辛⃞酉"，原簡報摹本多有殘缺，作"太歲己⃞卯⃞十⃞二⃞月庚申⃞朔二日辛⃞酉"，"庚申"下奪"朔"字。張傳璽補録作"［元］嘉十六年［太］歲己卯十二月庚申朔二日辛酉"，今從張氏之説。

〔2〕"新出太……敕"，簡報殘缺甚多，録作"新出太……敕"。張傳璽補録作"新出太⃞上⃞老⃞君⃞符⃞敕"。張氏所補爲是，同時期的《徐副買地券》即作"新出太上老君符敕"。"太上老君"，原本是道教對老子的尊稱，或説是老子的尊號，奉爲主要天神。東晉以後，道教人士托言道教創始人張道陵自稱"新出太上老君"。"符敕"，道教驅使鬼神的命令。"敕"，原義爲"誡飭""告誡"。漢代，凡官長告諭僚屬，尊長告諭子孫，都稱"敕"。南北朝以後，始專稱君主的詔命。道教將"符"與"敕"組合，用於教主。

〔3〕"黃神后土"，道教的兩位重要神靈。遠古謂天神地祇爲"皇天后土"。如，《尚書·武成》："厎商之罪，告於皇天后土，所過名山大川。"至後代，"皇天"與"后土"作爲對應詞仍在使用。《左傳·僖公十五年》："皇天后土，實聞君之言。"當然，"黃神"作爲黃帝的代稱在西漢時期已經廣泛使用，而且與巫術迷信相聯繫。《淮南子·覽冥

訓》:"西老折騰,黃神嘯吟。"高誘注:"黃帝之神傷到之衰,故嘯吟而長嘆也。"魏晉時期黃神日漸道教化、神仙化,據說能夠驅鬼避邪,鎮妖逐獸。有人登山,要佩帶"黃神越章"之印。稍後,"黃神"與"后土"作爲一對對應詞被引用入買地券文中,爲主死人事神靈之一。

〔4〕"安都丞",漢晉以前的文獻不見記載,南北朝以後的文獻也鮮見,且乏緒統。但從出土材料看,自西漢初年至南朝的墓中多有記載"安都丞"的地券,且自漢以後的出土材料中,"安都丞"與"武夷王"并見,這反映出在古人眼裏,二者在神格上有一定的相似性。據研究,地券上的"安都"不是陽世地名,爲虛擬的地名,簡言之,意即"地下"或"土地";則"安都丞"當爲"地下丞"或"土主",也是虛擬的,其土地神的意義十分明顯,表現的是人們對死後世界的認識①。

〔5〕"武夷王",關於"武夷王"的祭祀與傳說不絶於道教典籍與非道教典籍,出土材料亦不乏見。最早記載武夷神的文獻,便是人們熟知的《史記·封禪書》及《漢書·郊祀志》等,稱爲"武夷君",祀用乾魚,漢武帝時與其他一些神祇受到官方祭祀。但其淵源更早,戰國晚期楚墓出土竹簡即有"武夷"神,職責是"司兵死者"。漢代考古資料中所見到的武夷神,最重要的應爲馬王堆三號墓所出的"太一避兵圖"帛畫,畫中一神,手執武器,頭戴山形冠,題記名之曰"武夷子",其爲武神的性質甚爲明顯。東漢時,武夷神的性質已發生了變化,成了一般的地下神,且都稱作"武夷王"。比起戰國及西漢早期的"武夷君"和"武夷子"來,似乎更受人尊崇,但實際上已從戰爭之神淪爲一般的地下神,并被納入道教神仙譜系中。"② 考慮到早期武夷神多出土於南方楚地,則武夷神應爲南方楚國或楚地神祇,後影響範圍擴大,但仍主要在南方地區,尤其在江南一帶,形成了與北方泰山神信仰圈極其相似的南方武夷神信仰圈。

---

① 劉昭瑞. 嬋女地券與早期道教的南傳 [C] //考古發現與早期道教研究. 北京:文物出版社,2007:325.

② 劉昭瑞. 嬋女地券與早期道教的南傳 [C] //考古發現與早期道教研究. 北京:文物出版社,2007:326.

〔6〕"塋域"，當寫作"塋域"。摹本作"管或""營或"，均爲"塋域"之誤。《孝經·喪親章》"卜其宅兆而安厝之"。李隆基注："宅，墓穴也；兆，塋域也。"

〔7〕"下，地宅夾迮"，張傳璽録作"下地宅夾迮"，今據《徐副買地磚券》"副先人丘者，鸞墓乃在三河之中，地宅侠迮，新創立此，本郡縣鄉里立作丘冢，在此山塿中"，句讀改釋如上。"夾迮"，即狹窄。唐慧琳《一切經音義》卷六七引《考聲》："迮，狹小也。"清朱駿聲《説文通訓定聲·豫部》："迮，俗字作窄。《廣雅·釋詁一》：'窄，陝也。'"

〔8〕"上極青雲，下極黄泉"，"青雲""黄泉"，比喻天之最高處與地之最深處。兩詞最早對應使用者，有《莊子·外篇·田子方》："夫至人者，上闚青天，下潛黄泉。"道教興起以後，在用此類對應詞時，不再以"青天"與"黄泉"對應。而在買地券文中尤其如此，似有意回避"青天"一詞，初時省去形容詞"青""黄"二字。

〔9〕"板到之日"，書寫道教符敕之桃木板，稱"桃板""桃版""桃符板"，用以驅鬼、辟邪。

〔10〕"閅繫亡者魂神"，"閅"，同"閉"。《玉篇·門部》："閅，閉的俗字。"

〔11〕"亡者謙開通道理"，摹本"謙"字下殘一字。《徐副買地磚券》："使道理開通。"今據此補録如上。"沐浴冠帶亡者，開通道理"，是道教科儀中度化亡人的一種説法。《洞玄靈寶道學科儀·滅度品》："命謝之時，沐浴梳理，加以冠服，望升天行。"又《赤松子章曆·開通道路章》："謹齎法信獻五方靈官，薦拔亡人魂魄，開通道路，無的窒礙。"均是講通道之人死後升仙。這一内容反映在民間墓葬觀念中則是希望墓主能夠在丘墓諸神的照顧下順利升仙、進入福堂，有一個好的歸宿。

〔12〕"靈座前"，"靈座"，靈位，供奉神主處。《南史·張裕傳》附張永："服制雖除，猶立靈座。""靈座前"，亦稱"座前"。如，《嬭女買地石券》："時有張堅固、李定度，沽酒各半，共爲券前。座前。"

凡南朝時期用大型磚石製作而上有"靈座前""座前"字樣的買地券，都有墓志的意義。

〔13〕"元嘉"，張傳璽認爲，將皇帝的年號也就是券文的開頭文字不刻在券磚的正面，而刻在右側，顯然是風水先生的誤刻，所以又將"十六年"改開到正面。全部券文的行次凌亂，字迹潦草。

〔14〕"座前"，摹本中此二字不可識，在《嫺女買地石券》末行的相同位置刻有"座前"二字，券文有多處與本券雷同，似兩券有共同的樣本或底本，因之此制頗可參考，此二字可能就是"座前"。在第一券的頂部雖亦刻有"靈座前"三字，其意義相同，但所刻位置不同，又多一"靈"字，且券文風格與本券迥異，當屬另有樣本或底本。此二字當不會是"靈座前"三字。但有一點也值得考慮，就是本券的兩字雖似"座前"二字的殘迹，可是也極像是繁體"靈"字的殘筆，從其字體寬大、筆畫平直來看，說是"靈"字也很可信。如此推定可以成立，則說這是"靈座前"三字的殘筆也有可能。此外，還有一個原因，就是《嫺女買地石券》兩券的殘損也比較嚴重，"座前"二字之上不遠處，就已殘損，是否其上還缺損了一個"靈"字也未可知，此事當做深入研究。

〔15〕"從軍亂以來"，"軍亂"應指東晉末孫恩、盧循之事件，具體而論，應是盧循事件。這一句特別值得注意。讀者從"軍亂以來"一詞，很容易聯想到兩晉之際中原及江左戰伐頻仍，士人紛紛轉徙嶺南之史事，所謂"永嘉草草，蒼黃南渡"。并且聯繫廣州地區曾墓出土"永嘉世，九州荒，餘廣州，平且康"等銘文墓磚以佐證云云。這種認識固然不誤，但要具體到本文所考之地券，"軍亂"應指東晉末孫恩、盧循之事件，具體而論，應是盧循事件。

〔16〕"聽得隨生人所在郡縣鄉里亭邑買地葬埋"，摹本作"聽得隨□□□在郡縣鄉里亭邑買地葬埋"，殘缺甚多。今據《嫺女買地石券》"普天下死人，皆得聽隨生人所在郡縣葬埋"，補録之。"郡縣鄉里亭邑"，爲當時地方上的大小政區。關於郡縣鄉里，學術界無大爭議。關於"亭"，爭議頗多，主要是因爲以"亭"爲名者功能多而

複雜，主要功能有政區、治安、郵驛等事。關於這些功能在文獻和漢簡中多有例證。如，《漢書·百官公卿表上》：“大率十里一亭……十亭一鄉……縣大率方百里，其民稠則減，稀則曠，鄉、亭亦如之。”又同書《鮑宣傳》卷七十二：“（宣）行部乘傳去法駕，駕一馬，舍宿鄉亭。”其説皆可信。皇太后、皇后、公主的封區曰邑；城鎮村落亦有俗稱邑者。

〔17〕“張堅固李定度，沽酒各半”，摹本殘字較多。《嫺女買地石券》作“時知者，張堅固、李定度，沽酒各半”。據此補録如上。此爲買地券中較早有張堅固、李定度共同出現者。張堅固（張堅古）、李定度（李定杜）二人，一般論者多以虚擬視之，或亦此二人之分别爲張姓、李姓，當與道教之尊崇張陵及老子李聃有關，不無道理。然今見東漢鎮墓文及東漢、三國與兩晉買地券均無張堅固、李定度，至《王佛女買地券》，方見有“張亢狼”；至此券，始見張堅固、李定度共稱者。考慮到《王佛女買地券》中“張亢狼”與守墓神王子喬（僑）同見并列，以及“堅固”“定度”（“堅故”“定土”當爲此二名之異寫）之名稱的内涵，此二神當是守墓神。此券文中的神人張堅同、李定度，乃是以見證人的身份出現，俱爲虚擬人物，此類例甚多。至今所發現地券有此二名之較早者，尚有《嫺女買地券》，券末稱：“時有張堅同、李定度，沽酒各半，共爲券莂。”黄景春《地下神仙張堅固、李定度考述》考釋説：“‘堅同’，當是著眼土地買賣成交後固若金石，不得反悔……‘定度’之‘度’，是計量長短的器具和標準。……‘定度’就是確定丈量土地的標準，取意是土地度量準確。這樣的名字，都是强調土地買賣的合法性和可靠性，讓死者確信冢墓是自己買來的合法家宅。”① 該説有一定道理，可參考。

【有關問題探討】

張傳璽（2008）撰寫《南朝宋萠謙“一室三券”研究》，對買地券

---

① 黄景春. 安都丞與武夷君 [C] //考古發現與早期道教研究. 北京：文物出版社，2007：325.

的鐫刻情況作了介紹。據張氏介紹，三件買地券都是用長方形墓磚製成，略經人工打磨，有字處的正背兩面均刻有竪行 8 格，左右兩側均刻劃有竪行 2 格，格與字都是用鐵錐刻劃的，尚稱工整，每行約 20 多字，最多的 26 字，少的僅 14 字。

　　魯西奇（2014）認爲，此三方墓券，就其内容而言，M8 右：9 - 1 側重於 "鎮墓"，行文與上揭長沙所出徐副買地券頗接近，幾可互相對校。M8 右：9 - 2 與 9 - 3 各有殘缺，然由現存文字揣測，二者原有文字當基本相同，其内容側重於 "買地"。换言之，M8 右：9 - 1 相當於羅振玉以來學術界通稱之 "鎮墓券"，而 9 - 2 與 9 - 3 則相當於一般意義上 "買地券"。

　　如何理解 "一室三券" 現象？要解決這個問題，重點在於對三券券文進行比較準確的釋讀。應當説：在一般情況下 "一室一券" 應是買地券用量的習慣制度。可是一室多券的情況也是存在的。如，《嬭女券》就是 "一室二券"。關於 "一室三券" 之例極其少見，《蕳謙買地券》之例是目前僅見者。爲什麼會有這種特例出現，在没有更多的資料的情況下，還不易説明白。羅振玉（1914）曾推測漢代墓葬中或 "并藏" 鎮墓與買地二券①。雖然至今未在漢代墓葬中發現二券并存的情況，然此墓之發掘，證明兩種性質的墓券并存一墓之中是可能的。唯此種情況是漢代以來之故例，抑南朝或南方地區演變之異形，則無以確知。

【主要參考文獻】

[1] 羅振玉. 貞松堂集古遺文・鉛券（卷 一五）[M]. 北京：北京圖書館出版社，2003：358 - 360.

[2] 黄義軍，徐勁松，何建萍. 湖北鄂州郭家細灣六朝墓 [J].《文物》，2005（10）：34 - 46.

[3] 張傳璽. 契約史買地券研究 [M]. 北京：中華書局，2008：261 - 283.

---

① 羅振玉. 貞松堂集古遺文・鉛（卷一五）[M]. 北京：北京圖書館出版社，2003：360.

［4］魯西奇. 中國古代買地券研究［M］. 厦門：厦門大學出版社，2014：112 - 116.

北魏太安三年（457）尉遲定州買地石券

【題記】

2010 年 9 月，大同市陽高縣王官屯鎮上泉村東南高壓綫鐵塔基座施工時發現一座古代墓葬。墓頂在施工中遭到破壞，暴露出墓室内石槨。經調查，此墓爲一座北魏時期的長斜坡墓道單室磚墓。封門石高122、寬66、厚6 厘米。石面未經磨光，尚存許多斧鑿斜痕。

大同市考古研究所（2011）對這一墓葬進行了搶救性發掘，發表了《山西大同陽高北魏尉遲定州墓發掘簡報》，做了較翔實的報道。殷憲、劉俊喜（2011）對墓主、下葬時間，以及券文字詞等進行了考釋。郝軍軍（2014）對於墓主身份進行了詳備的考證。黄景春（2018）有録文，并對有關問題作了探討。此買地券刻於封門石外側中部，共 6行，每行至多21字，末行最少，爲 9 字，共 97 字。今依據拓本圖版，參校各家著録，重新校録如下（圖二四）。

【録文】

太歲在丁酉，二月辛巳朔，十六日丙申〔1〕，/步胡豆和民〔2〕莫堤〔3〕尉遲定州〔4〕，以官絹六匹〔5〕，從六臣常買/得、初文侯莫陳染干〔6〕買磚八千枚，即日畢了。磚保無/識忍寒盗，若有識忍呵責，仰買得葬自至地下七春，/洛書斷了，券破之後，若不丕休。/時人張堅固、李定度知〔7〕。/

【校釋】

〔1〕"太歲在丁酉，二月辛巳朔，十六日丙申"，這是買磚修墓和墓葬完成、埋葬墓主的大致時間。在北魏時期，歲在丁酉的年份有三個，一是道武帝拓跋珪皇始二年（397），二是文成帝拓跋濬太安三年

圖二四　山西大同出土尉遲定州買地石券原券
（《文物》2011 年 12 期，48 頁）

（457），三是孝明帝元詡熙平二年（517）。皇始二年正是太祖道武帝拓跋珪定都平城并稱帝登基的前一年，因此在平城近畿地區安葬朝臣的可能性不大，遷都洛陽之後的熙平二年，平城出現墓葬的概率也不大。更重要的是，經查陳垣《二十史朔閏表》，"皇始二年二月"的朔日是"己巳"，"熙平二年二月"的朔日是"壬辰"，都與此券文不合，祇有"文成帝太安三年"的二月朔日的干支是"辛巳"，與此刻所記吻合。朔日是辛巳，十六日便是丙申了。由此可知此墓葬建成的大致時間爲北魏太安三年。

〔2〕"步胡豆和民"，即步胡豆和人。"步胡豆和"，應爲郡縣名稱的鮮卑語，由今大同西北右玉縣境內蒼頭河的北魏災豆渾水胡語名，"步胡豆和"爲"步胡頭河"的語譯。

〔3〕"莫堤"，是墓主人的官職，相當於刺史，或者可能是侍郎

的鮮卑語。《北魏延興二年（472）的申洪之買地券》："是以詮才委任，甫授東宮莫堤。""東宮莫堤"，是東宮屬官之一，關於它的品秩，《南齊書·魏虜傳》："俟懃地何，比尚書。莫堤，比刺史。郁若，比二千石。受別官比諸侯。"① 侯旭東《北魏申洪之墓志考釋》中徵引北魏正光三年（522）郭定興墓志："父諱沙，庫部莫堤，濟陰太守。"侯氏認爲，庫部莫堤可能是庫部侍郎，東宮莫堤亦可能是東宮侍郎②。

〔4〕"尉遲定州"，簡報認爲此當是墓主姓名，引《魏書·官氏志》考訂知尉遲氏是與中原傳統的崔、盧、鄭、王等而視之的鮮卑著姓，地位很高。"尉遲定州"是人名而非地名，但此人的出生地或與定州有關。郝軍軍對此墓的墓主身份重新考訂，認爲此墓當爲女性單人葬，而墓主則不應是尉遲定州。此處存疑待考。

〔5〕"以官絹六匹……買磚八千枚"，"官絹六匹""磚八千枚"，可能是虛擬數目，但造一座墓用八千塊磚，卻與真實情況相距不遠。八千塊磚的價值相當於當時流行的幅廣二尺二寸，長四十尺爲一匹的六匹絹也應該不是子虛烏有。南北朝時期買地券中常見用例。《北魏延興二年（472）申洪之買地石券》："買地廿頃，官絹百疋，從來廿一年，今洪之喪靈，永安扵此，故記之。"《北魏延昌元年（512）孫撫買地券》："并州故民孫撫、孫撫妻趙醜女用銀錢一萬，買墓地四方十頃，上下諸官，莫橫使侵奪。"

〔6〕"從六臣常買得、初文侯莫陳染干"，是兩位磚窰主。如果這兩個人名不是虛擬的。那麼"六臣"和"初文"，既可能是村名、窰名，也可能是低級官職名。"買得""染干"都是當時的慣用人名。如，丹陽王"慕容買得"、濮陽公王建的玄孫"王買得"、道武帝的舅父"賀蘭染干"等。"常"姓在北魏時并不少見，而"侯莫陳"則是北魏拓跋鮮卑部落聯盟中的一個重要成員。據《魏書·官氏志》記

① （梁）蕭子顯. 南齊書·魏虜傳［M］. 中華書局，1972：985.
② 吉林大學古籍研究所. 1-6世紀中國北方邊疆·民族·社會國際學術研討會論文集［C］. 北京：科學出版社，2008：221-222.

載："侯莫陳氏，後改爲陳氏"，可知，北魏時的侯莫陳氏是今天大同地區陳姓的一個主要來源。

〔7〕"時人張堅固、李定度知"，這兩位"時人"，即物券的中人、證人。這與《北魏延昌元年（512）孫撫買地磚券》中的"時人張堅顧、李定度"之"時人"完全相同，可見這是兩位虛擬的保人，實際上是古代墓葬物券中常見的護墓神。《北魏正始四年（507）張神洛買地磚券》中的"時人路善王，時人路榮孫"，恐也是護墓神的另一種習見稱呼。

【有關問題探討】

券文中"寒盜"一詞，《漢語大詞典》未收。買地券還有 2 例。《北魏太和元年（477）郭盃給買地磚券》："要無寒盜，□若有人庶忍，仰倍還本物。"①《北魏正始四年（507）張神洛買地磚券》："牠（地）保無寒盜。若有人識者，抑伏（折成）畝數，出兜好地平章。"②

關於此詞釋義，學者分歧較大。朱雷（2012）認爲是被別人呵斥爲盜竊所得，并被人認爲己有③。張小豔（2013）認爲同"訶盜"，訶斥對方（擁有之物）乃偷盜所得④。鄧文寬（2014）認爲"寒"字非其本字，似應作"譀盜"，指因憤怒而大喊，亦即怒吼⑤。魯西奇（2014）認爲，"寒盜"當即"呵盜"，指爲盜賣之意⑥。學者們對"盜寒"一詞釋義存在分歧，關鍵在於對"寒"字的釋義。

我們發現，在買地券中"盜寒"均是與"庶忍""識"等詞對舉，且二者主語區分明顯。前一詞主語蒙上文省，當是"賣主"，後者主語

① 劉慶柱. 陝西長武縣出土太和元年地券［J］.《文物》，1983（8）：94－95.
② 羅振玉. 地券徵存［M］//羅雪堂先生全集（五編，第3冊）. 臺北：大通書局，1973：1303.
③ 朱雷. 論氏高昌時期的"作人"［C］//朱雷敦煌吐魯番文書論叢. 上海：上海古籍出版社，2012：55。
④ 張小豔. 敦煌社會經濟文獻詞語論考［M］. 上海：上海人民出版社，2013：394.
⑤ 鄧文寬. "寒盜"或即"譀盜"說［J］.《敦煌研究》，2014（3）：149－151.
⑥ 魯西奇. 中國古代買地券研究［M］. 廈門：廈門大學出版社，2014：171.

是“人”，指他人。整句的意思是賣主要保證（所賣之地）不是偷盜而得，如果有人指認（爲其所有），賣主自當承擔相關責任。所以，學者們在解釋“盜寒”時，所具有的“呵斥、大聲訓斥”之義，均爲隨文增訓。

那麼，“寒盜”，當是同義連文，“盜”謂偷盜，“寒”謂搶取。考“寒”字，《説文》中作“攓”字，有拔取之義。《説文·手部》：“攓，拔取也。南楚語。從手寒聲。《楚詞》曰：‘朝攓批之木蘭。’”《小爾雅·廣詁》：“寒，取也。”宋翔鳳訓纂：“寒，通作攓。”或作“搴”。《集韻·獮韻》：“攓，亦作搴。”漢時南楚方言詞又可作“攓”字，揚雄《方言》卷一：“掃、攓、摭、挺，取也。南楚曰攓，陳、宋之間曰摭，衛、魯、揚、徐、荆、衡之郊曰掃，自關而西、秦晉之間，凡取物而逆謂之篡，楚部或謂之挺。”（清）錢繹箋疏曰：“攓者，《莊子·至樂篇》《列子·天瑞篇》并云：‘攓蓬而指’。張湛注：‘攓，拔也。’賈子《新書·俗激篇》云：‘攓兩廟之器。’《史記·叔孫通傳》‘故先言斬將搴旗之士’，索隱引《方言》：‘南方取物爲搴。’《説文》‘攓，拔取也，南楚語’，引《楚辭·離騷》曰：‘朝攓批之木蘭。’今本作‘搴’，王逸注：‘搴，取也。’《廣雅·釋詁一》同。又《九歌·湘君》曰‘搴芙蓉兮木末’，王逸注：‘搴，手取也。’‘攓’‘蹇’，并與‘攓’通。”綜上可見，“攓”“攓”“搴”“蹇”諸字并通，詞義無別。《敦煌變文字義通釋》：“寒，盜取。”《敦煌文獻語言詞典》：“寒盜的寒假藉作攓，亦作搴。”其説甚確，亦可爲證！

【主要參考文獻】

［1］大同市考古研究所．山西大同陽高北魏尉遲定州墓發掘簡報［J］．《文物》，2011（12）：4－12，51.

［2］殷憲，劉俊喜．北魏尉遲定州墓石槨封門石銘文［J］．《文物》，2011（12）：47－51.

［3］郝軍軍．北魏尉遲定州墓墓主身份再考［J］．《文物》，2014（12）：89，91.

　　［4］黃景春．中國宗教性隨葬文書研究［M］．上海：上海人民出版社，2018：394－396．

北魏延興二年（472）申洪之買地石券

【題記】

　　此券爲石刻，1940年前後於山西大同附近出土，原石目前保存在山西大同博物館的庫房内。自問世以來，學者多以墓志論之。據殷憲、殷亦玄（2016）介紹，買地券縱60、橫48厘米。與眾不同的是，志石四周加了一個高出志面1厘米的邊框，框寬2.5～3厘米①。志文分志10行，每行20字，券文3行，每行15～18字，凡236字。字體前6行爲楷隸，從第7行至10行則爲純正的方筆魏碑，後面的3行大字卻是隸意楷書。

　　最早完整披露此券的是日本學者日比野丈夫（1977），把它看作墓志，刊出了拓片圖版與釋文。1981、1982年池田温分別將其收入《中國歷代墓券略考》及增訂版中。2000年，殷憲撰文探討了該志的形制、申氏家族及少數民族情況。魯西奇（2006、2014）著録了釋文。此券對於瞭解十六國至南北朝初期申氏家族、申洪之的經歷與北魏馮太后撫育孝文帝的關繫，以及北魏初年離散部落、徙民平城後百姓的生活狀態等問題都有價值。今依據拓本圖版，參校各家著録，重新校録如下（圖二五）。

【録文】

　　君姓申，諱洪之〔1〕，魏郡魏縣人也。曾祖鍾〔2〕，前趙司徒、東/陽公，祖道生〔3〕，輔國將軍、兗州刺史、金鄉縣〔4〕侯，子孫家/焉。君少遭屯蹇，与（與）兄直懃令乾之，歸命于魏。〔5〕君識幹/强明〔6〕，行操貞敏，孝友慈仁，溫恭惠和。兄弟同居，白首/交

---

①　日比野丈夫與池田温的著録均稱該志規格是53厘米×42厘米，這應是不含邊框的尺寸。

懷，閨門怡怡，九族式軌。是以詮才委任，甫授東宮/莫堤〔7〕，將
闡茂績，剋崇世業。而降年〔8〕不遐。年五十有七，/以魏延興二年
十月五日，喪於京師。以舊墳懸遠，歸/窆理難。且嬴博之葬，蓋隨
時矣。考謀龜筮，皆稱云吉。/遂築堂於平城桑乾河南。形隨化往，
德與時著。〔9〕敢剋/斯石〔10〕，以昭不朽。/先地主文忸于吳提
〔11〕、賀賴吐伏延、賀賴吐根〔12〕、/高梨高郁突〔13〕四人邊，
買地廿頃，官絹百匹〔14〕，從來/廿一年，今洪之喪靈，永安於此，
故記之。/

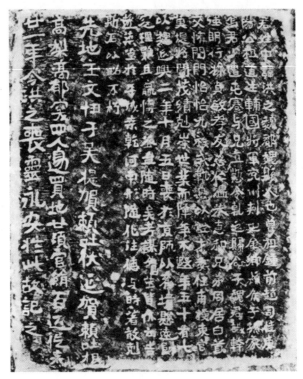

圖二五　山西大同出土申洪之買地石券拓本
（《山西大同大學學報（社會科學版）》2010 年 1 期，26 頁）

【校釋】

〔1〕"君姓申，諱洪之"，墓主申洪之，諸史無考。

　　〔2〕"曾祖鍾"，墓主曾祖父申鍾是後趙時期政治舞臺上活躍的人物，位至司徒、太尉。券文稱申鍾"前趙司徒"，所謂"前"趙似乎應理解爲"過去"，而不應理解爲劉淵所建立的前趙政權①。後趙滅亡後，申鍾站在冉閔一邊，閔死則入前燕，做過大將軍右長史。《晉書·石季龍載記》謂咸康元年（335），石虎廢石弘，以申鍾爲侍中。石虎據鄴城而起，申氏或即魏郡（治鄴，在今河南安陽西）。建武後期（342~348），石虎任用石宣、石韜，"生殺除拜皆迭日省決，不復啓"，司徒申鍾諫之。則知至遲建武後期，申鍾已升任司徒②。

　　〔3〕"祖道生"，祖父申道生，做過輔國將軍、兗州刺史，并被封爲金鄉縣侯，於是子孫定居於此。從生活時間推斷，申道生爲兗州刺史應在前燕時，封爵亦應來自前燕。道生一家於是移居金鄉，申洪之入魏前應生活在金鄉。

　　〔4〕"金鄉縣"，東漢立，兩晉時屬於兗州高平國，洛陽傾覆後，先後爲前後趙、前燕、前秦、後燕所控制，後燕亡後爲東晉劉宋所據。

　　〔5〕"君少遭屯蹇，與兄直懃令乾之，歸命於魏"，"君少遭"，日比野丈夫録作"君少曹"。具體背景不詳，不過可以肯定與元嘉八年（431）滑臺失守、申謨被北魏俘虜無關。殷憲先生推測申洪之兄弟因此事入魏③，其說恐難成立。當時滑臺爲南北方爭奪的熱點，此前南方剛從北魏手中獲得此地，顯然申謨不會將家人帶到這樣一個四戰之地。儘管此役北魏俘獲萬餘人，其中主要應是軍人與城內居民。此外，公元431年申洪之已經16歲，從當時情況看，已然不屬於少年，所謂"少遭屯蹇"應早於此。墓志中没有提到申洪之的父親，似有難言之隱，"少遭屯蹇"或與此有關，入魏的具體時間亦不清楚。其兄所擔任的"直懃令"亦不見於文獻，有待考證④。

---

① 日比野丈夫《墓誌の起源につて》，第 190 頁則理解爲"前代的趙"。
② （唐）房玄齡. 晉書·石季龍載記上［M］. 北京：中華書局，1974：2762，2776.
③ 殷憲《北魏早期平城墓銘析》，第 187 頁。日比野丈夫認爲申洪之入魏後成爲後來平齊民的前身，亦不盡確切。參見日比野丈夫：《墓誌の起源につて》，第 190 頁。
④ 羅新認爲"直懃令"或與《南齊書》卷五七《魏虜傳》提到的"國內呼内左右爲'直真'有關"，可備一說。

〔6〕"歸命於魏。君識幹强明"，日比野丈夫斷作"歸命於魏君。識幹强明"。

〔7〕"甫授東宮莫堤"，北魏平城時期東宮官屬一定有許多采用了鮮卑的官號，如東宮莫堤、東宮受比延之類。"莫堤"，日比野丈夫錄作"莫提"。"東宮莫堤"，北魏官職，是墓主死前不久纔得到的。《南齊書·魏虜傳》："又有俟懃地何，比尚書；莫堤，比刺史；郁若，比二千石；受別官比諸侯。"據此，"莫堤"應是類似於刺史的官職。實際上，北族的官稱難以和漢族的具體官職一一對應，所以《南齊書》使用了"比"的説法，祇是表明兩者有類似之處。北朝文獻中難以見到"莫堤"，目前僅見《北魏正光三年（522）郭定興墓志》："父諱沙，庫部莫堤、濟陰太守。"① 北魏墓志中出現過"東宮侍郎"之職。《永平四年（511）楊穎墓志》："祖母高陽許氏，父明月，東宮侍郎。"②

〔8〕"降年"，日比野丈夫錄作"隆年"。

〔9〕"以舊墳懸遠，歸窆理難"等句，因爲舊墳懸遠，無法返葬故里，通過占卜亦認可就地埋葬，於是在平城桑乾河南修建墓葬。"築堂"，指修建墓葬。魏晉以來的墓志中常常將墳墓稱爲"玄堂""泉堂"或"黄堂"③。墓志所説的"舊墳懸遠，歸窆理難"，實際是出於北魏朝廷的禁令。《魏書》記載，太武帝時規定"南人入國者皆葬桑乾"，這一規定應一直沿用到孝文帝時期。北魏獻文帝時占領了青齊地區後，將許多當地豪右遷到平城附近，安置在"平齊郡"內，不許返鄉，目的是爲了割斷他們與原籍的聯繫，以便北魏政權能穩定對青齊地區的統治。這一禁令到孝文帝太和（477～499）中纔被解除④。申氏儘管早年

---

① 羅新，葉煒. 新出魏晉南北朝墓志疏證［M］. 北京：中華書局，2005：95.
② 趙超. 漢魏南北朝墓志彙編［M］. 天津：天津古籍出版社，2008：61－62.
③ 例見趙超：《漢魏南北朝墓志彙編》，如《晉張朗墓志》，第11頁；《北魏元彬墓志》，第39頁；《北魏王紹墓志》，第83頁。
④ 唐長孺. 北魏的青齊土民［M］.//魏晉南北朝史論拾遺. 北京：中華書局，1983：92－122.

入魏，并非平齊民，但亦屬“南人入國者”，想必也受到這一禁令的約束，無法歸葬，不得不在平城附近下葬。接着又説“永安於此”，而没有“權厝”“暫殯”一類的説法，看來申洪之的家人確信返葬故里毫無希望。

〔10〕“斯石”，比野丈夫録作“勘石”。

〔11〕“文忸于吳提”，“文忸于氏”就是《魏書·官氏志》中提到的神元皇帝時内入諸姓中的“勿忸于氏”，該氏後改爲“于氏”。“勿忸于氏”在《南巡碑》及《孝文帝吊比干墓碑》碑陰等題名中均做“萬忸于”氏。《南巡碑》：“明威將軍斛洛真軍將内三郎萬忸于念提。”①《孝文帝吊比干墓碑》：“司衛監臣河南郡萬忸于勁”、“給事中臣河南郡萬忸于羿”、“顯武將軍臣河南郡萬忸于吐拔”與“武騎侍郎臣河南郡萬忸于澄”②。“勿”“萬”與“文”三字聲部相同，當是同音異譯。十六國北朝胡人姓名等的譯音本無定字，出現這種情况并不奇怪。

〔12〕“賀賴吐伏延”“賀賴吐根”，均出自賀蘭部。“蘭”“賴”音近，“賀蘭”“賀賴”當爲同音異譯。《魏書·官氏志》：“賀蘭氏，後改爲賀氏。”《元和姓纂》則云：“《官氏志》，賀蘭氏，賀賴氏并改姓賀。”賀賴氏，即賀蘭部族姓，可能又作賀蘭氏。《魏書》中賀氏顯要人物，有道武帝拓跋珪的生母獻明皇后賀氏。再就是獻明皇后之兄賀訥，太武帝敬哀皇后賀氏，即景穆皇太子拓跋晃生母賀氏。獻明皇后賀氏和賀訥是跟隨道武帝拓跋珪歷盡磨難并扶持道武帝建國稱帝的重要人物。《申洪之墓志》出土在平城以南地區，這裏亦有賀賴氏百姓居住。看來經過離散部落與徙民，同一部落的百姓被安置到不同地區。

〔13〕“高梨高郁突”，據周偉洲先生的提示與殷憲先生的研究，“高

---

① 張慶捷，李彪. 山西靈丘北魏文成帝《南巡碑》[J]. 《文物》，1997（12）：70－80.
② 後三人題名中“五”均做“乎”，當是訛誤。參見王昶. 金石萃編（卷二七）[M]. 北京：中國書店，1985：2－3.

梨"爲"高麗"之異寫，此人出自高麗，姓高，名郁突①。

〔14〕"買地廿頃，官絹百匹"，所購買 20 頃地，花費官絹百匹，折合五匹一頃，以一頃百畝，絹一匹合四十尺計，一畝地合絹二尺。如果折合成錢，《魏書·食貨志》：太和十九年（493）造"太和五銖"錢，通行境內，"內外百官禄皆准絹給錢，絹匹爲錢二百"，這應是一般的比值。而此前天安、皇興年間（466～470），"歲頻大旱，絹匹千錢"，屬於個別時期的異常情況。以一匹 200 錢折算，則一畝合 10 錢，地價相當低廉②。這裏土地價格不高，或許與當地土地品質低有關。據《魏書·和跋傳》記載，道武帝時和跋被處死，臨刑前，和跋對其弟說"漯北地瘠，可居水南，就耕良田，廣爲産業"。而申洪之所買的土地位於桑乾河南，即在漯水北岸。這大概就是土地價格不高的原因。另外，當時無論北魏官府或擁有土地的諸部族百姓由游牧轉爲農業生産不久，不一定充分掌握農業生産技術，難以充分瞭解土地作爲財富的潛力，這或是地價低賤的又一原因。

【有關問題探討】

關於此券的性質，甚有紛爭。日本學者比野丈夫（1977）在《關於墓志的起源》一文中，首次以《北魏延興二年（472）申洪之墓志》爲例，推測買地券可能是墓志的起源之一。

趙超（1983）在《墓志溯源》中，把其看作特殊的墓志。他認爲，這件墓志大部分內容都與一般的墓志相同。特殊的是在它的末尾記録了葬地的買賣情況。這是迄今爲止在墓志中僅有的一例。但是，能不能根據這一個特例來斷定買地券對墓志有所影響呢？趙氏認爲是不可能

---

① 殷憲. 北魏早期平城墓銘析［M］//北朝研究（第一輯）. 北京：北京燕山出版社，2000：163－192.

② 這裏不妨用《齊民要術》提供的物價做參照。《齊民要術·種榆》卷五提到榆樹種下五年後便能作椽，"不秋者，即可斫賣"小注云"一根十文"，十年後則可做各種器皿。注云"一椀七文，一魁二十"。椀即今碗字，魁指舀羹的大勺，引申爲大羹碗。《種柳》講到柳樹三年成椽，一根值八錢，一畝可種柳2160根。而《種紅藍花》說"負郭良田種一頃者，歲收絹三百匹"。儘管賈氏提供的是北魏末期的物價，亦可看出申洪之購買土地價格之低。

的。況且申洪之墓志中的土地買賣記録與買地券毫無相似之處。爲什麼申洪之墓志中要附有這一買地記録呢？趙氏進一步考論，它可能與當時特定的歷史情況有關。申洪之墓志中附加買地記録，是特殊條件的産物，不能藉此説明買地券是墓志的起源之一。

魯西奇認爲，其前半部分顯然是常見的北魏墓志，後半部分則屬於冥契。故此段文字，當由墓志與買地券兩部分組成。今綜合學者的觀點，把它歸在買地券之列。

【主要參考文獻】

[1]（日）日比野丈夫．墓誌の起源につて［C］//江上波夫教授古稀紀念論集・民族・文化篇．東京：山川出版社，1977：181－189.

[2]（日）池田温．中國歷代墓券略考［M］//東京：東京大學東洋文化研究所．アシァの社會と文化（Ⅰ）．東京大學出版會，1982：229－230.

[3]殷憲．一方鮮爲人知的北魏早期墓志［J］.《北朝研究》，1998（1）：49.

[4]山西省政協《晉商史料全覽》編輯委員會．北魏延興二年申洪之墓銘［M］//晉商史料全覽（大同卷）．太原：山西人民出版社，2006：684－710.

[5]侯旭東．北魏申洪之墓志考釋［C］//吉林大学古籍研究所．1－6世紀中國北方社會・民族・邊疆國際學術研究會．北京：科學出版社，2008：207－223.

[6]魯西奇．中國古代買地券研究［M］．廈門：廈門大學出版社，2014：136－142.

梁中大通五年 (533) 周當易買地滑石券

【題記】

1981年廣西鹿寨縣江口鄉大村六嶺坡被盗南朝墓中清理出土，色澤灰白，滑石質，縱 14.7、寬 14.3、厚 1.5 厘米，重 893 克。正面、背面、左側面均刻有券文，共 10 行，行 11～22 字，存 136 字。券文直行刻寫，由右至左順列。

1991 年以來，不斷有學者提到這件地券，但墓葬材料一直未正式刊布。1997 年 1 月，廣西壯族自治區博物館原館長蔣廷瑜赴廣西鹿寨縣觀摩該地券，獲得該地券的照片。蔣廷瑜（1999）稱儘管照片質量不高，但因爲地券保存狀況較好，其上的文字仍清晰可見。2000 年 12 月，蔣廷瑜把他當時筆錄的材料送給白彬。白彬（2006）轉錄了蔣廷瑜的釋文，加上標點，并做了進一步分析。陳俊（2007）對此券的材質、年代、墓主身份、地價等問題作了較爲全面的探討，有錄文，未附圖版。《柳州館藏文物精品》中收有此券原石的正面、側面、背面照片，甚爲清晰。今依據原石圖版，參校各家著錄，重新校錄如下（圖二六）。

【錄文】

中大通五年太歲甲寅，三月甲/申朔，十四日丁酉，〔1〕老君神符勅：/道路將軍、禁防、地下二千石、/豪里父老〔2〕、丘承（丞）墓伯：今日大化，復除道民〔3〕，/象郡新安縣都鄉治下里〔4〕没故女民周當易〔5〕，醉酒命終，今/歸里豪〔6〕，置宅在本郡縣鄉里〔7〕來會/對上〔8〕。付到，部吏營衛，皆令如法。敢有/誌訝有犯者〔9〕，先誅後奏。當安隧遷/（正面）

者〔10〕，使千年萬歲，不得干犯生人〔11〕，/（左側面）

明承奉行。如太上老鬼律令〔12〕！/（背面）

【校釋】

〔1〕 "中大通五年太歲甲寅，三月甲申朔，十四日丁酉"，今查《二十史朔閏表》，"中大通五年"的干支是"癸丑"，該年三月的朔日干支是"己丑"，三月十四日的干支是"壬寅"，皆與周氏買地券不合。歷史上祇有南朝梁武帝蕭衍使用過"中大通"這個年號，該年號一共使用了 6 年（529～534）。6 個年份中，祇有中大通六年（534）的干支

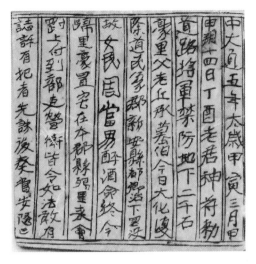

圖二六　廣西鹿寨出土周當易買地滑石券正面、側面、背面原券
（《鵝之山兮柳之水：柳州館藏文物精品》，2007年，8頁）

是"甲寅"，但中大通六年三月的朔日干支也不是"甲申"，而是"癸
未"。該年三月十四日的干支也非"丁酉"，而是"丙申"。祇有中大通
六年一月的朔日干支是"甲申"，一月十四日的干支正好是"丁酉"。
該地券出土時間和地點明確，後人偽作的可能性完全可以排除。考古出
土紀年文字材料與朔閏表不符，大致有兩方面的原因，一是當時刻券者

把年代搞錯了；二是釋讀之失。無論如何，原釋"中大通五年太歲甲寅，三月甲申朔，十四日丁酉"，顯然有問題。按照中國古代之紀時習慣，似應改釋作"中大通六年太歲甲寅，一月甲申朔，十四日丁酉"。

〔2〕"豪里父老"，參照他券之例，應作"蒿里父老"。

〔3〕"復除道民"，白彬、魯西奇作"復除道民"。陳俊録作"優（憂）除道民"。"優（憂）除道民"，文意不解。今從白氏、魯氏之説。

〔4〕"象郡新安縣都鄉治下里"，墓主生前户籍所在地。"象郡"爲秦漢時期政區，"新安縣"在南齊時期歸合浦郡管轄，此處出現建置沿革衝突。關於"新安縣"，《中國歷史地圖集》南朝齊廣州越州圖幅後稱該縣無考。阮元《廣東通志·郡縣沿革二》將其寫入合浦縣沿革。合浦郡，漢至唐初行政，位於今桂林東南、桂南和廣東西南部。唐宋時期的合浦郡，位於今桂南。"合浦縣"，漢至民國時期行政，位於今桂南。不論"合浦郡"或是"合浦縣"，在秦漢時期均屬"象郡"管轄。綜上，可以認爲"新安縣"應地處桂南，券文不用當時的"合浦郡"，而爲何沿用了"象郡"，要進一步確定其位置所在，還有待新材料的發掘整理。從死者生前户籍所在地分析，周當易應是從桂南遷到桂中或是嫁到桂中的。

〔5〕"周當易"，亡人姓名。白彬録作"（女民）周，當界（醉酒命終）"。陳俊録作"周當易"。今從陳氏之説。"周"姓，是南方瑶人十二姓之一，券文書寫"周"字與今簡體字無甚差別。

〔6〕"今歸里豪"，參照他券之例，應作"今歸蒿里"。

〔7〕"本郡縣鄉里"之"鄉"，爲埋葬地所在。白彬録作"鄉"。陳俊録作"殤"。今細辨其字，又參買地券習例，當爲"鄉"字之簡寫。今鹿寨縣江口鄉位於鹿寨縣最南端，根據券文所示，參考當時的建制沿革，當時屬桂林郡潭中縣地，所以鹿寨縣江口鄉大村六嶺坡在當時應稱作"桂林郡潭中縣鄉里"。

〔8〕"來會對上"，白彬録作"來會對（崗）上"。陳俊録作"來會對上"。魯西奇録作"來會乩上"。參照他券之例，今從白氏之説。

〔9〕“敢有志訝有犯者”，白彬錄作“敢有志誺有把者”，文意難解。陳俊錄作“敢有志誺有犯者”。魯西奇錄作“敢有志訝，有犯者（先誺後奏）”，斷句有別。今參照原版圖版，從字形筆畫來看，“誺”與“訝”字形頗爲接近，“把”與“犯”亦很相似。參照《徐副買地券》《田和買地券》等券，當釋作“敢有志訝有犯者”。

〔10〕“當安隧遷者”之“遷”，顯然是“亡”之誤釋。

〔11〕“不得干犯生人”，白彬錄作“不得于犯生人”，“于”字當作“干（忤）”字。“干犯”，冒犯；觸犯；干擾。買地券中或作“干擾”，如，《鍾仲游妻買地鉛券》：“自今以後，不得干 擾 生 人。”《漢語大詞典》收有此詞，所引書證是傳世文獻，今可補出土文獻用例。

〔12〕“如太上老君鬼律令”，當是“如太上老君律令”之誤釋。

【有關問題探討】

此券疑點頗多。首先，中大通五年（533）歲在“癸丑”，三月爲“己丑”，十四日爲“壬寅”，與券文所記全然不合。中大通六年歲在“甲寅”，然三月爲“癸未朔”，十四日爲“丙申”，亦不能相合。

其次，從文獻資料來看，南朝宋、齊、梁、陳均無“象郡”之設。或以“象郡”爲桂林郡之異稱，而宋、齊、梁桂林郡又無“新安縣”。學者頗疑其爲贗品。至細加研磨，當不屬贗僞之品。

今細考南朝至隋唐間今柳州、鹿寨、象州縣一帶政區變動，發現《隋書·地理志》始安郡“陽壽縣”下原注稱：“有馬平、桂林、象、韶陽等四郡，平陳，并廢。”此四郡之置，當即在梁、陳時。《舊唐書》卷四一《地理志四》，“象州”條云：“隋始安郡之桂林縣。武德四年，平蕭銑，置象州，領陽壽、西寧、桂林、武仙、武德五縣。”則唐初之象州很可能與梁、陳時之象郡有關。隋陽壽縣、唐象州治，即在今象州縣境内，自古無異辭。而唐貞觀間於柳州下復置有象縣，則柳州之象縣，必在象州之西北，柳州之東南，即在今洛清江與洛江匯合處之鹿寨縣江口鄉一帶。因此，《周當易買地券》所說之“象郡”當爲梁時所置，郡治當即新安縣，亦即唐代柳州所屬之象縣（非唐象州，今象州縣）。

如上所考不誤，則梁、陳時於今鹿寨縣江口鄉嘗置於象郡，至少領有新安縣。而《隋書・地理志》所記在隋時陽壽縣（治在今象州縣）境内的馬平、桂林、韶陽三郡亦皆當爲梁時所置。如果此券不僞，則券文關於年月朔日之表述的錯誤，就祇能理解爲此券的刻寫者所據曆法有誤，或屬另一系統，或本無成文的曆法，單憑推算而來，致有失誤。此種例證在民間文獻中亦頗多見，不能僅憑一點，斷爲贋品。

【主要參考文獻】

［1］廣西壯族自治區博物館．廣西考古十年新收穫［M］//文物編輯委員會．文物考古工作十年（1979－1989）．北京：文物出版社，1991：229－243.

［2］王志高，堇廬．六朝買地券綜述［J］.《東南文化》，1996（2）：49－54.

［3］蔣廷瑜．廣西壯族自治區考古五十年［M］//新中國考古五十年．北京：文物出版社，1999：330－347.

［4］張勛燎，白彬．中國道教考古（第3卷）［M］.北京：綫裝書局，2006：873－875.

［5］陳俊．柳州出土南朝買地券考［M］//《柳州市博物館文集》編委會．柳州博物館文集．南寧：廣西美術出版社，2007：168－174.

［6］柳州市博物館．柳州館藏文物精品［M］.南寧：廣西美術出版社，2007：8.

［7］魯西奇．中國古代買地券研究［M］.廈門：廈門大學出版社，2014：134－135.

第三章　隋唐宋金買地券輯注

　　本部分共收録買地券 10 件，其中隋朝 1 件、唐代 3 件、後蜀 1 件、金代 1 件、宋代 4 件。這一時期買地券進一步向全國發展，在四川和吐魯番地區也開始出現。買地券券文開始出現"維某年某月某日"的樣式。這一時期買地券的主要特點有三：

　　首先，所采用的材質有陶質、紙質、石質、磚質、木質，其中以石質、磚質爲主①。除了石質和磚質之外，木質地券在當時也非常流行。周密在《癸辛雜識》中即已經提到"今人造墓，必用買地券，以梓木爲之"。唐宋之際的喪葬改革促進了紙明器的興起，很多明器都改爲紙質，買地券自然也不會例外。早在唐代吐魯番地區就出現了紙質買地券。而且在後世，紙質買地券也廣泛得到使用，四川地區甚至發現過用來印刷紙質買地券的木版。

　　其次，在形制上主要以方形爲主，還要少量碑形。部分買地券的形狀比較獨特，或呈八棱柱形，或呈八卦形。這些特殊形制的出現和買地券本身并沒有關聯，而是可能受了其他思想的影響，八棱柱形地券就可能受到了墓幢的影響。墓幢的形狀就以八角形爲主，而且在洛陽出土的唐貞元九年墓幢中就有一面刻着買地記②。

　　最後，地券主要有三種書寫方式：一種是從右嚮左或從左嚮右豎

---

① 不過當時規範的應該是鐵質，但由於鐵質容易生鏽，不易保存。《地理新書》中要求的就是"用鐵爲地券"，一般民衆也是認可這種規範的。四川仁壽縣出土的寶慶元年（1226）陳氏中娘買地券就是石質的，但券文中卻提到"鐵券亡人陳氏收執"。

② 劉淑芳. 滅罪與度亡：佛頂尊勝陀羅尼經幢之研究［M］. 上海：上海古籍出版社，2008：131.

書；一種是單行正書雙行反書；還有一種是依據地券的形狀來螺旋書寫，這種比較罕見。之所以會出現各種不同的書寫方式，主要是爲了照顧神明特殊的閱讀習慣。

綜上所述，隋唐宋金時期買地券在材質、形狀和書寫方式上，有着一定的差別。在這些方面的一些獨特表現，很有可能是其他思想影響的結果，和買地券本身并無直接的聯繫。

隋大業六年（610）陶智洪買地陶券

【題記】

1972 年出土於湖南湘陰縣城關鎮郊外一座磚室墓的羨道中，今存湖南省博物館。隨葬買地券，陶質，火候尚高，長34、寬16.1、厚2.3厘米。正面邊上刻花草紋，中間刻有 9 行文字，各行字數不等，正書，有豎格。

熊傳新（1981）最早作了介紹，有拓片圖版，未釋文。20 世紀80 年代初，日本學者池田温曾對該券作過釋文，但其未釋之字有 20 個之多，實際上大部分都是可以釋讀出來的。而其釋文本身也存在不少的問題。張傳璽（1995）著有録文，然頗有舛誤。張勛燎（2006）據拓本圖版，校訂了釋文。魯西奇（2014）據拓本圖影，重新校釋。今依據拓本圖版，參校各家著録，重新校録如下（圖二七）。

【録文】

維大業六年太歲在庚午二月癸巳朔廿一日癸丑〔1〕，斬草。没故道民陶智洪〔2〕，今居/長沙郡臨湘縣都鄉吉陽里〔3〕，今寄巴陵郡湘陰縣治下里中東崑〔4〕太陽山買地/百畮。東至甲乙，南至丙丁，西至庚辛，北至壬癸，中央戊己，東南西北堺域。斬草訖，下靈柩，上無/淚落，下無衆石〔5〕。亡人年命壽盡，當還蒿里〔6〕。地府官人〔7〕、蒿里父老、墓鄉右秩〔8〕、左右冢侯〔9〕、丘丞墓/伯、地下二千石、安都（丞）、武夷王〔10〕、魂門監司〔11〕、墓門亭長、

圖二七　湖南湘陰出土陶智洪買地陶券拓本（《文物》1981 年 4 期，43 頁）

山林將軍〔12〕、冥府吏 等 〔13〕，今用故錢万万九千九百九十九/文〔14〕，買東陽山崗，卜其宅兆，而安厝之。生屬皇天，死屬地泉。生死異域，勿使山神、土地、五道遊君〔15〕，/葬送之日，不得更相郭導〔16〕。天地水三官，尅石爲券〔17〕。張兼固、李定渡明如奉行！券成之後，勿/使里域真官呵問亡人犯座〔18〕。畢事之後，千年不驚，万年不動。亡人安樂，子孫安隱。四時八□。□□從/生人飲食〔19〕，不得復連生人。女青制地，一如奉行。〔下空十一字〕女青照下。/

【校釋】

〔1〕“廿一日癸丑”，張傳璽録作“廿二日癸丑”，并考釋曰：“二月癸巳爲朔日，廿二日當爲甲寅，廿一日爲癸巳。本券誤。”今審驗原券拓本，“廿一”二字筆畫清晰，張氏録文錯誤，又説朔日不符，强説此券誤，則誤甚矣！王其禕、魯西奇等均録作“廿一”。

〔2〕“斬草。没故道民陶智洪”，此句的録文及斷句，學者分歧較大。張傳璽録作“斬草故道民陶智洪”。張勛燎、魯西奇録作“斬草。没故道民陶智洪”。王其禕録作“斬草溪故道民陶智洪”。“溪故”，不詞，當誤。今審驗原券拓片，“没”字筆畫清晰，張氏漏釋，王氏誤釋。魯氏録文、斷句正確。“斬草”當從前句斷句。此句句讀之關鍵，在於“斬草”一詞的詞義。據魯西奇考察，“斬草”之説，初見於相傳成書於秦漢時的堪輿書青烏子《葬經》，謂“葬不斬草，名曰盜葬”①。敦煌所出 10 世紀喪葬書《葬録》（S2263）也提到斬草，稱“既葬，不得重斬草作新冢，大凶。”② 顯然，此方買地券乃斬草時所書，所記日期亦爲斬草之日，葬日當在其後。雖然青烏子《葬經》亦記有“斬草”，然六朝買地券均未見有“斬草”之記載，可證“斬草”之俗，確有深遠淵源。

〔3〕“今居長沙郡臨湘縣都鄉吉陽里”，“今居”，池田温釋作“今審”。張傳璽釋作“命居”，從上句斷句。張勛燎録作“今□”。王其禕録作“今居”。今按，“命居”不辭，歷代買地券亦未見用例。又查驗此字及下句首字拓本圖版，筆畫清晰，當爲“今”字。王其禕、魯西奇亦均録作“今居”，可爲證。“臨湘縣都鄉吉陽里”，又見於長沙北門桂花園所出《晉升平五年（361）周芳妻潘氏衣物疏》，云：“升平五年六月丙寅朔廿九日甲午，不禄。公國典衛荆州長沙郡臨湘縣都鄉吉陽里

---

① 青烏子著；兀欽仄注. 葬經［M］.《學津討原》本，張氏照曠閣嘉慶十年刻本，第 6 頁上。

② 黄永武主編. 敦煌寶典（第 17 册）［M］. 臺北：新文豐出版公司，1981：605. 金身佳. 敦煌寫本宅經葬書校注［M］. 北京：民族出版社，2007：295 - 298.

周芳命妻潘氏，年五十八，以即日醉酒不禄。"①

〔4〕"崗"，張傳璽録作"崗"。張勛燎録作"崗（崗）"。王其禕録作"崗"；魯西奇録作"堽"。今審驗拓本，張氏爲是。"崗"，同"岡"。《正字通·山部》："崗，俗岡字。"

〔5〕"東南西北堺域。斬草訖，下靈柩，上無淚落，下無衆石"，此句録文及斷句，學者分歧較大。"東南西北"，池田温釋作"兼南西北"。張傳璽録作"東南西北堺圳，斬草訖下，立地上宅，淚落下無衆石"。魯西奇録作"東南西北堺域。斬草訖，下靈柩，上無淚落，下無罪名"。關於此句録文與句讀，有四個關鍵點，一是"堺域"，邊界。"堺"，同"界"。《集韻·怪韻》："畍，或作堺，亦書作界。""域"字，今審驗拓片字形，右旁"或"字筆畫較爲清晰，當爲"域"字。二是"斬草"句讀，及下字録文。"斬草"詞義見上文考釋，"堺域斬草"不辭。"斬草訖"，指斬草的儀式結束了。三是"靈柩"，張傳璽録作"立地"，不辭。今審驗拓本圖版，雖稍有模糊，但字形可辨，張氏録文錯誤，又引起斷句錯誤。四是"衆石"，張傳璽録作"衆石"，王其禕録作"衆石"；魯西奇録作"罪名"。今查驗拓本字形。第一字第一筆有一撇，下面與"非"差別較大，當不是"罪"字。今參校各家録文，録作"衆石"。

〔6〕"亡人年命壽盡，當還蒿里"，池田温録作"□年命壽盡"。張傳璽録作"無入果（？）命吉爲盡賞還蒿里地府官人"，張録文文意不通，不明買地券習例俗語，句讀亦錯亂甚衆。張勛燎録作"亡人畢業壽盡，當還蒿里"。王其禕録作"亡人年命壽盡"；魯西奇録作"亡人薄命壽盡"，主要在於"薄""畢""年"三字區别。今查驗拓本字形，雖有些模糊，但筆畫仍可辨識，當爲"年"字無疑。"年命"，壽命。《漢書·刑法志》："《書》曰：'立功立事，可以永年。'言爲政而宜於民者，功成事立，則受天禄而永年命。"

① 湖南省博物館. 長沙北門桂花園發現晉墓〔J〕.《文物參考資料》，1995（11）：134－136. 史樹青. 晉周芳命妻潘氏衣物券考釋〔J〕.《考古通訊》，1956（2）：95－106. 湖南省博物館. 長沙兩晉南朝隋墓發掘報告〔J〕.《考古學報》，1959（3）：75－107.

〔7〕“地府官人”，學者録文分歧主要在第三字。張傳璽、魯西奇録作“地府官人”。王其禕録作“地府宫人”。今審核拓本圖版，筆畫模糊難辨。且“官”“宫”字形相近，增加了辨認的難度。今據漢晉買地券習例，此處與下文均是道教地下官吏名，當爲“官”字。

〔8〕“墓鄉右秩”，學者録文分歧主要在第二字和第三字。第二字，張勛燎録作“卿”，其他學者均録作“鄉”，兩字繁體極爲相似，易混。今審驗拓本，字形筆畫清晰，左邊“乡”旁清晰，當爲“鄉”字。第三字，張傳璽、魯西奇録作“墓鄉有秩”。張勛燎録作“墓卿右秩”。今查驗拓本字形，下文“右”字較爲清晰，兩字運筆相似，當爲一字。

〔9〕“左右冢侯”，張傳璽釋作“左右界侯”。張勛燎、魯西奇録作“左右冢侯”。今查驗拓本字形，筆畫較爲清晰，當爲“冢”字無疑。湖南長沙出土《徐副買地磚券》：“新出太上老君符敕天一、地二……丘丞、墓伯，冢中二千石，左右冢侯……安都丞，武夷王，道上游羅將軍、道左將軍、道右將軍三道將軍。”可爲其證。

〔10〕“安都（丞）、武夷王”，張傳璽録爲一詞“安都武夷王”，考釋曰：“安都，都下當有‘丞’字。‘安都丞’爲冥間官吏之一。”張氏所言有合理地方，亦有可商之處。張勛燎録作“□都武夷王”。王其禕録作“安都武夷王”。魯西奇録作“安都、武夷王”。今按，漢晉以來的買地券中，“安都丞”與“武夷王”并見，這反映出在古人眼裏，二者在神格上有一定相似性。如，《徐副買地磚券》：“新出太上老君符敕天一、地二……丘丞、墓伯，冢中二千石，左右冢侯……安都丞，武夷王，道上游羅將軍、道左將軍、道右將軍三道將軍。”

〔11〕“魂門監司”，池田温録作“魄門監司”。張傳璽録作“□門監司”。張勛燎録作“魂門監司”。王其禕補作“魂門監司”。今審驗拓本圖版字形，“鬼”字筆畫較爲清晰，當爲“魂”字無疑。

〔12〕“山林將軍”，張傳璽、魯西奇録作“山林將軍”。張勛燎録作“山林□□”。王其禕録作“山林釋□”。今審驗後兩字拓本圖版，前字模糊，依稀可辨或爲“將”或爲“釋”，後字不可辨識。漢晉以來買地券冥府官吏中常見“將軍”，未見“釋□”者。

〔13〕"冥府吏 等 "，池田温、王其禕録作"冥府吏等"。張傳璽録作"兵府吏□"。張勛燎録作"冥府吏君"。魯西奇録作"冥府吏□"。各家分歧關鍵是首字和末字的辨認。今審驗拓本字形，結合字形筆畫和語境語義，首字當爲"冥府"。末字殘損，但從筆畫走勢依稀可辨"等"字輪廓。

〔14〕"今用故錢万万九千九百九十九文"，"今用雇錢"，張傳璽、魯西奇録作"今用雇錢"；張勛燎録作"今□（故?）用錢"。今查驗拓本字形，左旁"古"字筆畫清晰，右偏旁最後一筆長捺清晰，當爲"故"字。"顧""故"音同藉用。"万万九千"，張傳璽、魯西奇録作"万九千"；張勛燎録作"万万九千"。今查驗前一字拓本圖版，其下有一重文符號，前三家漏釋。當時"萬"字已有簡化體，今照録原拓文字，不改繁體。漢晉以來買地券中冢地價格常見"顧錢"之語，未見"故錢"者。

〔15〕"勿使山神、土地、 五 道遊君"，池田温録作"勿從山神、土地五道，趙葬送之日君"，連下文斷句。張傳璽録作"勿延山川。山地□道（?）遊（?）番"；張勛燎録作"勿使山神、土地、 五 道遊君"；魯西奇録作"勿使山神土地、五道遊□"。各家既有文字隸定差異又有句讀不同。關鍵點三：一是"山神"還是"山川"？二是"土地"還是"山地"？三是"五道遊君"還"□道遊番"？今審驗"山"後之字拓本字形，筆畫清晰，當爲"神"字。"山神"，當即"泰山神"，掌大卜人民之生死。又"地"前之字拓本字形，當是"土"字。"土地"，當即"土地神"又"道"前一字拓本字形，當是"五"字。"遊"及後一字，拓本字形，雖有些模糊，但兩字筆畫還是可以分辨，前一字當爲"遊"，非"趙"字，後一字當爲"君"，非"番""軍"字。

〔16〕"葬送之日，不得更相鄣导"，張傳璽録作"葬送之，□不得更相鄣导"，考釋曰："葬，同葬。《直音篇・艸部》：'葬，與葬同。'"張勛燎録作"葬送之日，不得更相鄣导（障碍）"。王其禕録作"葬送之日，不得更相鄣导"。魯西奇録作"葬送之日，不得更相鄣碍"。今

查驗首字拓本，張氏錄文確，但後面斷句錯誤。“之”後字，今審驗拓本，此字筆畫清晰，當爲“曰”字。今據末字拓本，當錄作“㝵”。㝵，同“碍”“礙”。《集韻·代韻》：“礙，《説文》：‘止也。’《南史》引《浮屠書》作㝵。”

〔17〕“天地水三官，剋石爲券”，張傳璽錄作“天地水三官刓石爲券”。張勛燎錄作“天地水三官，刓（刻）石爲券”。魯西奇錄作“地水三官，剋石爲券”。今審驗“石”前字拓本圖版，結合文意，魯西奇錄文最佳。“剋”，通刻，銘刻之義。《三國志·吳志·賀齊傳》裴松之注引《江表傳》：“謹以剋心，非但書諸紳也。”

〔18〕“勿使里域真官呵問亡人犯座”，張傳璽錄作“□使域吏官可問三人犯座”。張勛燎錄作“勿使里域真官呵問亡人犯座”。魯西奇據唐朱法滿《要修科儀戒律鈔》所錄衣物疏樣式，連下文錄作“勿使里域真官訶問。亡人祀瘞畢事之後，千年不驚，萬年不動”。各家分歧有以下五處：“真”與“冥”“吏”；“可”與“呵”“訶”；“三”與“亡”；“犯”與“祀”；“座”與“瘞”。今審驗拓本圖版，筆畫基本清晰，當爲“真”“呵”“亡”“犯”“座”。據魯西奇考察，勿予禁呵的規定，亦見於六朝買地券。如，《徐副買地券》與《蕭謙買地券》均有“板到之日”與本券“券成之後”之義略同，則本券所謂“里域真官”當即等同於所謂“丘墓之神”之類地下神祇。

〔19〕“四時八□。□□從生人飲食”，張傳璽錄作“四時［爲信］，□壽□生人飲食”。張勛燎錄作“四時八節，□許從生人飲食”。魯西奇錄作“四時□□。□□生人飲食”。今審驗拓本圖版，此句中間五字模糊，經仔細辨認，首字“八”筆畫較清晰，第二字混爲一團，難以辨識，第三字從殘存右旁似“度”字，與“聽”字右旁明顯不同。第四字模糊難辨，第五字“從”基本可識。今依據拓本，參校各家錄文，重新校錄如上。

【有關問題探討】

關於此券的特點及價值，王其褘、周曉薇（2007）評述説：“隋代買地券石刻迄此一例，且爲江南物，北方未見，因不能考詳一時代之制度大端，然於此券或可稍窺其一斑。此立券時間之年月日及干支名稱，但未及墓地買主與賣主姓名，有所買墓地翔實地理位置、面積、四界及券價，亦有交易與擔保締約，以及假神道以護法權而‘爲亡者居室之執守’之期望，其中受道教影響的神仙化與玄虛化因素已相當濃厚。”讀者可參。

【主要參考文獻】

［1］熊傳新. 湖南湘陰縣隋大業六年墓［J］.《文物》，1981（4）：39 – 44.

［2］（日）池田温. 中國歷代墓券略考［J］.《東洋文化研究所紀要（86 册）》，1981：277 – 278。

［3］張傳璽. 中國歷代契約會編考釋（下）［M］. 北京：北京大學出版社，1995：248 – 249.

［4］張勛燎，白彬. 中國道教考古（第 3 卷）［M］. 北京：綫裝書局，2006：875 – 878.

［5］王其禕，周曉薇. 隋代墓志銘匯考（6）［M］. 北京：綫裝書局，2007：79 – 81.

［6］魯西奇. 中國古代買地券研究［M］. 厦門：厦門大學出版社，2014：179 – 183.

唐大曆四年（769）張無價買地紙券

【題記】

1973 年出土於新疆吐魯番阿斯塔那古墓群五〇六號墓，紙質。原報告附有拓本圖影，未録釋文，定名爲《張無價買地券》。《吐魯番出土文書》第十册第 6～7 頁録有釋文，定名爲《唐大曆四年張無價買陰宅地契》。張傳璽《中國歷代契約會編考釋》亦著有釋文，定名爲“天山縣張無價買地木契”。券文朱書 14 行，行字不等，共約 217 字。今依據拓本圖版，參校各家録文，重新校録如下（圖二八）。

【録文】

維大曆四年歲次己酉十二月乙未朔廿日/甲寅，西州天山縣南陽〔1〕張府君張無/價，異域〔2〕安宅兆。以今年歲月隱便〔3〕，今龜/筮協從，相地襲吉。宜扵州城前庭縣〔4〕界西北〔5〕/角之原，安厝〔6〕宅兆。謹用五綵雜信〔7〕，買地一/畝。東至青龍，西至白虎，南至朱雀，北至玄武。/内方勾陳〔8〕，分掌四域。丘承墓伯〔9〕，封步界/畔〔10〕；道路將軍，整齊阡陌〔11〕。千秋万歲，永無咎/殃〔12〕。若輒忓犯訶禁〔13〕者，將軍停長〔14〕，收付河伯〔15〕。/今已牲牢〔16〕酒飯，百味香新，共爲信契。安厝已/後，永保休吉。知見人：歲月主者；保人：今日直符〔17〕。/故氣邪精，不得忓擾。先來居［者〕〔18〕，永避万里。若/違此約，地府主吏〔19〕自當其禍。主人内外存亡安/吉。急急如律令！/

圖二八　吐魯番烏爾塘出土張無價買地紙券拓本
（《文物》1975 年 7 期，24 頁）

【校釋】

〔1〕“南陽”，縣名，屬鄧州，治今河南南陽市。爲張無價原籍。張在西州爲官。天山縣在高昌縣西，今托克遜東北。

〔2〕“異域”，原件二字不清。孫繼民、《吐魯番出土文書》釋作“俱城”，無解。張傳璽、魯西奇釋作“異域”，今從張、魯之説。“異域”，他鄉；外地。《楚辭·九章·抽思》：“有鳥自南兮，來集漢北。好姱佳麗兮，牉獨處此異域。”王逸注：“背離鄉黨，居他邑也。”

〔3〕“以今年歲月隱便”，末兩字，孫繼民録作“隱便”，張傳璽作缺字處理。今從孫氏之録文。

〔4〕“前庭縣”，唐寶應元年（762）以高昌縣改名。

〔5〕“界西北”，孫繼民、《吐魯番出土文書》、魯西奇等録作“界西北”，張傳璽録作“□□外”。今從前者之説。

〔6〕“安厝”，安葬。《文選》晉潘安仁《寡婦賦》：“痛存亡之殊制兮，將遷神而安厝。”唐李周翰注：“謂遷柩歸葬也。”後亦指停放靈柩待葬或淺埋以待改葬。

〔7〕“五綵雜信”，“五綵”，指白、青、赤、黑、黃五種顏色，又代表東西南北中五個方位和金木火水土五行。“雜信”，雜信幣，即各種各樣的彩禮。

〔8〕“内方勾陳”，“勾陳”，即鉤陳。星官名。漢劉向《説苑·辨物》：“璿璣，謂北辰，勾陳樞星也。”《晉書·天文志》上：“北極五星，鈎陳六星，皆在紫宫中。”買地券中常見用例。如，《唐天寶六年（747）陳聰懃及其妻買地陶券》：“内方勾陳，分掌四域。”《北宋開寶七年（974）王二娘買地石券》：“内方勾陳，分爲界畔。”《北宋熙寧四年（1071）曹氏買地石券》：“中方勾陳，分掌四域。”

〔9〕“丘承墓伯”，即“丘丞墓伯”。“丘丞”，是模仿令丞之類人間官爵形成的冥府官吏，始見於洛陽出土《東漢延光元年（122）鎮墓朱書陶罐上的鎮墓文》：“生人之死易解。生自屬長安，死人自屬丘丞墓。”可見，“丘丞”形成時間較早。“墓伯”，最早見於何時，尚無定

論，重慶涪陵一座西漢早期墓中出土一件鉛梳，梳柄正反有銘文，原簡報考證爲"宜□夫妻""作佰癸墓土居"。程林泉等人（2002）研究認爲，應釋爲"宜夫妻""仁伯土居墓"，其中"伯"應指"墓伯"①。依此考證，則"墓伯"要早於"丘丞"出現，其作爲冥府官吏，自西漢初期已經在先民的信仰體系中存在了。余欣（2003）認爲，丘丞、墓伯爲掌管亡人靈魂的地下官吏②。江西金溪出土的《宋淳熙十二年（1185）胡氏二娘買地券》中，丘丞墓伯則充當了保人的角色③。而更多江西出土的宋代買地券中，丘丞墓伯主要承擔"封步界畔"或"禁切呵護"之職。如，江西臨川出土《宋淳熙二年（1175）秦秘校買地券》稱"丘丞墓伯，封步畔；道路將軍，齊整阡陌"④。江西進賢出土《宋紹定五年（1233）曾氏太君買地券》："丘丞墓伯，禁切呵護，驅彼罔象，投畀豺虎。"⑤ 這表明，丘丞、墓伯的職責主要是呵護亡靈及其陰宅，不受侵犯。

〔10〕"封步界畔"，孫繼民、《吐魯番出土文書》録作"封步累畔"，誤也。張傳璽、魯西奇録作"封步界畔"，今從張、魯之説，"封步界畔"，即管好墓地邊界。

〔11〕"整齊阡陌"，孫繼民、《吐魯番出土文書》録作"懯（整）齊阡陌"。張傳璽、魯西奇録作"整齊阡陌"。今從後者之説。"阡陌"，指田間的道路。這裏是指讓道路將軍管好田間通往墓地的道路。

〔12〕"咎殃"，災禍。漢劉向《列女傳·晉伯宗妻》："數諫伯宗，厚許畢羊，屬以州犁，以免咎殃。"《漢書·中山衛姬》："懼古人之禍敗，近事之咎殃。"

〔13〕"忏犯訶禁"，"忏犯"，孫繼民録作"杆犯"；《吐魯番出土文書》、魯西奇等録作"忏犯"。張傳璽録作"忏（干）犯"。今審驗

---

① 程林泉，韓國河．"仁土"考［C］//周天游．陝西歷史博物館館刊（第9輯）．西安：三秦出版社，2002：264 – 265.

② 余欣．唐宋敦煌墓葬神煞研究［J］．《敦煌學輯刊》，2003（1）：55 – 68.

③ 陳柏泉．江西出土墓志選編［M］．南昌：江西教育出版社，1991：560.

④ 陳柏泉．江西出土墓志選編［M］．南昌：江西教育出版社，1991：559.

⑤ 陳柏泉．江西出土墓志選編［M］．南昌：江西教育出版社，1991：571.

拓本圖版，録作“忓犯”，即“干犯”，冒犯；觸犯；干擾之義。“訶”，大聲斥責；責備。《説文·言部》：“訶，大言而怒也。”

〔14〕“將軍停長”，孫繼民、《吐魯番出土文書》、魯西奇等録作“將軍庭帳”。張傳璽録作“伯帳（長）”。今審驗拓本圖版，結合買地券習例，當録作“將軍停長”，即“將軍亭長”，指主管墓門的神煞。

〔15〕“河伯”，古代神話中的水神。《莊子·秋水》：“於是焉，河伯欣然自喜，以天下之美爲盡在己。”陸德明釋文：“河伯姓馮，名夷，一名冰夷，一名馮遲……一云姓吕，名公子；馮夷是公子之妻。”明胡侍《真珠船·馮夷》：“張衡《思玄賦》：‘號馮夷俾清津兮，櫂龍舟以濟予。’李善注引《清泠傳》曰：‘河伯姓馮氏，名夷，浴於河中而溺死，是爲河伯。’太公《金匱》曰：‘河伯姓馮名修。’……《後漢書·張衡傳》注引《聖賢冢墓記》曰：‘馮夷者，弘農華陰潼鄉隄首里人，服八石，得水仙爲河伯。’又《龍魚河圖》曰：‘河伯姓吕，名公子，夫人姓馮名夷。’唐碑有《河侯新祠頌》，秦宗撰文曰：‘河伯姓馮名夷，字公子。’數説不同。”

〔16〕“牲牢”，牲畜。祭祀時牛、羊、豕具備稱爲一牢。《詩·小雅·瓠葉序》：“上棄禮而不能行，雖有牲牢饔飱，不肯用也。”漢鄭玄箋：“牛羊豕爲牲，繫養著曰牢，謂飼養之家畜也。”

〔17〕“今日直符”，即今天輪值的主符神仙。“直符”，神名。漢王符《潛夫論·巫列》：“若乃巫覡之謂獨語，小人之所望畏，土公、飛尸、咎魅、北君、銜聚、當路、直符七神，及民間繕治微蔑小禁，本非天王所當憚也。”

〔18〕“先來居［者］”，“居”下脱“者”字，今補録。

〔19〕“地府主吏”，孫繼民、《吐魯番出土文書》録作“地府玄里”。張傳璽、魯西奇録作“地府主吏”。今從張、魯之説。

【有關問題探討】

1973年吐魯番阿斯塔那第506號墓另有兩件與該墓主人張無價有關的文書，第一件是《唐天寶十載（751）判授張無價游擊將軍告書》

（簡稱《告書》）；第二件是《唐大曆七年（772）馬寺尼法慈爲父張無價身死請給墓夫賻贈牒》（簡稱《賻贈牒》）。此外，"張無價"一名亦見於 1973 年阿斯塔那第 509 號墓《唐西州天山縣申西州户曹狀爲張無價請往北庭請兄禄事》（簡稱《請禄事》）與《唐西州道俗合作梯鐙及觀主張駕鶴作鐘記》（簡稱《作鐘記》）①。對於這幾件文書，孫繼民（1988）《唐西州張無價及其相關文書》一文有詳析，謂：張無價開元初任乾坑戍主，大約在開元二年（714）或三年（715）已被"奏充四鎮要籍驅使"，至遲在天寶十載（751）已任四鎮節度使屬下的"行官"。

從此券文得知，張無價大曆四年（769）曾於前庭縣購買墓地。又據《賻贈牒》，大曆四年（772）張便"不幸身亡"。《賻贈牒》成於六月，則張身亡日應是五月二十七日或六月二十七日。張死後，因家貧無以營葬，由其女法慈"收將在寺安養"。"准式合有墓夫、賻贈"，是法慈爲營父葬要求官府按照規定給予墓夫②和賻贈③。另據魯西奇（2014）考察，同墓又出土紙棺一具，原報告稱爲"迄今僅見的特殊葬具"，很可能也正是此墓爲遷葬墓之證。若所説不誤，則此《賻贈牒》所牒告對象當非唐朝官府，而應是地下冥府，其性質和功能或與吐魯番晉唐頻出的衣物疏相類。

【主要參考文獻】

［1］ 新疆維吾爾自治區博物館，西北大學歷史系考古專業. 1973 年

---

① 本件寫於《唐寶應元年（762）康失芬行車商人案卷》背面，故知成於寶應元年（762）之後。它與前三件時代相當，兩處的張無價應是同一人。

② 墓夫，亦稱"營墓夫"。《唐六典》卷十八司議令條："凡職事官五品已上葬者，皆給營墓夫。一品百人，每品以二十人爲差，五品二十人，皆役功十日。凡以理去官及散官三品已上，與見任職事同。其五品以上減見任職事之半。致仕者同見任。"

③ 賻贈，是助理喪葬的財物，唐代對此有嚴格規定。《通典·禮典·喪制》賻贈條曰："大唐制：諸職事官薨卒，文武一品賻物二百段，粟二百石；……正四品物七十段，粟七十石；從四品物六十段，粟六十石；正五品物五十段，粟五十石；從五品物四十段，粟四十石；正六品物三十段，從六品物二十六段；……若散官及以理去官，三品以上全給，五品以上給半。"

吐魯番阿斯塔那古墓群發掘簡報［J］.《文物》，1975（7）：8 - 26，95 - 100.

　　［2］孫繼民. 唐西周張無價及其相關文書［M］//武漢大學歷史系魏晉南北朝隋唐史研究室. 魏晉南北朝隋唐史資料（第9 - 10 期）. 武漢大學學報編輯部，1988：83 - 91.

　　［3］國家文物局古文獻研究室等. 吐魯番出土文書（第10 册）［M］. 北京：文物出版社，1991：6 - 7.

　　［4］張傳璽. 中國歷代契約會編考釋（下）［M］. 北京：北京大學出版社，1995：251 - 252.

　　［5］周紹良. 全唐文新編（第4 部 第4 册）［M］. 長春：吉林文史出版社，2000：11332.

　　［6］魯西奇. 中國古代買地券研究［M］. 厦門：厦門大學出版社，2014：190 - 193.

唐咸通二年（861）王楚中買地磚券

【題記】

2003 年出土於福建漳州薌城北郊，爲盜墓者所爲，具體地點及出土情形均不詳，亦迄今未見正式報道。該地券爲磚質，燒製火候較低，顏色較白，左下半部可能長期浸泡水中，字迹模糊。《閩南日報》2004 年12 月13 日載郭封城《唐代漳州買地券考辨》中録有釋文，并作簡單考釋，文末附拓本。又2017 年6 月26 日載羅培新《古人在陰間的"房産證"王楚中地券填補唐代漳州歷史空白》，有録文，附拓本圖版。今依據拓本圖版，參校各家録文，重新校録如下（圖二九）。

【録文】

維咸通二［年］〔1〕歲次辛巳朔十五日乙酉，漳州龍溪縣/永泰鄉唐化里〔2〕没故琅琊［王］府君〔3〕、押衙兼南界遊弈將知/孔目官

圖二九　福建漳州出土王楚中買地磚券拓本
（《閩南日報》2017 年 6 月 26 日第 03 版）

王楚中〔4〕，行年五十三。咸通二年六月五日身亡故，十/一月十五日移就祖宗。今用白銀錢九千九百九十九貫/文，就土下卅六神〔5〕買得信義里〔6〕箭竹洋〔7〕村祖墓西北/邊乾〔8〕山崗華蓋之前壙地一所，長九尺九十九分，闊三/尺三寸三分。東至甲乙、南至丙丁、西至庚辛、北至壬癸、中/至戊己〔9〕。內圓外方，各掌四夷。上至青天，下至黃泉。以將□□/亡人黃金，從今已後，他鬼異神不得□有倡集。如有此□/，並□地下卅六神解了事，不涉亡人。如不能了，任亡人執此/契券詣□天帝〔10〕，擇論訟□，和□□□倍錢者見亡人/。東王公、西王母、鎮墓神、青龍白虎，前行朱雀，後至/玄武，日月星宿爲明。永保人：張堅國、李定度/。並依買地界，古今爲志。急急如律令！/

【校釋】

〔1〕"維咸通二〔年〕"，原釋作"咸通二"，下缺"年"字。查陳垣《二十史朔閏表》，唐咸通二年十一月朔辛未，十五日乙酉。券文與陳表合。葬日或斬草日"乙酉"屬於"鷄吠日"，契合傳統擇日之例。

〔2〕"漳州龍溪縣永泰鄉唐化里"，殁亡人王楚中爲漳州龍溪縣永泰鄉唐化里人。按，漳州初置於唐垂拱二年（686）。自貞元元年（785）後漳州一直治於龍溪縣，即今漳州市區。而龍溪縣原屬泉州，開元二十九年（741）方屬漳州。《元和郡縣圖志》卷二九記漳州開元戶一千六百九十，鄉一十一①，永泰鄉當爲其一。"永泰""唐化""信義"之類嘉名，正折射出唐王朝在這一地區進行教化、編組鄉里的踪迹。

〔3〕"没故琅琊〔王〕府君"，原釋作"没琅琊府君"。謂王楚中之郡望爲琅琊王氏。券文"没"字下疑脱"亡"字或"故"字，"府君"上疑脱"王"字，今補之。由券文稱其爲琅琊王氏觀之，其家族或者早即移入漳州，或者本爲當地土豪而得攀附漢人大姓者。後來入閩建立閩國的王潮、王審知亦自稱是出自琅琊王氏②，考慮到光州兵入閩後首剋之城邑即爲漳浦，頗疑蓋因所謂"琅琊王氏"者本即漳州大族，故光州王氏亦冒稱是出琅琊，以取得當地大族的支持。

〔4〕"押衙兼南界遊弈將知孔目官王楚中"，王楚中生前身兼數職，官至漳州押衙兼南界遊弈將和孔目官。他以本地人既爲押衙，又爲遊弈和孔目官，文武兼具，顯然是當地有勢力的土豪。"押衙"，即押牙。節度使親信侍衛將。《資治通鑑·唐宣宗大中四年八月》："盧龍節度使周琳薨，軍中表請以押牙兼馬步都知兵馬使張允伸爲留後。"胡三省注："幽州大將表請押衙張允伸知留後事。""遊弈將"下字，原録文作

---

① （唐）李吉甫. 元和郡縣圖志（卷二九）〔M〕. 北京：中華書局，1983：721.
② 《王審知墓志》："閩王諱審知，字信通，姓王氏，其先琅琊人也。緱山遠裔，淮水長源。自秦漢以穹崇，歷晉宋而忠烈。輝華閥閲，奐赫祖宗。"（福建省博物館. 唐末五代閩王王審知夫婦墓清理簡報〔J〕. 《文物》，1991（5）：1. ）

"和"字，當誤，應是"知"字。"遊弈"，當即"遊奕"。《資治通鑑》卷二○九中宗景龍二年（708）三月丙辰"以左玉鈐衛將軍論弓仁爲朔方軍前鋒遊奕使，戍諾真水爲邏衛"句下胡三省注："遊奕使，領遊兵以巡奕者也。"① 則"遊奕"職司偵查、巡邏諸事。"孔目官"，唐置，設於州、鎮，掌文書。《資治通鑑》卷二一六玄宗天寶十載（751）二月丙辰下胡三省注："孔目官，衙前吏職也。唐世始有此名，言凡使司之事，一孔一目，皆須經由其手也。"②

〔5〕"土下卅六神"，賣地人。券文末明列此"土下卅六神"究是哪些神，但顯然不包括其下文列出的東王公、西王母、鎮墓神、青龍、白虎、朱雀、玄武及日月星宿諸神明。

〔6〕"信義里"，唐漳州的附郭龍溪縣設四鄉，但具體名稱未詳。唐代唐化里與信義里同爲永泰鄉，而北宋時屬永寧鄉（宋無永泰鄉），南宋淳祐間將永寧鄉分爲二十六都至三十都，唐化里改爲二十七都，即今浦頭港以東，龍文區沿西溪一帶，這裏自古以來是漳州蜑民主要集結地，明嘉靖乙未《龍溪縣志》明確記載：二十七都有"唐化里拱石橋、留佩洋橋、通仙橋、通源驛橋、虎渡橋"等五座橋，唐化里拱石橋是其中一座。王楚中葬於信義里，其出土之地即在二十六都境內，與二十七都（唐化里）相連，所以唐永泰鄉可能就是宋時的永寧鄉，唐化里從唐至宋都不曾屬過遊仙鄉，也就是說今浦南一帶從來不是唐化里。

〔7〕"箭竹洋"，"洋"字是閩方言特徵詞。唐代文獻中出現"洋"地名還有泉州莆田人乾寧二年（895年）進士黃滔的《龜洋靈感禪院東塔和尚碑》："和尚法號志忠，俗姓陳。世居仙遊……初，大師之卜龜洋也，雲木之深，藤蘿如織。狼虎有穴，樵采無逕。俄值六眸之巨龜，足躡四龜，俯仰其首，如作禮者三，逡巡而失。遂駐錫卓庵，名其地曰龜洋焉。……宣宗皇帝復寺之始，議者以靈岩之奇勝，非我菩薩僧不可以宏就。由是都人環乞大師以居，故和尚獨薦龜洋之址焉。"也就是說龍

① （宋）司馬光. 資治通鑑（卷二○九）[M]. 北京：中華書局，1956：6621.
② （宋）司馬光. 資治通鑑（卷二○九）[M]. 北京：中華書局，1956：6905.

溪縣與仙遊縣都有以"洋"命名的習俗，體現了閩越地區的風俗一致性，而與唐末王潮入閩無關。但是漳浦古爲南越地，從陳氏地券①還看不出與閩越地名的一致性。因此期待如有更多的漳浦地券出現，就可以從地名的一致性來推斷出漳州沿海和潮汕地區閩語區的形成的最遲時間。從王楚中地券的"箭竹洋"到陳氏地券的"何人見竹與木……竹木歸於土"，兩個地券均與竹有關，可知唐詩云漳州爲"剖竹海邊州"，并非虛傳。

〔8〕"乾"，今寫爲"墘"字，是閩方言特徵詞。作爲地名，如果沒有特別的變異，地名的改變是極其罕見的，所以可以推斷其產生的年代非常久遠。

〔9〕"中至戊己"，或當作"中央戊己"。漢唐買地券習見。如，湖南湘陰出土《隋大業六年（610）陶智洪買地陶券》："東至甲乙，南至丙丁，西至庚辛，北至壬癸，中央戊己，東南西北堺域。斬草訖，下靈柩，上無淚落，下無衆石。"

〔10〕"如不能了，任亡人執此契券詣□天帝"，"詣□天帝"，原錄作"詣天帝"。今審驗拓本圖版，中間當漏一字，筆畫模糊不清，今作缺字處理。此句意思是，若所賣土地發生糾紛，須由賣地人承擔，此類條款屢見於實用土地買賣契約及前此之買地券中，而此券在基礎上增加了一個內容，即：如果賣地的"土下卅六神""不能了"有關糾紛，則允許亡人執此券契詣天帝呈訟。這不僅說明本券當是交由亡人收執者，也說明本券可作爲呈訟的證據。顯然，它也是現世土地買賣糾紛頻繁發生的一種折射，也說明在現世的土地糾紛案件中，土地契約已可作爲呈堂證據②。

【有關問題探討】

此券之主要內容與表述雖與常見買地券大同，然亦頗有特殊之處。原報告認爲，此券"明顯受到方言的影響。該券用現代漳州方言來讀，

---

① 王文徑. 漳浦出土買地券和唐代的福建道［N］.《金浦報》，2020－2－12.
② 韓森在所著的《傳統中國日常生活中的協商：中古契約研究》中已有詳論，讀者可參。

仍需要用文白兩種語言纔能讀通。如：'箭竹洋村祖墓西北邊乾''倍
錢'等，衹有用白讀纔能讀懂。而文讀衹適合讀者諸如'如有此□，
並（并）□地下卅六神能了事，不涉亡人。如不能了，任亡人執此券
詣天帝擇論訟'之類十分拗口的漢字"。《閩南日報》2018 年 11 月 21
日載羅培新《古人在陰間的"房産證"王楚中地券填補唐代漳州歷史
空白》評述此券價值有三：

第一，地券填補唐代漳州四鄉地理空白。"王楚中"，望出琅琊，
龍溪縣永泰鄉唐化里人。唐化里於宋末改爲二十七都。宋、明漳州志書
記載：二十七都有"唐化里拱石橋、留佩洋橋、通仙橋、通源驛橋、虎
渡橋"等五座橋，對於確認唐化里位置具有重大意義。王楚中埋葬在信
義里箭竹洋村祖墓西北邊乾山崗華蓋之前，像"箭竹洋"這樣典型的
福建特徵地名，是目前已知最早記載方言地名"洋"的文獻。

第二，地券填補唐代漳州方言空白。如"箭竹洋"、祖墓西北"邊
乾""倍錢"等，具有典型的閩語特徵。"如不能了"的"了"的用
法，與今漳州話一般無二。

第三，地券填補了唐代漳州停柩延葬習俗空白。志書屢見宋代官員
治理漳州厝尸習俗，但上溯時間未詳。王楚中六月五日亡，十一月十五
纔安葬，停柩時間長達五個多月，使我們瞭解到唐代已有延葬習俗。地
券保留東漢道教風格。該漳州地券風格總體比較古樸，與周邊地區同時
期地券的差異主要是：沒有南北朝和隋唐時期的武夷王崇拜和太上老君
崇拜。它體現漳州風俗發展的緩慢性和滯後性。

【主要參考文獻】

［1］魯西奇. 中國古代買地券研究［M］. 厦門：厦門大學出版
社，2014：201 - 204.

［2］羅培新. 古人在陰間的"房産證"王楚中地券填補唐代漳州
歷史空白［N］.《閩南日報》，2017 - 6 - 26.

［3］陳進國. 考古材料所記録的福建"買地券"習俗［M］//詹
石窗. 百年道學精華集成（第 6 輯，卷 3）. 上海：上海科學技術文獻

出版社，2018：134.

唐大順元年（890）熊氏十七娘買地木券

【題記】

1973 年出土於南昌北郊，今藏江西省博物館。墨書於長方形木板上，木板長42、寬37、厚3 厘米。券文 15 行，行 14～28 字不等，共約 350 字，行草書。殘蝕嚴重，部分文字不能辨識。江西省博物館（1977）發表《江西南昌唐墓》，作了介紹。原報告附有圖版，并錄有釋文。池田温（1981）、張傳璽（1995）、魯西奇（2014）等均有錄文。今依據拓本圖版，參校各家著録，重新校録如下（圖三〇）。

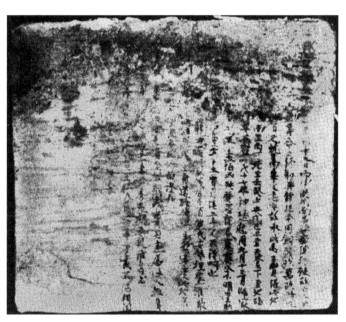

圖三〇　江西南昌出土熊氏十七娘買地木券拓本
（《考古》1977 年 6 期，404 頁）

【録文】

維大唐［歲次］〔1〕庚戌九月甲申朔十三日丙申，洪州南昌縣敬

德坊殁故亡人〔2〕熊/氏十七娘，□□□□，壽命已終〔3〕，別無餘
犯。今用銅錢玖萬玖阡玖/百玖拾貫〔4〕，□□□□百疋〔5〕，就蒿裏
父老〔6〕、〔安〕都承〔7〕、武夷王買得此地〔8〕。/東至〔甲乙〕，
西至〔庚辛〕〔9〕，南至丙丁，北至壬癸，中央戊己，上至天蒼，下至
地磧。/□□□□□□□□安葬熊氏十七娘神柩。剋用〔10〕九月十
三日歸家〔11〕。/□□□□□□□，章光玉堂，玉伯〔12〕凶殃，
曆羅府君，魂爽今下明堂。勑〔13〕/□□□，此地占土水□，方圓百
里，藏上土曆君侯二千石，不得呵止。/□□□人有□□□□廊田有頃
（？）畝，錢有千百。熊氏十七娘埋葬，誰敢/□□，立有四□□□注，
墓舍四甬。道路將〔軍〕〔14〕，主持步度。此地若/□□□□□，退去
千里，不得停留。證知/□□□□□□□□□□□若有金銀銅鐵寶貝，
悉屬後人拟有。/□□□□□讀□□□□識。朱書前券，死魂無亂。
誰爲書？/〔水中魚〕〔15〕。誰爲讀？山□□。□□□主人□人□□□
萬歲，不得相關。/〔急急如〕律令〔16〕！□□□券。/□錢買得
鎮□□□□□□□□。/

【校釋】

〔1〕“維大唐〔歲次〕”，下缺二字，原報告及池田溫均未補出，張
氏據原報告判斷此墓爲大順元年（890）墓，補出“大順”二字。魯西
奇據同墓出土木傭背面墨書，補作“歲次”。魯氏正確，今從之。

〔2〕“洪州南昌縣敬德坊殁故亡人”，“殁故亡人”，原報告録作
“殁亡故人”。同墓出土木傭背面墨書曰：“洪州南昌敬德坊殁故亡人熊
氏十七娘”。今審驗拓本圖版，亦作“殁故亡人”。合讀二文，知亡人
熊十七娘生前居住洪州南昌縣敬德坊，當即在洪州城中。

〔3〕“壽命已終”，首字，原報告作缺字處理。張傳璽補出“壽”
字。今審驗拓本此字圖版，筆畫可辨，當爲“壽”字。據同墓出土木
傭背面墨書可知，熊十七年享年54歲。

〔4〕“今用銅錢玖萬玖阡玖百玖拾貫”之“玖阡”，原報告録作
“玖千”，魯西奇録作“玖阡”。今審驗此二字拓本圖版，雖有些模糊，

但筆形輪廓可辨，當爲“玖阡”。同墓出土木偁背面墨書亦曰：“今用銅錢九萬九千九百九十九貫，已買得此地。”

〔5〕“百疋”，原報告録作“百匹”，魯西奇録作“百疋”。今審驗此字拓本圖版，從字形辨識，當爲“疋”字。今查《漢語大詞典》，“疋”，量詞，用於紡織品或騾馬等。《漢書·叔孫通傳》：“乃賜通帛二十疋，衣一襲，拜爲博士。”唐陳子昂《諫曹仁師出軍書》：“昔漢室以衛青出塞，是時漢馬三十萬疋，旋師之日，唯餘四萬。”

〔6〕“蒿裏父老”，原報告録作“蒿裏父老”，魯西奇録作“蒿里父老”。今審驗此字拓本圖版，當爲“裏”字。

〔7〕“［安］都承”，首字，原報告作缺字處理，張傳璽補録作“安”。今審驗拓本此字圖版，確是模糊不清，但其輪廓尚可辨，當是“安”字。“安都承”，即安都丞。

〔8〕“買得此地”之“買”，原報告録作“賈”。張傳璽録作“買”。今審驗此字拓本圖版，再結合漢唐買地券習例，此字當爲繁體“買”字。

〔9〕“東至［甲乙］，西至［庚辛］”，末二字，原報告缺失。張傳璽補録，今從之。

〔10〕“剋用”，原報告録作“剋用”。魯西奇録作“克用”。今審驗拓本圖版，當爲“剋”字。“剋”，能。《後漢書·鄭興傳》：“今陛下高明而群臣惶促，宜留思柔剋之政，垂意《洪範》之法，博採廣謀，納群下之策。”李賢注：“剋，能也。柔剋謂和柔而能立事也。”

〔11〕“歸家”，原報告録作“歸家”。張傳璽、魯西奇等録作“歸冢”。今審驗此字拓本圖版，下面“宀”字頭筆畫清晰，當爲“家”字。

〔12〕“玊伯”，原報告録作“玊伯”。張傳璽録作“土伯”。今審驗此字拓本圖版，下文亦出現此字，亦作此形。今保存拓本字形原貌，券文中所有“土”字均録作“玊”。

〔13〕“勑”，原報告録作“敕”，張傳璽、魯西奇等從之。今審驗此字拓本圖版，右旁“力”字清晰，當爲“勑”，漢唐買地券中亦

常見此字。

〔14〕"道路將［軍］"，末字，原報告作缺字處理。張傳璽補出"軍"字。今審驗拓本圖版，結合漢唐買地券習例，補録之。

〔15〕"誰爲書?［水中魚］"，後三字，原報告作缺字處理。張傳璽補出"水中魚"三字。今審驗拓本圖版，結合漢唐買地券習例，補録之。

〔16〕"［急急如］律令"，前三字，原報告作缺字處理。張傳璽補出"急急如"三字。今審驗拓本圖版，結合漢唐買地券習例，補録之。

【有關問題探討】

據魯西奇考察，買地券與柏人書同出，此墓爲首見。同墓出土木俑以柏木雕成，高35厘米，頭帶黑帽，身穿長袍，用墨綫勾畫眉目衣紋。背面墨書，文字大都可以辨識。原報告有録文，轉録如下："維大唐歲次庚戌九月甲申朔十三日丙申，洪州南昌敬德坊殁故亡人熊氏十七娘，□五十四歲。今用銅錢九萬九千九百九十九貫，已買得此地。地［坪］中有神，呼主人長男長女、中男中女、小男小女，并仰栢人當知。地中有神，呼主人大□小□、行年本命六甲，□□栢人當知。地中有神呼主人子丑寅卯辰巳午未申酉戌亥等者，并仰柏人當知。［地中有神，呼］奴婢牛馬六畜，并仰柏人當知。地中有神，呼長孫中孫小孫曾孫懸(?)孫、本命□□久親□□□□□□□□□□行年者，一切已上，并仰柏人當知。口喫天蒼，□□□□八根十二……神、木盟、當壙等，并隨柏人覓食。急急如律令!"①

柏人書之"主人"，當即殁亡人，則柏人之性質，顯是隨葬送給亡人以供驅使者。唯其功用，則又與常見之奴婢俑不大相同：代亡人斷絶"地中有神"對亡人在陽世的兒女後代乃至家畜財産的呼訟，甚至是"斬殺兇神惡鬼"。據魯西奇考察，由熊氏十七娘墓中所出柏人書看，柏人還有屬下，即隨之"覓食"之"神、木盟、當壙等"，頗近於亡人

---

① 江西省博物館. 江西南昌唐墓［J］.《考古》, 1977 (6)：404.

之侍衛、長隨。

【主要參考文獻】

［1］江西省博物館.江西南昌唐墓［J］.《考古》,1977（6）：401－404.

［2］〔日〕池田温.中國歷代墓券略考［J］.《東洋文化研究所紀要（86 冊）》,1981：236－237.

［3］陳柏泉.江西出土墓志選編［M］.南昌：江西教育出版社,1991：550.

［4］張傳璽.中國歷代契約會編考釋（上）［M］.北京：北京大學出版社,1995：257－258。

［5］吳鋼主編；陝西省古籍整理辦公室編.全唐文補遺（第 7 輯）［M］.西安：三秦出版社,2000：430.

［6］魯西奇.中國古代買地券研究［M］.廈門：廈門大學出版社,2014：204－206.

後蜀廣政二十五年（962）李才買地石券

【題記】

1977 年 9 月出土於四川蒲江縣東北鄉十柏村 9 組一座磚室墓内,現藏蒲江縣文物保護管理所。龍騰、李平發表了《蒲江發現後蜀李才和北宋魏訓買地券》一文,作了介绍。據報告可知,買地券通高 57 厘米,白砂石質,碑形,保存完整。碑座寬 42、高 7、厚 7 厘米,浮雕覆蓮花瓣。半圓形碑帽,浮雕卷云紋半圈,卷云紋寬 7 厘米。碑身高 30、寬 35、厚 3.2 厘米。碑面豎分爲 13 格,每格寬 2.5 厘米,刻楷書豎行文字 12 行,每行 5～16 字不等,共約 165 字,字徑 1～3 厘米,字迹清楚。碑文書刻格式從左至右,與豎書規範不合。原報告有録文,間有可商者,并附有拓本圖版。茲據拓本圖版,參校各家之説,重新校録如下（圖三一）。

圖三一 四川蒲江出土李才買地石券拓本
(《四川文物》1990 年 2 期, 43 頁)

【録文】

維廣政二十五年歲在［壬戌］（庚申）〔1〕十二月乙/酉朔十八日
壬寅, 今有邛州蒲江縣美/充鄉善通里［歿］（設）故〔2〕亡人李才之
靈。/今用銅錢万万九千九佰九十九文, 就於黃/天父〔3〕、伯土母
〔4〕、十二神〔5〕邊買得前件墓田, 周/流壹傾〔6〕。東至青龍, 西至
白虎, 南至朱雀, /北至玄武〔7〕。上至蒼天, 下至黃泉, 四至分
明。/即日錢財分付, 天地神名了。保人：張/堅國、李定度, 知見：東
王父、西王母〔8〕。書契/人：石功曹。讀契人：金主簿〔9〕。書契
人：/鳥, 飛上天。讀契人：魚, 入深泉。/急急如律令〔10〕！/

【校釋】

〔1〕“廣政二十五年歲在［壬戌］（庚申）”，原報告録作“廣政二十五年歲在庚申”。“廣政二十五年”，即公元962年，五代後蜀孟昶時期，其干支爲“壬戌”，此買地券誤爲“庚申”。

〔2〕“［殁］（設）故”，原報告録作“設故”，義不可通。原來“設”是“殁”字的誤讀。“殁”表示死亡、去世之意，亦作“没”。《廣韻·没韻》：“殁，死也。”“殁”常與“故”同意連文。“殁故”爲買地券慣用語。如，《趙德成買地券》：“維元豐四年歲次辛酉九月甲申朔十三日丙申郎有殁故趙德成地券。”《蔣師益買地券》：“今有泰州海陵縣常樂坊居住殁故蔣師益。”

〔3〕“黄天父”，即皇天。古代人們把天當作君主、父親一樣崇敬。《書經·大禹謨》：“皇天眷命，奄有四海，爲天下君。”《爾雅·釋天》疏引李巡云：“皇，君也。尊而君之，則稱皇天。”

〔4〕“伯土母”，即后土、土伯。“伯”字古代與“霸”字通用。《周禮·春官·大宗伯》：“王大封，則先告后土。”鄭玄注：“后土，土神也。”《左傳·昭公二十九年》：“共工氏有子曰‘句龍’，爲后土。”《楚辭·招魂》：“魂兮歸來，君無下此幽都些。土伯九約，其角觺觺；敦脄血拇，逐人駓駓些。參目虎首，其身若牛些。”王逸注：“幽都，地下后土所治也。地下幽冥，故稱幽都。土伯，后土之侯伯也。約，屈也。觺觺，角利貌。言地有土伯，執衛門户。其身九屈，有角觺觺，主觸害人也。”

〔5〕“十二神”，指子、丑、寅、卯、辰、巳、午、未、申、酉、戌、亥、十二時辰的神祇。漢王充《論衡·難歲篇》卷二十四：“或上十二神登明、從魁之輩，工伎家謂之皆天神也。常立子丑之位，俱有衝抵之氣。神雖不若太歲，宜有微敗。移徙者雖避太歲之凶，猶觸十二神之害。”

〔6〕“周流壹傾”，當作“四周酹奠”解，即繞墓田一周酹酒而奠之。“酹”，以酒澆地，表示祭奠。《後漢書·橋玄傳》：“又承從容約誓之言：‘徂没之後，路有經由，不以斗酒隻鷄過相沃酹，車過三步，腹

痛勿怨。'"

〔7〕"東至青龍，西至白虎，南至朱雀，北至玄武"，"青龍"，東方的角亢星；"白虎"，西方的參井星；"朱雀"，南方的星張星；"玄武"，北方的斗牛星，它們的來源古老。《禮記》："前朱雀而後玄武，左青龍而右白虎。"《三輔黃圖》："蒼龍、白虎、朱雀、玄武，天之四靈，以鎮四方。"

〔8〕"東王父、西王母"，東王父即東王公，《神異經》："崑崙之山，有銅柱焉，其高入天，所謂天柱也。圍三千里，周圓如削……上有大鳥，名曰希有，南嚮，張左翼覆東王公，右翼覆西王母。背上小處無羽一萬九千里。西王母歲登翼上會東王公也。"《博物志·雜說上》："老子云：萬民皆付西王母，唯王、聖人、真人、仙人、道人之命上屬九天君耳。"

〔9〕"石功曹、金主簿"，"功曹"，是秦漢時代三公之一的太尉屬官，司掌功績的考核。"主簿"，是漢代以來中央政府及各府、縣主管文書與簿籍之官。

〔10〕"急急如律令"，《資暇錄》："符咒之類，末句急急如律令，令字宜平聲，讀爲零。是雷邊捷鬼，善走與雷相疾速，故云。"

【有關問題探討】

此券之行文、格式與成都周圍所出各券迥異，特別是券碑形式亦不相同，本券特別說明是亡人李才之靈向黃天父、伯土母及十二神買得墓田，而不稱其爲"券"或"地券"；墓地四至之表述雖然大致相同，但保人、知見人均不相同，顯然與成都所出各券不是同一樣式。又，書券人與讀券人均兩見，似乎說明本券所據之樣式非一，很可能是合兩種樣式於一體者。儘管有此等重複之處，本券仍很相對簡略，而券文所見張堅固、李定度、東王父、西王母以及石功曹、金主簿等神祇，似乎表明其所據者爲較早的樣式。這些都值得進一步探討。

【主要參考文獻】

[1] 龍騰，李平. 蒲江發現後蜀李才和北宋魏訓買地券［J］.

《四川文物》，1990（2）：43－45.

　　［2］四川省文聯組織．四川民俗大典［M］．成都：四川人民出版社，1999：135－136.

　　［3］曹嶽森．四川出土買地券的初步研究［J］．《四川文物》，1999（6）：9－17.

　　［4］魯西奇．中國古代買地券研究［M］．厦門：厦門大學出版社，2014：234－235.

北宋天聖十年（1032）王信爲父母買地石券

【題記】

　　1956年出土於山西省太原市西郊西山麓一座洞室墓中（墓8），青石質，作墓碑形狀，額首梯形，高39、上寬23、下寬27厘米，下設粗砂石座。券碑兩面刻字，正面券首刻"永昌大吉"四字，兩側角綫刻捲草與海石榴。券文12行，行8～21字不等，甚工整。解希恭（1963）發表《太原小井峪宋、明墓第一次發掘記》一文，作了介紹。原報告附有拓本圖版，釋文不全。池田温（1981）著有録文。兹據拓本圖版，參校各家著録，重新校録如下（圖三二）。

【録文】

　　大宋天聖十年歲次壬申八月庚子朔二十／一日庚申，并州右廂開食店王信〔1〕，遷奉／上代父母於陽曲縣武臺鄉盈村〔2〕稅户〔3〕白千處，／立契買到地一畝二分，置圍〔4〕兩座，各長十一步，／各闊九步。准作價錢九貫文，折計陰司錢九萬／九千九百九十貫〔5〕。鬼門之地，並無差稅〔6〕。／右請師而事禮，乃卜其聖地，下卦吉應也。建立／延福之鄉〔7〕，感政洪休，封置而非不丁寧。集承葬／道，保子孫則世世昌榮，金帛則年年豐溢。明立／券契，此里居成貴，四方有德之稱〔8〕。無侵厥止，萬□百紀〔9〕，子孫長知，福地之宗，克明斯理，故作銘記〔10〕。／賣墓主：白千、男白誠。／

圖三二　山西太原出土王信爲父母買地石券拓本
（《考古》1963 年 5 期，252 頁）

【校釋】

〔1〕“并州右廂開食店王信”，買墓地人王信的身份是“并州右廂開食店”。王信以開食店爲業，顯是普通百姓。此時之并州城已非唐五代著名的北京晉陽城（太原城）之舊，而是太平興國四年（979）平北漢之後在陽曲縣唐明村新立的并州城，在唐五代晉陽城之北、汾水東岸。此券見有“并州右廂”，《北宋明道二年（1033）陶美買地券》有“并州左第一廂”，則知北宋中期并州城內分置左、右廂，其左廂可能後來又分立，故有“左第一廂”之稱。

〔2〕“陽曲縣武臺鄉盈村”，“陽曲”，爲并州附郭縣，治在并州城西郭外。《太平寰宇記》卷四〇河東道并州“陽曲縣”下謂“舊十六

鄉，今十四鄉"①，《元豐九域志》卷四河東路并州"陽曲"縣謂爲八
鄉②，則北宋前中期陽曲縣鄉數不斷減少。《永樂大典》卷五二〇一引
《太原志》記陽曲縣有七鄉，其中五臺鄉在縣南③。本券出土地在汾河
西岸、太原西郊，據此，則知宋時陽曲縣跨汾水兩岸地。

〔3〕"稅户"，即有常産之人。宋代指擁有田産、交納賦稅的民户，
即"主户"，亦作"物力户"。主户依據田畝資産分爲五等。分等標準
各地不同，或以稅錢貫陌，或以地之頃畝，或以家之積財，或以田之受
種。田畝多少是決定性因素。第一、二等户通稱"上户"，擁有全部耕
地和社會財富的百分之六十至七十，構成主户集團的核心，屬地主階
級。第三等户通稱"中户"，大部分係自耕農。第四、五等户通稱"下
户"，大多數已屬佃農階層。北宋中葉以後日漸增多的"無産稅户"，
已完全喪失田産，雖籍掛主户，實徒具虛名。主户在總户數中的比例，
宋初約占一半強，此後逐步下降，仁宗以後即不到一半，南宋衹有三分
之一左右。在城郭鎮市中，將擁有房産宅地者劃爲主户。

〔4〕"置圍"之"圍"，疑爲"園"字之誤。"園"，有墓地之義。
河南洛陽出土《金大定十年（1170）杜氏爲亡父母及張外翁外婆買地
陶券》："買地一段，墳園用地，自□九步，於園外東南安葬張外翁、
外婆之靈。"

〔5〕"折計陰司錢九萬九千九百九十貫"，據券文記載可知，買地
券中陽間的錢要折算成陰間的錢。《北宋明道二年（1033）陶美買地
券》："其地陽間並無差稅，陰司束王公、西王母處折錢九萬九千九百
九十九貫九文。"

〔6〕"差稅"，亦稱"差科""科差"，是中國歷代封建官府對平民
財物和勞役的徵發，是徭役向賦稅的轉化或合并。名始於唐代，到元代

① （宋）樂史. 太平寰宇記·河東道一并州"陽曲縣"（卷四〇）［M］. 北京：中華書局，
2007：842.
② （宋）王存. 元豐九域志·河東路并州"陽曲"縣（卷四）［M］. 北京：中華書局，
1984：162.
③ （明）解縉. 永樂大典·"原"字韻（影印本，卷五二〇一）［M］. 北京：中華書局，
1986：2270.

成爲賦税的一種。元代差税是對户課徵，中原地區徵絲料、包銀和俸鈔；江南地區徵户鈔和包銀。元代亡後，上述名目雖已廢除，但實質性的科差，并未絶迹。

〔7〕"建立延福之鄉"，李裕群録作"□立延福之鄉"；高朋録作"延福之鄉"，無"建立"二字；魯西奇録作"建立延福之鄉"。今審驗拓本圖版，此二字模糊，但從殘存筆畫，可以判斷前字爲"建"。今從魯氏之説。《北宋明道二年（1033）陶美買地券》中有"建立延福之鄉"之語，亦可爲證。

〔8〕"此里居成貴，四方有德之稱"，《北宋明道二年（1033）陶美買地券》："明立券契，禮居成貴，達四方有德之稱。"則句中疑有脱誤，"里"當爲"禮"字之誤，"四方"前當脱"達"字。

〔9〕"無侵厥止，萬百以紀"，高朋録作"萬□□□"；魯西奇補録作"無侵厥止，萬□百紀"。今據《北宋明道二年（1033）陶美買地券》："無侵厥止，萬百以紀。"那麽，在"百"字要置前，并補上"以"字。

〔10〕"克明斯理，故作銘記"，《北宋明道二年（1033）陶美買地券》："尅明斯理，後人故作銘記。"則"克"，通"尅"。

【有關問題探討】

據券文内容是王信爲遷葬已故父母，向陽曲縣五臺鄉盈村的税户白千（及其男白誠）買地一畝二分，於其上立墳兩座。由券文看，此宗交易當爲現世實在的土地交易，故此券文關於此宗交易的記載，當具現世實在土地交易契約的功用。可知，此券當與《唐大中元年（847）安喜縣劉元簡爲亡考買地券》一樣，前半部分是現世實用土地契約之節略，後半部分是冥契。這種將實用的墓地買賣契約合於買地券或墓志的行文，在河東地區較爲流行。《北宋慶曆七年（1047）趙榮甫墓志》後也附有一份類似的墓地契約，曰："君諱榮甫，姓趙，太原人也。……葬於并州陽曲縣烏城鄉從封社百姓梁化地内買到圍地二畝，准作價叁拾貫文〔足〕（市）陌。東至陳顯，西至梁筠，南自至，北自至。賣地人梁化，同賣人男梁懿。慶曆七年歲次丁亥二月丙午朔九日甲寅葬。"①
其行文格式與本券涉及墓地買賣的部分大致相同。

此外，值得注意的是，券碑兩面刻字，背面銘文共 9 行，首行句中
爲"讚曰"，下爲讚語："禮乎王君，誠哉英傑。生前事親，甘旨不啜。
葬選高原，其地廣闊。道合陰陽，德同日月。三才僃全，六神不闕。庚
壬相府，壬庚安穴。路合蒿里，山貫脉血。風水不吹，崗巒并治。子孫
永昌，富貴超越。万載安□，千歲清節。"具有重要研究價值。

【主要參考文獻】

[1] 解希恭．太原小井峪宋、明墓第一次發掘記 [J]．《考古》，
1963 (5)：250 – 262.

[2] 〔日〕池田温．中國歷代墓券略考 [J]．《東洋文化研究所紀
要 (86 冊)》，1981：242.

[3] 李裕群．宋元買地券研究 [J]．《文物世界》，1989 (2)：
72 – 81.

[4] 高朋．人神之契：宋代買地券研究 [M]．北京：中國社會科
學出版社，2011：273.

[5] 魯西奇．中國古代買地券研究 [M]．廈門：廈門大學出版
社，2014：278 – 280.

北宋熙寧八年 (1075) 江注買地石券

【題記】

1976 年出土於江西省吉水縣，今藏江西省博物館。石質，長方形，
券高 108、寬 35 厘米。券文 27 行，自左至右讀。1987 年《考古》第 3
期發表了陳柏泉《江西出土地券綜述》一文，對此券首次揭示。僅有
拓本圖版，未有録文。《江西出土墓志選編》著有録文。張傳璽《中國

---

① 李裕群．宋元買地券研究 [J]．《文物世界》，1989 (2)：79.

歷代契約會編考釋》著有録文，并對部分語詞進行了考釋。券文書體以行書爲主，雜有草體。今依據拓本圖版，結合各家著録，重新校録如下（圖三三）。

【録文】

維南贍部洲大宋國吉/州廬陵縣城外雍和坊/萬歲巷〔1〕殁故承奉郎、守/秘書丞江府君〔2〕，甲寅降/生〔3〕。先扵熙寧甲寅〔4〕歲仲/夏甲子日，卒于江州湖/口縣〔5〕官舍之正寢，享年/六十歲〔6〕。實用錢穀幣帛/珍寶等，就　開皇〔7〕地主/處買得本州吉水縣中/鵠鄉青原山、舊名若坑、/今更爲祖慶崗〔8〕，陰地壹/穴（穴），永爲祖主。卜取乙卯/年正月巳（己）卯〔9〕二十七庚/申安厝〔10〕。其地東止甲/乙青龍，南至丙丁朱雀，/西止庚辛白獸，北止壬/癸玄武，上止蒼天、下徹/黃泉。給付與殁故江秘/丞〔11〕遠年宅兆。所有本處/山神土地，一切神殺，側/域塚穴〔12〕，邪精故炁，各不/在爭占之限。如違，牒赴/太上誅斬〔13〕。急急如律令！/勑〔14〕。時見：年直符。/書契：月直符。/

圖三三　江西吉水出土江注買地石券拓本（《考古》1987 年 3 期，224 頁）

【校釋】

〔1〕"維南贍部洲大宋國吉州廬陵縣城外雍和坊萬歲巷"，江注生前居里爲"吉州廬陵縣城外雍和坊萬歲巷"。"南贍部洲"，即佛經中所説的四大部洲之一，在須彌山南面威海里。"廬陵縣城"，即吉州城。

《太平寰宇記》卷一〇九"吉州"條下稱："隋平陳，改廬陵郡置吉州，於今郡城西南築小城，即舊州城是也。……開耀元年，州人劉智以州逼贛水，東通大山，户口殷繁，土地湫溢，陳移郡之利，永淳元年移於今理。"則隋及唐初吉州城當在中晚唐、宋代吉州城之西南①。

〔2〕"承奉郎、守秘書丞江府君"，"承奉郎"，從八品上階文散官。"守"，凡所任職事官高於寄禄官（本官）一品，稱"守"某官。"秘書丞"，爲秘書省屬官，從七品。《宋史》卷一百六十四《識官》四"秘書省"："秘書省，監、少監、丞各一人，監掌古今經籍圖書、國史實録、天文曆數之事，少監爲之貳，而丞參領之。"墓主江府君，諱注（1014～1073），字德長，江西吉安人。皇祐五年（1053）進士。歷官洪州豐城縣主簿、荆南石首縣令、澤州簽書判官、江州湖口縣令。光緒《江西通志》卷二十一、同治《廬陵縣志》卷二十亦有記録。

〔3〕"甲寅降生"，大中祥符七年（1014）江注降生。

〔4〕"熙寧甲寅"，熙寧七年（1074）。

〔5〕"湖口縣"，時屬江南東路，今屬江西。

〔6〕"先於熙寧甲寅歲仲夏甲子日，卒於江州湖口縣官舍之正寢，享年六十歲"，同墓出土墓志銘曰："享年六十，卒于江州湖口官舍正寢，實熙寧六年仲夏之甲子也。歸葬於州之吉水縣中鵠鄉青原祖慶崗，實八年孟春之庚申也。"二者互可爲證！

〔7〕"開皇"，今查驗拓本圖版，前空缺，今照實録文。"開皇"，道經以爲年號或劫名，元始天尊開劫度人的年號之一，本券以爲神仙。

〔8〕"本州吉水縣中鵠鄉青原山、舊名若坑、今更爲祖慶崗"，則則知墓主葬地在"吉水縣中鵠鄉青原祖慶崗"。"吉水縣"，在廬陵縣東北，今屬江西。

〔9〕"乙卯年正月巳（己）卯"，"乙卯"，熙寧八年（1075）。"巳卯"，有誤，當爲"己卯"。

---

① （宋）樂史. 太平寰宇記·江南西道七吉州（卷一〇九）［M］. 北京：中華書局，2007：2205.

〔10〕"安厝"，安葬。傳世文獻常見用例。《孝經·喪親》："卜其宅兆而安措之。"邢昺疏："宅，墓穴也；兆，塋域也。葬事大，故卜之。"漢班固《白虎通·崩薨》："崩薨別號，至墓同，何也？時臣子藏其君父，安厝之義，貴賤同。葬之爲言下藏之也。"唐吳少微《爲任虛白陳情表》："兩柩雙魂，未遑安厝。"元無名氏《合同文字》第三折："將骨殖一擔挑來，指望的傍祖塋好生安厝。"宋元明清買地券中亦常見用例，今不贅舉。

〔11〕"江秘丞"，當作"江秘書丞"。

〔12〕"給付與歿故江秘丞遠年宅兆。所有本處山神土地，一切神殺"，"神殺"，當爲"神煞"；"宂"，當爲"穴"字。張傳璽錄作"給付與歿故江秘丞遠年。宅兆所有，本處山神、土地一切神殺（煞）"。魯西奇錄作"給付與歿故江秘丞遠年宅兆。所有本處山神土地，一切神殺"。今從魯氏之説。

〔13〕"如違，牒赴太上誅斬"，張傳璽錄作"如違牒，赴太上誅斬"。魯西奇錄作"如違，牒赴太上誅斬"。今從魯氏之説。

〔14〕"勅"，自上命下之詞。特指皇帝的詔書。《北齊書·宋遊道傳》："勅至，市司猶不許，遊道杖市司，勅使速付。"唐韓愈《論今年權停舉選狀》："右臣伏見今月十日勅，今年諸色舉選宜權停者。"宋吳坰《五總志》："當時帝王命令，尚未稱勅，至唐顯慶中，始云不經鳳閣鸞臺，不得爲勅。勅之名始定於此。"宋陸游《老學庵筆記》卷八："自唐至本朝，中書門下出勅，其勅字皆平正渾厚。元豐後，勅出尚書省，亦然。"

【有關問題探討】

同墓另外出土有江注墓志銘，題爲"宋故承奉郎、守秘書丞、知江州湖口縣事兼兵馬都監江君墓志銘"，署爲"朝散大夫、守秘書監致仕、開國男、賜紫金魚袋李先撰，朝奉郎、尚書都官郎中、新差知歸州軍州兼管内勸農事、騎都尉、賜緋魚袋借紫李觀書丹，朝奉郎、尚書屯田員外郎、騎都尉、借緋余仲荀篆蓋"。

墓誌銘曰："君諱注，字德長，姓江氏。晉永嘉渡江，世居金陵。李氏剋國，避地廬陵，因家焉。君性稟聰悟寬厚而有大志。自君少時，愧以生事自業。嘗力學，作爲文章；逾冠，應書，遂薦於州，固已得名於時矣。然其踐場屋，累上吏計，而四十始第。……皇祐五年中乙科，初筮洪州豐城簿。……秩滿，移荆南石首令。……復用薦改著作佐郎，擬授洪之新建。未幾，丁先廷評之憂。服除還臺，授澤州簽書判官事。……（熙寧四年）秋，遷秘書丞，得代，乃調杭州之富陽。有同籍著佐朱君者，擬邑江州之湖口，以家毗陵，去富陽爲便親，乃求易任。君然其請，遂改授焉。……享年六十，卒于江州湖口官舍正寢，實熙寧六年仲夏之甲子也。歸葬於州之吉水縣中鵠鄉青原祖慶崗，實八年孟春之庚申也。……曾祖郅，祖玗，皆不仕。父曄，追贈大理評事。母謝氏，追封旌德縣太君。娶曾氏，叙封長壽縣君。其貴皆以君，實辛亥季秋之恩需也。生子二人：忠獻，力學未第；忠復，同學究出身。"① 據此，則知江氏蓋於南唐移家於廬陵縣，居於城中。江注曾祖、祖、父三輩皆未入仕，二子亦無功名，僅江注一人登第入仕。志文又稱江注"居官得禄，苟足以活妻子，則又推以給親族之不逮者"，故"其生無羨俸，而死餘令名"。江注雖仕至知縣，而其家則大約爲普通富户。

【主要參考文獻】

[1] 陳柏泉. 江西出土《地券》綜述［J］.《江西歷史文物》，1981（3）：24 – 29.

[2] 陳柏泉. 江西出土地券綜述［J］.《考古》，1987（3）：223 – 232.

[3] 陳柏泉. 江西出土墓誌選編［M］. 南昌：江西教育出版社，1991：552.

[4] 張傳璽. 中國歷代契約會編考釋（上）［M］. 北京：北京大

① 陳柏泉. 江西出土墓誌選編［M］. 南昌：江西教育出版社，1991：26 – 29.

學出版社，1995：610－612.

[5] 高朋. 人神之契：宋代買地券研究 [M]. 北京：中國社會科
學出版社，2011：204.

[6] 魯西奇. 中國古代買地券研究 [M]. 廈門：廈門大學出版
社，2014：358－360.

北宋政和七年（1117）馬翁買地磚券

【題記】

20 世紀六七十年代出土於陝西寶雞宋墓，現藏寶雞青銅器博物館。程義、李郁宏發表《跋寶雞政和七年〈馬翁墓志〉》初次披露，著有録文與拓本圖版。關於此券的性質，原報告說："該墓志實際是一塊磚質買地券，但該券末尾一行自名爲《馬翁墓志》，故按習慣稱之。"該券磚質，呈青灰色，保存基本完好，右上角略有殘損，幸未傷及内文。長方形，長 31、寬 9、厚約 4 厘米。楷書，陰文，刻製，字口塗朱，有豎欄。共 12，除末行書"馬翁墓志"四字外，其餘諸行 16～21 字不等，共計 202 字。該券獨特之處在於，文字呈正反書寫，單行正寫，雙行反寫，互相間隔，然文意不亂，按順序調換即可銜接上文。茲依據拓本圖版，參校各家著録，重新校録如下（圖三四）。

【録文】

維南贍部州大宋國修羅管界 [1] 隴州吴山縣 [2] 仁/豐鄉泉項社 [3] 殁故亡人馬德元，於政和七年/歲次丁酉，先于（羽）姓 [4]，斬草，迄十月二十五日乙卯破/土。於村東後掌房親馬繼卒地内 [造]（草）墳 [5] 一所，/十一月乙酉朔十八日壬申葬。今用行錢 [6] 九万九/千文，就比黄天父、后土、社稷、十二邊，/買得前件墓田，周流一頃。東至青龍，西至白虎，/南至朱雀，北至玄武，上至倉（蒼）天，下至皇泉，六至/分明。即日錢財分付與天地神大。保人：公堅、李定杜（度）[7]。/知見人：東王翁、西王母。書：功曹。伏契人：

圖三四　陝西寶鷄出土馬翁買地磚券拓本

（《四川文物》2008 年 3 期，93 頁）

金主（簿）〔8〕。／行契人終上天，讀契人入皇（黃）泉。急急如律令。／馬翁墓志。／

【校釋】

〔1〕“維南贍部州大宋國修羅管界”，這些詞彙明顯帶有佛教的色彩。“南贍部洲”，義稱閻浮提洲（Jambudvipa），係佛教四大洲（其餘是北俱盧洲、東勝神洲、西牛賀洲）之一，即我們這個世界。“修羅管”，即修羅道，丁福葆《佛教辭典·修羅道》云“修羅果報甚勝，鄰次諸天，常好戰鬥，怕怖無極。在因之時，懷猜忌心，雖能行善，爲欲勝他。作下品十善者，感此道生。其種類頗難細列，茲以四類別之”，人爲第三類。

〔2〕“隴州吳山縣”，宋代隴州，即今陝西隴縣乾陽一帶，吳山縣是其轄縣之一，因境内有吳山而得名。“吳山”，即今千山，舊作汧山。《讀史方輿紀要》云：“吳山城，漢喩麋縣地，有長蛇水……（北魏）

長蛇鎮是也，西魏改爲長蛇縣，隋開皇末廢，唐貞觀初復爲吳山縣，治槐衙堡，上元初移置龍盤城，屬隴州，宋因之，金省爲吳山鎮。"① 吳山鎮舊址位於陝西省寶鷄縣新鄉街西北的廟川村，距寶鷄市約 30 公里。

〔3〕"仁豐鄉泉項社"，具體位置今已不可考，但"社"這一詞值得注意。"社"最初作爲一種民間社會互助集團出現在南北朝時期，隋唐時期得到大肆發展。但宋代的"社"究竟是一種民間集團，還是鄉以下的行政機構，因爲資料缺乏的緣故，尚無法斷定。據經典文獻記載，"社"作爲一級行政機構正式出現的年代則遲至元代。但根據在寶鷄地區見到的幾方買地券資料來看，"社"在寶鷄廣泛出現的時間似不遲於北宋初年。

〔4〕"先于姓"之"于"，程義、李郁宏認爲即"羽"字，蓋據五音五姓法，"馬"屬羽姓。五音葬法也就是五行定位法。據《重校地理新書》記載："人生則有居室，終則有兆域，奉其姓氏配之於五行，因其勝衰以錯於地，五行變然後吉凶生，吉凶生然後利害明，聖人將使人就利違害，是以謀及卜筮占相焉。"此券"先于姓"之"于"字和"子"頗爲相近。然五音爲"宮商徵羽"，無"子姓"之説。但同樣也沒有"于姓"之説。查《重校地理新書》五音分姓，得知"馬"屬"羽姓"。因此，該字應該是"于"字，由於道士的文化程度不高，故而以音近字替代。這種情況在地券中屢見不鮮。

〔5〕"於村東後掌房親馬繼卒地内草壙"之"草"，程義、李郁宏認爲當爲"造"字之誤，其説可從。

〔6〕"行錢"，原報告認爲，第五行和第九行之"錢"字，原字爲一異體字，有人隸定爲"身"字，但文意不通，似以"錢"字爲妥。其説可從。秦漢時期的文獻，以及考古出土的秦簡、漢簡資料中載有"行錢"一詞。《漢書·百官公卿表》："鄲侯周仲居爲太常，坐不收赤側錢，收行錢論。"顔師古注曰："赤側當廢而不收，乃收見行之錢也。"《漢書·師丹傳》："會有上書言古者以龜貝爲貨，今以錢易之，

---

① 顧祖禹. 讀史方輿紀要（卷55）［M］. 北京：中華書局，2006：2654.

民以故貧，宜可改幣。上以問丹，丹對言可改。章下有司議，皆以爲行錢以來久，難卒變易。丹老人，忘其前語，後從公卿議。"《張家山漢墓竹簡·二年律令·錢律》："錢徑十分八寸以上，雖缺鑢，文章頗可知，而非殊折及鉛錢也，皆爲行錢。金不青赤者爲行金。敢擇不取行錢、金者，罰金四兩。"古時"見"通"現"。《史記·項羽本紀》："今歲饑民貧，士卒食芋菽，軍無見糧。"因此，"行錢"就是"現行之錢"，亦即"通行之錢"①。

〔7〕"公堅、李定杜（度）"，即爲地券中常見的"張堅固、李定度"二位神仙。《全隋文補遺》的作者不明此二人并非真人，而把很多文書歸於此二人名下。然稍加留意，即可發現此二人存在的時間竟長達數百年之久。

〔8〕"金主"，後面漏刻了"簿"字。這個"金主簿"同樣是道士們捏造出來的一個神仙，而和鑄錢的錢監沒有任何關係。聯繫到"金石同壽"的觀念，"金主簿、石功曹"的意義就很明白了。作爲這種買賣的見證人，必須是能夠伴隨死者而永久存在的人，金主簿和石功曹自然是最合適不過的人選了。

【有關問題探討】

此券書寫格式極爲特別，按正反分別書寫。此種格式的地券過去也有發現，在張傳璽主編的《中國歷代契約會編考釋》中就收有《南漢大寶五年（962）扶風郡馬二十四娘買地石券》《僞齊阜昌八年（1137）虢縣朱近買田券》《金皇統三年（1143）高麗國僧世賢買地券》三券。此外，四川洪雅宋墓發現的《元豐三年（1080）程文賢地券》、成都附近出土的《北宋宣和五年（1123）孟氏三娘子石券》《北宋嘉定十六年

---

① 吳榮曾先生曾撰有《秦漢時的行錢》一文，不同意顏師古的説法。吳文還以文獻記載和秦簡、漢簡等資料爲據，斷言："現在由於能看到西漢的《錢律》，終於能完全弄清西漢時行錢的性質問題，長期以來把行錢看作是'現行'或'通行'錢幣的看法遭到徹底的否定。"并認爲："通過秦簡、漢簡，明確了當時所謂的行錢，實際上是指質次的銅錢。行錢不僅可以流通，而且拒用者還要受重罰。這成爲秦漢貨幣政策中頗具特色的一項内容。"可見，吳氏是將"行錢"看作是"質次的""可以流通"的銅錢。

(1223）任氏石券》也爲此類地券。近來在甘肅徽縣又發現一方《北宋元符二年（1099）何君買地券》，也是此類格式。

關於文書内的倒寫現象，劉戈（2006）在研究回鶻文文書時曾經專門討論過。據劉氏統計，這種現象早在唐代漢文文書裏已經出現，目的在於突出某些重要的内容①。但據同書所引《安懷清買地契》署名部分來看，與其説是"突出某些""尊重之意"，倒不如説是爲了"防僞"。一件契約同時書寫兩份，買賣雙方各執一份，如果一方複製并改動其中主要部分就會導致買賣的内容發生變化，因此契約的首要問題在於防僞。尊重某些重要的當事人，突出某些關鍵的詞彙固然重要，但換個角度思考，這些部位恰恰是契約的關鍵部分。因此，倒寫的最初含義應當在於防止複製改寫契約。稍後，劉戈又列舉了三方買地券作爲回鶻文契約倒寫的一個源頭。

其實，這些買地券之所以要采取正反書寫的格式，恰恰是因爲現實生活中的文書已有倒寫的習慣。因爲，買地券是"實在的冥世土地買賣契約"，它是對現實地券的模仿。所以，買地券和回鶻文文書倒寫現象均是"流"，而不是"源"。

【主要參考文獻】

[1] 王紅武．陝西寶鷄縣縣功公社陳家咀大隊出土一批宋代文物［J］．《文物》，1981（8）：89．

[2] 程義，李郁宏．跋寶鷄政和七年《馬翁墓志》［J］．《四川文物》，2008（3）：92 – 95．

[3] 曾維華．釋秦漢時期的"行錢"［M］//中國古史與文物考論．上海：華東師範大學出版社，2008：57 – 64．

[4] 魯西奇．中國古代買地券研究［M］．廈門：廈門大學出版社，2014：304 – 305．

---

① 劉戈．回鶻文買賣契約文書譯注［M］．北京：中華書局，2006：254 – 268．

金明昌六年（1195）王立買地磚券

【題記】

2008 年出土於山西汾陽市南東龍觀一座磚砌單室墓（M5）中。王俊、暢紅霞發表《2008 年山西汾陽東龍觀宋金墓地發掘簡報》，作了介紹。據報告，五號墓是一座中型磚砌八角形單室墓，穹隆頂。由墓道、墓門、甬道、墓室組成。墓室內設磚床，方磚鋪砌，高 0.3 米。磚床正面靠墓室北壁置買地券一塊，磚質，四周用墨綫畫有邊框，正方形，邊長約 30 厘米。券文朱書 15 行，楷體，書寫工整。原報告著有錄文，并附有券磚圖版，然不甚清晰。茲據原石圖版，參校各家著錄，重新校錄如下（图三五）。

圖三五　山西汾陽出土王立買地磚券原券（《文物》2010 年 2 期，30 頁）

【録文】

維明昌六年伍月拾貳日，汾州府城崇德坊〔1〕居住/王立，伏爲本身病患〔2〕，今來預修砌墓一座〔3〕。故龜筮/協從，相地襲吉〔4〕，宜於本州西河縣慶雲鄉東景□村/西□壹里已來祖園前安厝宅兆〔5〕。謹用錢九百九十/九貫文，兼五彩信幣，買地一段，新封園一座〔6〕：南北長/壹拾叁步伍分貳厘〔7〕，東西闊壹拾貳步伍分。東至甲/乙，西至庚辛，南至丙丁，北至壬癸，內方戊己，分掌擘四/域。丘墓神祇，封步界畔。道路諸神，齊整阡陌。千秋百/歲，永無央咎。〔8〕今以脯修酒飲，百味香新〔9〕，奉爲信契。/財地交相分付，工匠修塋安厝已後，永保修吉〔10〕。知見/人：乙卯。保人：壬午、直符、丙申。故氣邪精，不得忓恠〔11〕。/先有居者，永避他［處］〔12〕。若違此約，此地掌吏使者/自當其禍，王立悉皆安吉。急急如/五方使者女青律令〔13〕。/

【校釋】

〔1〕 “維明昌六年伍月拾貳日，汾州府城崇德坊”，原報告釋作“維明昌陸年伍月拾貳日汾州府城崇德坊”。王新英、魯西奇等從之。今審驗拓本圖版，“明昌陸年”，之“陸”，圖版清晰，當寫作“六”。“明昌”，爲金章宗年號；“明昌六年”，即南宋寧宗慶元元年，公元1195年。“汾州府城崇德坊居住王立”，即汾州府城內崇德坊居住民王立，王立即此買地券的主人公，也是此墓墓主。據簡報，5號墓墓門上方匾額有“王立之墓”四字，買地券與之姓名吻合。

〔2〕“今身病患”之“今身”，意思不可解。今審驗拓本照片“今”字字形，當爲“本”字。“本身”即自身之義。《朱子語類》卷七五：“太陽居一，除了本身便是九箇。”元睢景臣《哨遍·高祖還鄉》套曲：“你本身做亭長耽幾盞酒，你丈人教材學讀幾卷書。”

〔3〕“今來預修砌墓一座”，“來”之前有一字，原石圖版字形清晰，即“今”字。原簡報釋文漏而未錄，今據圖版補上。

〔4〕"故龜筮協從，相地襲吉"，"故"，買地券多習作"歿故""亡故""物故"。此"故"前很模糊，難以判斷是否還有一字。"龜筮協從，相地襲吉"，買地券習語，"協從"表和合、順從的意思。古人凡動遷之事，往往卜問求吉。如《尚書·召誥》："太保朝至於洛，卜宅。厥既得卜，則經營。"孫星衍疏："《周官·太卜》：'國大遷則貞龜。'故須得卜，言得吉兆也。""相地"是堪輿學用語，此處指選取陰宅。"龜筮協從"祇是套語，古代選墳遷墓多請風水先生相地點穴。"宜於……安厝宅兆"中間多爲地點、處所，表示適合修墳下葬於某地。"宅兆"即墳墓的意思，買地券中習見，今不贅舉。

〔5〕"宜於本州西河縣慶雲鄉東景□村西□壹里己來祖園前安厝宅兆"，原簡報錄作"宜於本州西河縣慶雲鄉東景寧（？）村西北己未祖園前安厝宅兆"。按，"村"前一字照片模糊，難以辨識，暫且存疑。"西"之後一字，《簡報》釋爲"北"，恐非是。《王立買地券》有"北"字，如"北至壬癸"，其中"北"字圖版，與此字寫法顯然有別，姑且存疑。"西"後第二、三字，《簡報》釋文失錄，今細審爲"壹里"。"祖園"前之字，照片清晰，是"來"字而非"未"字，《簡報》釋文誤。"來"前一字，從辭例來看，當釋作"已"。"已來"即"以來"。

〔6〕"謹用錢玖百玖十玖貫文，兼五彩信幣，買地壹段，新封園壹座"，原簡報錄作"謹用錢九百九十九貫文兼五彩信幣買地一段新封園一座"。按，"座"前一字照片清晰，當釋爲"壹"字。"段"前一字模糊不清，但從此券文中"一"字皆習慣寫作"壹"來看，似亦當釋爲"壹"字。《簡報》釋文所謂"九"字照片清晰，當以"玖"字爲是。用錢"九百九十九貫文"，他處買地券券文多作"九萬九千九百九十九貫文"，如，《錢擇買地磚券》："謹用銀錢九萬九千九百九十九貫文，兼五彩信幣，於後土皇地祇處，買地一段。"

〔7〕"南北長壹拾叁步伍分貳厘"，"拾"後一字照片字迹清晰，當是"叁"字，《簡報》釋"貳"誤，今訂補之。

〔8〕"千秋百歲，永無央咎"，原簡報錄作"千秋百歲，永無央

咎"。按，"咎"前一字照片清晰，當是"央"字。"央"通"殃"，"永無殃咎"爲買地券習語。如，《陶時買地券磚》："致使千秋百載，永無殃咎。"

〔9〕"今以脯修酒飲，百味香新"，原簡報録作"今以脯酒負飲，百味香新"，按："脯""酒"之間有一字，照片清晰，乃是"修"字，《簡報》釋文失録，今當補上。"修""脩"典籍中多相通之例，脩，指乾肉。《説文·肉部》："脩，脯也。"《正字通·肉部》："脩，肉條割而乾之也。""脯修"連稱常見於典籍。"脯脩"，指乾肉。以酒肉、百味、香新爲祭品訂立契約是買地券習語。

〔10〕"永保修吉"，"修吉"當作"休吉"。如，《南宋淳熙元年（1174）滑璋買地券磚》："分付工匠修營，安厝以後，永保休吉。""休"，有美善之意，如《易·大有》："順天休命。"鄭注："美也。""永保休吉"，即永遠美好吉利之意。"已後"，即以後。

〔11〕"故氣邪精，不得忏愹"，原簡報録作"故氣邪精不得干（?）憂（?）"。"故氣"，指先死之人的不滅之氣。"得"後二字，《簡報》釋文作"干擾"，而又存疑。今目驗原照片，乃是買地券常用的"忏愹"二字，而非"干擾"。此二字雖較模糊，但據其辭例位置及筆畫輪廓，當是"忏愹"無礙。"忏愹"有時也作"干愹""肝愹""甘愹""占愹"，即冒犯、侵奪之意。

〔12〕"先有居者，永避他［處］"，"他"後有一字照片清晰，是"處"字。《簡報》釋文失録，當補上。

〔13〕"急急如五帝使者女青律令"，原簡報録作"急急如五方使者女青律令"，按，"五方使者"，買地券多作"五帝使者"。今查原照片，《簡報》所謂的"方"字，較爲模糊，但此字上部殘存字形仍可窺見，故從"帝""方"的筆畫及輪廓來看，此字爲"帝"字的可能性較大。《簡報》釋文釋作"方"似不妥。"五帝使者"，爲買地券習語，或作"五帝主者"，如，《史孝恭等爲父母買地磚券》："急急如五帝主者女青律令。"《陶時買地券》："急急如五帝使者女青律令。"

【有關問題探討】

據簡報可知，此墓的墓門爲仿木結構磚雕門樓，頂部滴水排列整齊，下有椽頭、斗栱，居中有匾額一塊，刻"王立之墓"4字，匾額兩側各繪一朵紅色牡丹花。此外，在 M5 墓道東南發現一處活土小坑，出土器物有買地券、地心磚、陶罐、泥錢、墨塊、澄泥硯等。買地券與地心磚相對蓋壓在陶罐上，陶罐内裝大小泥錢、墨塊等。買地券方形，邊長33、厚5厘米，正面用硃砂書寫，其内容與 M5 墓室中買地券内容完全一致，且很可能是同一人書寫，值得注意。

【主要參考文獻】

［1］王俊，暢紅霞. 2008 年山西汾陽東龍觀宋金墓地發掘簡報［J］.《文物》，2010（2）：23 - 38.

［2］王新英. 全金石刻文輯校［M］. 長春：吉林文史出版社，2012：378.

［3］鵬宇. 金明昌六年《王立買地券》校釋［J］.《中國國家博物館館刊》，2014（10）：66 - 69.

［4］魯西奇. 中國古代買地券研究［M］. 廈門：廈門大學出版社，2014：287 - 288.

南宋寶祐二年（1254）張重買地石券

【題記】

1982 年出土於江西省吉水縣金灘鄉洞源村太平山野鴿形坡地，現存吉水縣博物館。從墓葬形制與隨葬品來看，墓主當爲一般平民。陳定榮（1987）發表《江西吉水紀年宋墓出土文物》，作了介紹。據報告可知，買地券 1 件，青石質，高 68、寬 35、厚 6 厘米。半圓額，大字直書 5 行，行各 2 字，自右至左讀，爲"有宋張君重四宣義地券"。正文16 行，中有符籙 1 行，在第 12 行與第 13 行之間，其上首爲"勑"字，

下即符籙。原報告僅有前半段錄文，未全部錄文，然附有拓本圖版。高
朋（2011）、魯西奇（2014）、楊巴金（2014）等均有錄文。茲據拓本
圖版，參校各家著錄，重新校錄如下（圖三六）。

圖三六　江西吉水出土張重買地石券拓本（《文物》1987 年 2 期，68 頁）

【錄文】

　　青烏子〔1〕曰：按鬼律〔2〕云：“葬不斬草、買地、立券，謂之
盜葬〔3〕。”遖〔4〕作券文曰：維/皇宋寶祐二年歲在甲寅，十二月己

巳朔越十二日庚辰，孤哀子張叔子，伏爲/先考〔5〕重四宣義，生於
紹熙庚戌九月十有八日，終於嘉熙丁酉十一月二十七日〔6〕，以庚子
歲/閏月朔，葬于廬陵縣膏澤鄉汪塘原〔7〕。今卜此吉日，動土斬草，
以是月十七日乙酉改葬而安/厝〔8〕之。龜筮協從，州曰吉州，縣曰
吉水，鄉曰中鵠，原曰洞源，太平山即壬亥山，己丙向，爲之宅/兆。
謹以冥貨極九九之數〔9〕，幣帛依五方之色〔10〕，就於后土陰［官］
鬻地一區。東止青龍，西抵/白虎，南極朱雀，北距玄武〔11〕。内方
勾陳，分治五土。彼疆爾界〔12〕，有截其所。神禹〔13〕所度，豎亥
所步〔14〕。丘/丞墓伯，禁切呵護。歐彼罔象，投畀虎〔15〕。弗迷
獸異，莫予敢悔。千齡億年，永無災苦。敢有干犯〔16〕，/神弗置汝，
幽堂亭長，收付地下，主者按罪，弗敢云赦。迺命翰林主人、子墨客卿
〔17〕爲作券文。亡/靈允執〔18〕，永鎮幽宅。天光下臨，地德上載。
藏辰合朔，神迎鬼避。塗車芻靈，是爲器使。夔龍/魑魅，莫敢逢旃
〔19〕。妥亡佑存，罔有不祥。子子孫孫，俾熾俾昌〔20〕。山靈地神，
實聞此言。謂予不信，有/如皦日〔21〕。梅仙真時在旁知。急急如太
上女青律令！勅！/勅！（以下爲符籙）/太上靈符，鎮安幽宅。亡靈永
吉，子孫昌熾。邪精伏藏，蛇鼠遁迹。急急如律！勅！/玉女地券，神
呪：/太乙金璋，靈氣輝光〔22〕。六丁左侍，六甲右傍〔23〕。青龍
拱衛〔24〕，白虎趨鏘〔25〕。朱雀正視，玄武當堂。川原吉/水，善應
凶藏〔26〕。五方五殺〔27〕，不得飛揚。今奉太上玉女神秘券呪，急
急如律令！勅！/

【校釋】

〔1〕“青烏子”，傳説中的古代堪輿家。或説黃帝時人，或説秦漢
時人。《廣韻·平青》引漢應劭《風俗通》：“漢有青烏子，善數術。”
唐柳宗元《伯祖趙郡李夫人墓志銘》：“子孫百代承靈祉，誰之言者青
烏子。”

〔2〕“《鬼律》”，原不著撰人，從内容看，應爲魏晉南北朝時期的
天師道戒律。《赤松子章曆》《道要靈·神鬼品經》等早期道書已引此

書。原本 8 卷，《通志·藝文略》錄作 10 卷。今《道藏》本 6 卷，收入洞神部戒律類。書中宣稱：自後天皇元年以來，天下有無數惡鬼傷害人民。太上不忍見之，乃於後天皇二年七月七日“下此《鬼律》八卷，紀天下鬼神姓名、吉凶之術，以救天師張道陵，使救鬼神不得妄轉東南西北”。書中記錄各種鬼神姓名，并假托太上和張天師，勸導通道男女行持戒律，念誦鬼名，如此則可趨吉避凶，“萬鬼不幹，千神賓伏”。又有所謂三五七九長生之道、黃赤合氣之術，亦爲早期天師道方術。可見，《鬼律》作爲道教的典籍是毋庸置疑的。

〔3〕“盜葬”，《青烏先生葬經》：“幽陰之宮，神靈所主。葬不斬草，名曰盜葬。斬草開地之日以酒奠地神，然後以草斬三斷，不然則爲盜葬矣。”“盜葬”表“葬不斬草買地立券”，這在傳世典籍中很少見。金元成書的《大漢原陵秘葬經》詳細記述了擇地安葬及不同身份的死者隨葬墓俑的要求內容，不擇地者則是“不斬草者名曰盜葬也，是以亡魂不寧，生人不利，天曹不管，冥府不收，攪擾生人，頻遭殃禍”。《説郛·相地骨經》曰：“幽陰之宮，神靈所主，葬不斬草，名曰盜葬，葬及祖墳，殃及子孫。”在買地券中，“盜葬”表“葬不斬草買地立券”，衹在宋元明出現，且衹在江西地區，反映了江西地區的喪葬習俗。《漢語大詞典》未收此義項，當補。

〔4〕“廼”，同乃。《集韻·海韻》：“廼，《説文》：‘曳詞之難也。’一曰汝也。或作乃、廼。”唐柳宗元《民詩》：“明翼者何？廼房廼杜。”

〔5〕“先考”，《漢語大詞典》收有此詞。《禮記·曲禮下》：“生曰父，曰母，曰妻；死曰考，曰妣，曰嬪。”後以“先考”稱亡父。亦以“先考”稱別人的亡父。北魏《元誘妻薛伯徽墓志》：“先考授以禮經。”唐張九齡《追贈祭文》：“謹以醢脯庶羞之奠，敢昭告於先考先妣之靈。”明馬愈《馬氏日抄·牌額》：“二卿爲之弗安，問於先考府君。”

〔6〕“伏爲先考重四宣義，生於紹熙庚戌九月十有八日，終於嘉熙丁酉十一月二十七日”，結合下文可知，殁亡人張重生於紹熙元年（庚戌，1190），卒於嘉熙元年（丁酉，1237），嘉熙四年（庚子，

1240）初葬於廬陵縣膏澤鄉汪塘源，寳祐二年（1254）十二月改葬於吉水縣中鵠鄉洞源原太平山。吉州廬陵、吉水二縣相鄰，吉水縣在廬陵縣東，贛江東岸。《太平寰宇記》謂"大業末分廬陵水東十一鄉置吉水縣"①。本券出土地在今吉水縣金灘鄉洞源村，位於贛水之西，緊鄰吉安市。可知南宋時，吉水縣中鵠鄉當即在今吉水縣西境内之金灘鎮一帶，而廬陵縣膏澤鄉當在今吉安市北境之長塘鎮一帶。

〔7〕"汪塘原"，原報告録作"汪塘原"；高朋、魯西奇等校録作"汪塘源"。今審驗此字原石照片，左邊無三點水，當爲"原"字。下文又有"原曰洞源"，亦可爲證。

〔8〕"安厝"，安葬。《孝經·喪親》："卜其宅兆而安措之。"邢昺疏："宅，墓穴也；兆，塋域也。葬事大，故卜之。"漢班固《白虎通·崩薨》："崩薨别號，至墓同，何也？時臣子藏其君父，安厝之義，貴賤同。葬之爲言下藏之也。"

〔9〕"謹以冥貨極九九之數"，原報告未有録文。高朋録作"冥貨"；魯西奇校録作"真貨"。今審驗此字原石照片，上部分寶蓋頭清晰可辨，當爲"冥"字。"冥貨"，當指陰間的錢幣。南朝宋以後，買地券中機械地以"九九之數"標價。其後，此習更有發展。周密《癸辛雜識》："宋時造墓，必製買地券，在梓木上用硃砂書寫：'用錢九萬九千九百九十九文，買到其地。'"② 江西吉安出土《宋少傅大觀文益郭贈泰始地券》有"謹以冥貨極九陽之數"之句，亦可爲證。

〔10〕"幣帛依五方之色"，原報告未有録义。高朋録作"五方之色"。魯西奇校録作"五方之邑"。江西吉安出土《宋少傅大觀文益郭贈泰始地券》："幣帛備五方之色，就於后土陰宮鸞地一區。"可爲證。

〔11〕"東止青龍，西抵白虎，南極朱雀，北距玄武"，此墓四至所用動詞分别是"止""抵""極""距"，四詞相對，詞義相近。"止"，

① （宋）樂史. 太平寰宇記·江南西道吉州"吉水縣"（卷一〇九）［M］. 北京：中華書局，2007：2217.
② （元）周密. 癸辛雜識［M］. 北京：中華書局，1988.

至，臨。《字彙·止部》："止，至也。"《詩·魯頌·泮水》："魯侯戾止，言觀其旗。"毛傳："止，至也。""抵"，至。《廣雅·釋詁一》："抵，至也。"《漢書·禮樂志》："中木零落，抵冬降霜。"孟康注："抵，至也。至冬而霜降。""極"，至，到。《爾雅·釋詁上》："極，至也。"《詩·大雅·崧高》："崧高維嶽，駿極於天。"鄭玄箋："極，至也。""距"，至，到達。《字彙·足部》："距，至也。"《書·益稷》："予決九川，距四海。"孔傳："距，至也。"《資治通鑑·漢獻帝初平二年》："復進軍大谷，距雒九十里。"胡三省注："距，至也。"

〔12〕"彼疆爾界"，原報告未有錄文。高朋錄作"彼疆四界"；魯西奇校錄作"彼疆爾界"。今審驗此字原石圖版，字形輪廓清晰，當爲"爾"字。《漢語大詞典》收有"此疆爾界"，謂劃分疆界，彼此阻隔。《詩·周頌·思文》："無此疆爾界，陳常于時夏。""彼疆爾界"當與"此疆爾界"詞義相同或相近。

〔13〕"神禹"，即大禹，姒姓、夏后氏，名文命，字高密，號禹，後世尊稱大禹，夏后氏首領，傳說是鯀之子，顓頊之孫，軒轅黄帝之玄孫。

〔14〕"豎亥所步"之"豎"，原報告未有錄文。高朋直接錄作"豎"；魯西奇補錄作"[豎]"。今審驗此字原石圖版，字形清晰，沒有殘損，不需加補字符號。"豎亥所步"，亦見於其他買地券，如，江西吉安出土《宋少傅大觀文益郭贈泰始地券》："神禹所度，豎亥所步。"①此兩券的行文格式特別接近，當出自同一種範本。

〔15〕"歐彼罔象，投畀兕虎"，原報告未有錄文。高朋、魯西奇錄作"驅彼罔象，投畀凶虎"。魯西奇校錄作"驅彼罔象，投畀凶虎"。今查驗原石圖版，"驅""凶"兩字字形清晰可辨，當爲"歐""兕"。江西吉安出土《宋少傅大觀文益郭贈泰始地券》："歐彼罔象，投畀兕虎。"亦可爲證。

〔16〕"干犯"，冒犯；觸犯；干擾。傳世文獻有用例。《後漢書·

---

① 高立人．盧陵古碑錄［M］．南昌：江西人民出版社，2007：9-10.

史弼傳》："干犯至戚，罪不容誅。"宋王讜《唐語林·政事上》："先是京城惡少及屠沽商販，多繫名諸軍干犯府縣法令，有罪即逃入軍中。"

〔17〕"翰林主人、子墨客卿"，此句藉用典故，指代有學識之人。揚雄《長楊賦》："雄從至射熊館，還，上《長楊賦》。聊因筆墨之成義章，故藉翰林以爲主人，子墨爲客卿以風。其辭曰：'子墨客卿問於翰林主人曰……'"宋洪邁《容齋隨筆·東坡不隨人後》曰："自屈原詞賦假爲漁父、日者問答之後，後人作者悉相規仿。司馬相如《子虛》《上林賦》以子虛、烏有先生、亡是公，楊子雲《長楊賦》以翰林主人、子墨客卿，班孟堅《兩都賦》以西都賓、東都主人，張平子《兩都賦》以憑虛公子、安處先生，左太衝《三都賦》以西蜀公子、東吳王孫、魏國先生，皆改名換字，蹈襲一律，無復超然新意稍出於法度規矩者。"

〔18〕"亡靈允執"，原報告未有錄文。高朋錄作"亡靈允執"。魯西奇校錄作"亡靈〔收〕執"。今審驗第三字圖版，從字形判斷，當爲"允"字。

〔19〕"夔龍魑魅，莫敢逢旃"，語出張衡《西京賦》："禁禦不若，以知神奸。魑魅魍魎，莫敢逢旃。"李善曰："《左氏傳》曰：'王孫滿謂楚子曰：昔夏鑄鼎象物，使人知神奸。故人入川澤，不逢不若，魑魅魍魎，莫能逢旃。'杜預曰：'若，順也。'《説文》曰：'魑，山神，獸形。魅，怪物。魍魎，水神。'毛萇《詩傳》曰：'旃，之也。'"

〔20〕"俾熾俾昌"，指如同中午的太陽一樣永遠昌盛。最早見於《詩經·閟宮》，其言曰："俾爾熾而昌，俾爾壽而臧。"宋周密《武林舊事·皇子行冠禮儀略》卷八："（樂止）皇子復坐，贊冠者再進酒如前，祝曰：'旨酒既清，嘉薦令芳，三加爾服，眉壽無疆，永承天休，俾熾而昌。'皇子跪受爵。"

〔21〕"謂予不信，有如皦日"，此句爲盟誓祝願之辭，謂你不相信我，有此太陽作證。"皦"字，同"皎"，意思是明亮。此處用典，出自《詩經·王風·大車》："穀則異室，死則同穴；謂予不信，有如皦日。"

〔22〕"玉女地券神呪：太乙金璋，靈氣輝光"，高朋録作"玉女地券神呪：太乙金璋，靈□□光"。魯西奇校録作"玉女地券，神咒。太乙金璋，靈□□光"。關於"呪""咒"兩字，今審驗原石圖版，當爲"呪"字。今綜合各家之説録作"玉女地券，神呪。太乙金璋，靈氣輝光"。呪，詛咒。《廣韻》："呪，詛也。"《戰國策》："許綰爲我呪。"《後漢書·王忳傳》："忳呪曰有何枉狀，可前求理乎?"《關尹子·七釜篇》："有詛呪者。"

〔23〕"六丁左侍，六甲右傍"，謂幽宅左右兩邊有六丁六甲守護。"六丁"，指陰神玉女，"六甲"，指陽神玉男。六丁爲丁卯、丁巳、丁未、丁酉、丁亥、丁丑，是爲陰神。六甲爲甲子、甲戌、甲申、甲午、甲辰、甲寅，是爲陽神。據説六丁六甲爲天帝役使，能"行風雷，制鬼神"。道士可用符籙召請之。《後漢書·梁節王暢傳》："性聰惠，然少貴驕，頗不遵法度。歸國後，數有惡夢，從官卞忌自言能使六丁，善占夢，櫥數使卡筮。"注曰："六丁，謂六甲中丁神也。若甲子旬中，則丁卯爲神；甲寅旬中，則丁巳爲神之類也。"《雲笈七籤》卷十四稱："若闢除惡神者，書六甲、六丁等持行，并呼甲寅，神鬼皆散走。"後來此就演變成六丁六甲神。

〔24〕"拱衛"，環繞；衛護。前蜀杜光庭《自到仙都山醮詞》："衆流迴環，嚴設龍蛇之府；群峰拱衛，秀爲真聖之都。"明沈德符《野獲編·畿輔·四輔城》："自大寧撤防，東勝失守，關隘彌近，拱衛宜嚴。"

〔25〕"趨鏘"，即"趨蹌"。古時朝拜晉謁須依一定的節奏和規則行步。這裏指侍奉。《詩·猗嗟》："巧趨蹌兮。"孔穎達疏："禮有徐趨疾趨，爲之有巧有拙，故美其巧趨蹌兮。"唐元稹《王悦昭武校尉行左千牛備身制》："莊憲皇后姪王悦等，或勳戚蔭餘，或公卿貴胤。佩觿有趨蹌之美，釋褐參侍從之榮。"

〔26〕"善應凶藏"，指吉祥得到應驗，禍殃被掩藏起來。高朋録作"善應兄歲"。今審驗此字原石圖版，筆畫清晰，當爲"凶"字。

〔27〕"五方五殺"，高朋録作"五方五煞"。今審驗此字原石圖版，

筆畫較爲清晰，當爲"殺"字。"五殺"，即五煞。"煞"，指兇神惡鬼之類。唐張讀《宣室志·補遺》："俗傳人之死，凡數日，當有禽自柩中而飛者，曰'煞'。太和中，有鄭生者，嘗客於隰州，與郡官畋於野，有鷹得一巨鳥，色蒼，高五尺餘。生將命解而視之，忽亡所見。生驚，即訪里中民訊之，有對者曰：'裏中有人死且數日，卜人言，今日'煞'當去，其家伺而視之，有巨鳥，色蒼，自柩中出。君之所獲，果是乎？'"

【有關問題探討】

該墓地券文字格式自成體系，且券末刻有符籙一道，類似例證目前僅見於吉安及臨近地區。以宋元時代爲限，依年代早晚順次有：紹熙元年（1190）吉州廬陵縣胡氏、紹熙五年（1194）吉州廬陵縣葛彥迪、嘉泰四年（1204）吉州廬陵縣周必大、紹定六年（1233）臨江軍新淦縣楊氏、景定元年（1260）臨江軍新淦縣王百四、至元十六年（1279）吉安府廬陵縣彭因、延祐六年（1319）吉州路永豐縣陳淑靈等。（出自《廬陵古碑錄》《江西出土墓志選編》）其中末段"玉女地券神呪"僅張重四及彭因兩例。至於符籙圖形及其後"太上靈符"等二十四字，類似者又有寶祐五年（1257）撫州宜黃縣劉氏一例。

江西北宋以來地券文本中常見開皇地主、土公、土母、張堅固、李定度、功曹、主簿、直符等神祇之名，格式雖不固定，內容大致類似，地域傳統較爲穩定。"玉女地券"作爲嶄新類型，似與道教信仰相關，且目前所見例證自南宋中期光宗朝方始出現，而同出自吉安之張寧鎮墓文則屬於稍早孝宗朝。以往探討宋元道教系統買地券與鎮墓文重點多在成都平原，且有相關道教文獻以爲參照佐證。吉安地區所見"玉女地券"雖尚未得證確切文本來源，仍可豐富對於江西宋元葬俗認識，有待深入研討。

【主要參考文獻】

[1] 陳定榮．江西吉水紀年宋墓出土文物［J］．《文物》，1987

（2）：66－70.

　　［2］高朋．人神之契：宋代買地券研究［M］．北京：中國社會科學出版社，2011：224.

　　［3］魯西奇．中國古代買地券研究［M］．廈門：廈門大學出版社，2014：405－406.

　　［4］楊巴金．廬陵史事考述［M］．南昌：江西人民出版社，2014：70－71.

第四章　元明清買地券輯注

　　本部分共輯録元明清買地券 10 件，其中元代 2 件、明代 7 件、清代 1 件，出土地散佈在全國各地，主要書寫於磚、石或陶上。與宋代不同，元明清三代均未頒行如《地理新書》那樣的官修地理之書，但是《地理新書》式買地券廣泛傳布與使用，表明包括使用《地理新書》式買地券這一環節在内的埋葬科儀，早已深入民間。

　　明清傳統文獻中有關買地券的記載十分稀少。明萬曆中，徐渭在述及所見晉太康五年（284）楊紹買地券時説："詳玩右文，似買於神，若今祀后土義，非從人間買也。"① 從其語氣來看，徐渭顯然已不知其時民間是否仍在使用買地券。晚晴及民國初年，端方、羅振玉等著録漢唐乃至明清買地券，也不過將之作爲古物對待，甚少與當世葬俗相聯繫。柯昌泗曾就當時所見資料，總論歷代買地券之使用云："羅師《蒿里遺文目録》、《地券徵存》所録地券，至爲詳備。凡漢玉券一、鉛券六，吳磚券、晉磚券二，劉宋磚券一，後魏磚券一，唐磚券三，南漢石券一，宋石券四，金石券二、磚券一，元磚券二，明石券三、磚券四，高麗石券一。其制，初以鉛爲之，浸假而爲磚刻，宋以來始有刻石，此可據目録而稽者也。"② 則知明代仍有使用買地券者，而未及於清代。清代仍在使用，祇是保存下來的數量不多。

---

① 徐渭. 五言古詩·柳元穀易繪二首序（卷四）［M］//徐渭集. 北京：中華書局，1983：91.

② 葉昌熾撰，柯昌泗評. 語石·語石異同評［M］. 北京：中華書局，1994：362.

元至元二十二年（1285）藍氏六娘買地陶券

【題記】

　　1987 年 8 月，江西高安漢家山磚窯工人取土，破壞一座古墓。此墓爲券頂磚室墓，位於高安縣東方紅鄉南門村漢家山磚窯廠。墓內出土器物共 32 件，可分爲陶俑、瓷器、銅器、地契四類。買地券，泥質灰陶，陶質較硬，長 33、寬 26 厘米，板面微凸。券首橫刻陰文“地契文”3 字，正文豎刻陰文 12 行，各行之間刻有直綫，刻痕較深。劉翔（1989）發表了《江西高安縣漢家山元墓》一文，錄有釋文，并附有拓本圖影。張傳璽（1995）《中國歷代契約會編考釋》著有錄文。兹依據拓本圖影，重新校錄如下（圖三七）。

【錄文】

地契文〔1〕

　　維大元國江西道瑞州路在城河南岸慶善坊〔2〕居住/殁故藍氏六娘〔3〕，元命壬午年九月初七日午時生，享年六/十有三，不幸於乙酉年八月初二日午時身故〔4〕。今命述/人迁葬，得［塋］（受）地［一穴］（而）〔5〕，坐落易俗鄉四十六都〔6〕地名青田崗，/坐寅山，作申向。今年大利，卜是日安葬。用錢九萬九千九/百九十九貫九百九十九文，於開皇地主買得其地，東止青/龍，西止白虎，南止朱雀，北止玄武，上至皇天，下至黃泉，中至/亡人墓宅。如有精靈古器魑魅，自今不得亂占。先有居/者，速避萬里。如違此約，地府主吏，自當其咎。亡存内外，/［悉］（委）〔7〕皆安吉。急急如太上五帝主者女青律令。/尋龍點穴：郭璞先生〔8〕。交正〔9〕：青鳥白鶴仙人。/書契：張堅固。交錢：李定度。/

【校釋】

　　〔1〕“地契文”，陰刻三個大字，橫貫契文上部。依地契可知，墓

圖三七　江西高安出土藍氏六娘買地陶券拓本
（《考古》1989 年 6 期，539 頁）

主爲女性，死年六十三歲，一三四五年八月初二日葬。

〔2〕"維大元國江西道瑞州路在城河南岸慶善坊"，亡人藍六娘生前居住地，據下文可知，遷葬地在易俗鄉四十六都。瑞州路，即宋瑞州（筠）所改，領高安、上高、新昌三縣及錄事司一。宋元瑞州城在錦水北岸。《永樂大典》卷八〇九二引元時成書的《瑞陽志》記瑞州"廢外城"，謂："唐武德五年，李大亮於高安縣西築靖州城。南唐昇元初，陳詔安令高安，築羅城，決溝洫。保大十年，刺史王顏建關城，長二千餘丈，通十二門。宋元豐間，太守毛維瞻修北城垣。舊城今遺址尚存。"① 本券稱藍六娘生前居於"河南岸慶善坊"，仍屬"在城"，則知錄事司所轄，包括錦水南岸的街區。《永樂大典》卷二二七

---

① （明）解縉. 永樂大典（影印本，第 4 册，卷八〇九二）［M］. 北京：中華書局，1986：3782.

○引《瑞州府志》記有陳家湖，謂“在水南朝天坊”①。則知水南至少有慶善、朝天二坊。

〔3〕“六娘”，原報告録作“夭娘”。今審驗原券此字拓本圖版，又結合上下文語意，此字當録作“六”。張傳璽録作“藍氏六娘”，亦可爲證。

〔4〕“乙酉年八月初二日午時身故”，原報告據此句中“乙酉年”，推斷爲至正五年（1345）；張傳璽作“1282年”，乃誤以亡人生年壬午年爲遷葬年所致，顯誤，兹不從。魯西奇據同墓出土銅錢九枚，均爲宋錢。又券文稱述亡人生年，稱爲壬午年，而未載年號，當是避免使用南宋年號所致，故而推斷藍氏六娘不當生於元至元壬午（十九年，1282），而當生於南宋嘉定壬午（十五年，1222），則亡人卒年當爲至元二十二年（1285）。然本券乃遷葬時所用，故其製作當在此後數年，或數十年間，亦未能知，姑係於亡人卒年之下。

〔5〕“今命述人迁葬，得［塋］（受）地［一穴］（而）”，原報告未加標點，此句録作“今命述人尋得受地而”，文意不通。張傳璽録作“今命述人遷尋得受地而坐落易俗鄉四十六都”。魯西奇録作“今命述人遷［葬］尋，得［塋］（受）地［一穴］（而），坐落易俗鄉四十六都地名青田崗”。今審驗拓本圖版，“遷”字拓本作簡體，後一字筆畫有些模糊，但輪廓可辨，似爲“葬”字，魯西奇爲是。“得”後之字圖版，從字形判斷，都爲“受”字，但“受地”不辭，買地券亦未見用例，今從魯西奇之説，校録作“塋”字。今審驗“地”後字拓本圖版，顯是“一穴”二字，原報告與張傳璽均誤作兩字連爲一字，誤甚！“述人”，不辭，當即“術人”，指以占卜、星相等爲職業的人。晉葛洪《抱樸子·行品》：“步七曜之盈縮，推興亡之道軌者，術人也。”

〔6〕“坐落易俗鄉四十六都”，券文不載易俗鄉屬於何縣，而本券出土地正在今高安縣筠陽鎮對岸之東方紅鄉，處於錦江之南，當屬高安縣。《永樂大典》卷二二六六引《瑞州府志》記有芰湖，謂“在高安縣

易俗鄉”，則知高安縣確有易俗鄉。高安縣所領鄉數，《太平寰宇記》記爲十一鄉①，《元豐九域志》記爲十七鄉②，《輿地紀勝》卷二七瑞州“景物”欄見有新豐鄉、調露鄉、來賢鄉、宣政鄉等目③。《永樂大典》卷二六〇三引《瑞陽志》記高安縣有集善堂，“在務農鄉四十四都之京山”；卷二二六六引《高安志》記藥湖，謂“在高安縣歸厚鄉”；又有銅湖，“在信義鄉，注田八百頃，有銅湖大王廟”④。據此可知，高安縣又有務農、歸厚、信義等鄉。

〔7〕“〔悉〕（委）皆安吉”，原報告録作“委皆安吉”，張傳璽從之。今審驗此字原券拓本圖版，字迹殘缺、模糊，單從殘存筆畫判斷，似與“委”字更相近，但“委皆安吉”，不辭，買地券亦未見用例。“委”當爲“悉”字，“悉皆安吉”，買地券習語。

〔8〕“郭璞先生”，即郭璞，東晉學者，道教奉爲神仙人物。參看《洞穴傳》。

〔9〕“交正”，不辭。魯西奇認爲當即“校正”。今從魯氏之説。“校正”，指校對改正。宋曾鞏《〈梁書目録〉序》：“臣等既校正其文字，又集次爲目録一篇。”清俞樾《春在堂隨筆》卷八：“一碑之中，訛字之多已如此，安得一一校正之。”

【有關問題探討】

券文中“張堅固、李定度”，是常見於買地券中的地府官吏名。據劉翔一文記載：“1985 年 5 月，江西省文物隊和臨川縣文物單位在臨川莫源李村清理了一座葬於慶元四年（1198）的南宋邵武知軍李濟南墓。

---

① （宋）樂史．太平寰宇記・江南西道四筠州“高安縣”（卷一〇六）［M］．北京：中華書局，2007：2118.
② （宋）王存．元豐九域志・河東路并州“高安”縣（卷四）［M］．北京：中華書局，1984：255.
③ （宋）王象之．輿地紀勝・江南西道瑞州“景物”（卷二七）［M］．北京：中華書局，1992：1214 – 1217.
④ 馬蓉等點校．永樂大典方志輯佚（第 3 册）［M］．北京：中華書局，2004：1858 – 1859、1867.

此墓出土的陶俑，對弄清張堅固、李定度的身份提供了實物資料。此墓出有陶瓷俑 7 件。而且大部分器底上有墨書題記。其中一件頭戴高背巾帽，着圓領長衫，雙手合掌於腹前，作侍立狀，底部有墨書'張堅固'。另一件頭頂縮，髻髮，雙手合掌前腹，底部有墨書'李定度'。這兩件有墨書題記的俑出土，證實了張堅固、李定度是作爲所謂地府的官吏出現於宋元時期墓葬中的。"此外，黃景春撰文《地下神仙張堅固、李定度考述》，讀者可參。

【主要參考文獻】

[1] 劉翔. 江西高安縣漢家山元墓 [J]. 《考古》，1989（6）：537－541.

[2] 張傳璽. 中國歷代契約會編考釋（上）[M]. 北京：北京大學出版社，1995：622－624.

[3] 魯西奇. 中國古代買地券研究 [M]. 廈門：廈門大學出版社，2014：413－415.

元大德二年（1298）劉千六買地石券

【題記】

1992 年 9 月出土於福建南平市三官堂一座合葬古墓中。墓葬是磚築仿木結構，雙室券頂，夫妻合葬。兩墓室形制大小、建築格式、布局及彩繪均相同。出土買地券爲青石質，高 40.6、寬 38 厘米。券文陰刻楷書 20 行，邊框陰刻纏枝花卉。

張文崟、林蔚起（1996）發表《福建南平市三官堂元代紀年墓的清理》一文，作了介紹。原報告未錄文，然附有拓本圖版。另據《南平地區志》（2004）記載曰："隨葬器物有青瓷碗、罐、盞、葵形銅鏡、銀罐、石質買地券和墓志以及'元豐通寶''皇宋通寶'13 枚等。墓主劉千六，進士出身，官南劍路學正，皇慶元年（1312）與妻許氏合葬於此。"茲據拓本圖版，參校各家錄文，重新校錄如下（圖三八）。

圖三八　福建南平出土劉千六買地石券拓本

（《考古》1996 年 6 期，50 頁）

【録文】

維大元大德二年歲次戊戌六月丙辰朔越十有八日癸酉，五方五帝、山川百/靈、后土陰官〔1〕、丘丞墓伯、阡陌諸神、蒿里父老、玄都鬼律女青詔書：今據南/劍州城内〔2〕□□坊□□居□、三寶事第子□貢進士劉公千六學正〔3〕，存命庚/子年十一月初五日□□□，享年五十七歲，于丙申年二月十一日巳時傾世〔4〕。今/三年六旬，既出禮喪，□□於三□，合卜吉地安厝〔5〕。□土吉、音利，本郡梯雲/坊田坑里土名南山下□山之原〔6〕，□□向甲，以爲冢宅。謹擇六月十八日癸/酉丁時安厝。□□□□□□□□□□□□□□□九千九百九十九貫文，兼/綵信幣，□□□□□□□□□□□□□□東至甲乙張元君，南/至丙丁□乙君，西至庚辛□□□，□□□□□□君。上至青天，下至□海，左/有章光……六學正水爲冢宅，千年/萬載……魍魎，□草□木要，無生魂□。/□□古器邪……河伯水官陳告，急急/□五帝主者女青律……若輒干犯，□□□□亭長，收付河伯。若違此約，/地府主吏，自當其禍。亡人内外存亡，□□□□。□□□□達於天一、地二、左日、右/月，並皆護相。青龍向……内方勾陳，分掌四域。丘丞/墓伯，謹肅界封。道路將軍，□□□□□□書給付/劉公學正收執爲照□。/大德二年六月日，五方五帝后土陰官，立契。/……牙人：張堅固。/……牙人：李定度。/

【校釋】

〔1〕“后土陰官”，指掌管土地的冥官。“后土”，土神或地神。《周禮·春官·大宗伯》：“王大封，則先告后土。”鄭玄注：“后土，土神也。”《漢書·武帝紀》：“朕躬祭后土地祇，見光集於靈壇，一夜三燭。”唐張説《大唐祀封禪頌》：“前年祈后土，人獲大穰。”“陰官”，冥官。宋葉夢得《避暑録話》卷上：“元豐間，有監黄河埽武臣，射殺埽下一黿，未幾死而還魂，云爲黿訴於陰府，力自辨黿數敗埽，以其職殺之，故得免，而陰官韓魏公也，冥間呼爲真人。”

〔2〕“南劍州城内”，墓主生前居住地。“南劍州城”，不詳築於何時。《永樂大典》卷七五一六引南宋時成書的《延平志》記南劍州有省倉，謂“在州西子城。端平乙未，董守洪委鄭僉循重修”①，是南宋時南劍州城已有兩重城垣，而其城内則分置諸坊。

〔3〕“進士劉公千六學正”，墓主劉千六，進士出身，官南劍路學正，即路屬學校的主管，掌教育所屬生員。“學正”，地方學校學官。宋元路、州、縣學及書院設學正；明清州學設學正，掌教育所屬生員。宋洪邁《夷堅支甲志·林學正》：“王瞻叔參政帥閩，公言林平生行義，不妄取予，使加禮重。王訪其所止，遣五兵一車，齎錢三萬，聘以爲學正。”

〔4〕“傾世”，去世，死亡。《漢語大詞典》收有此詞，文獻引例是

---

① （明）解縉 . 永樂大典（影印本，第 4 册）［M］. 北京：中華書局，1986：3454.

《清平山堂話本・合同文字記》，明顯過晚。

〔5〕"合卜吉地安厝"，此墓是夫妻合葬墓。據同墓所出劉千六妻許妙明墓志銘記載：許氏妙明位次三十九，南劍路城西人；至大三年（1310）十二月二日歿亡，皇慶元年（1312）三月辛酉合葬於劉千六之墓，"去城二里"。

〔6〕"本郡梯雲坊田坑里土名南山下□山之原"，據券文及墓銘記載，劉千六、許妙明夫婦生前居於南劍州城內□□坊，亡後葬地在去城二里之"梯雲坊田坑里"。元南劍路乃沿宋南劍州而來，後改稱延平路，置有録事司。劉氏居於城內，當屬録事司所轄。

【有關問題探討】

契約的成立和履行是雙方交易的行爲，但也常有第三方的參與，如居間人、仲介人、經紀人的參與。在中國古代契約關係的訂立和履行中，中介人更是起着重要的作用。券文中兩見"牙人"一詞，張堅固、李定度均作爲牙人出現。"牙人"，即撮合買賣拉攏生意的中介。始於説合牲畜買賣，西漢稱作"駔儈"，唐以後逐漸發展，擴充到各種買賣，甚至買賣人口、僱傭人力、充當宦官等，都有專業的牙行。《唐韻正》："中山詩話云：'古稱駔儈，今謂牙，非也。'劉道原云：'本稱互郎，主互市。唐人書互爲乇，似牙字，因僞爲牙耳。'"可見，稱牙人自唐代始，并有牙郎、牙儈、互郎、牙行、牙紀、牙字等名稱。《舊唐書・食貨志》："自今以後，有因交關用欠陌錢者，宜但令本行頭及居停主人、牙人等，檢查送官。如有容隱，兼許賣物領錢人糾告其行頭、主人、牙人，重加科罪。"唐薛用弱《集異記・寧王》："寧王方集賓客讌話之際，鬻馬牙人麴神奴者，請呈二馬焉。"

【主要參考文獻】

［1］張文崟，林蔚起．福建南平市三官堂元代紀年墓的清理［J］．《考古》，1996（6）：48-52.

［2］南平市地方志編纂委員會．南平地區志（第3冊）［M］．北

京：方志出版社，2004：2393.

　　［3］魯西奇．中國古代買地券研究［M］．厦門：厦門大學出版社，2014：428 – 429.

明永樂十七年（1419）戴得原買地磚券

【題記】

　　2016 年 5 月出土於距江蘇南京東北郊長江二橋收費站西側不遠的一處山坡上，現藏南京市江寧區博物館。該券保存完好，券文清晰可辨。買地券磚質，近方形，長 34.1、寬 33.9 厘米。一面陰刻，總 20 行，四周有綫框，内有直行界欄。券額及券文共 470 字。券額在券文上端，左起右讀“給付故考得原老官人戴公地券文執照”。券文左起右讀。陳作霖（1970）、顧誠（1989）、郭紅（2003）等均有録文。高慶輝、王志高（2020）發表《南京新見兩方明代買地券考釋》，做了校釋、加了標點。原報告著有録文，并附有拓本圖版。兹據拓本圖版，參校各家著録，重新校録如下（圖三九）。

【録文】

　　券曰：葬不斬草而開地者，謂之盗葬。/維大明國永樂十七年己亥歲八月癸酉朔越十二日甲申，天葬良吉。據在/京都應天府龍江左衛前所而南〔1〕居住，孝男戴礼、戴信，孝姪戴仁、/戴忠、戴順、戴福、戴髮、戴謙，孝孫戴寧、戴祥、/周興，孝媳婦蔣氏大娘、費氏二娘、胡氏，/孝女善智、善惠、善聰、善蓮、真真、旺奴，/孝弟戴德名，弟婦弓氏四娘，孝妻沈氏善得，合門孝眷等，伏惟〔2〕故考〔3〕戴得原老官人〔4〕存日〔5〕，享年六十三歲。/元命前丁酉歲十月二十五日申時受生，殁於己亥歲五月十七日酉時。/奄逝未卜塋埋，夙夜憂思，不惶所歷。遂今（令）術者〔6〕，擇此岡原，來去朝迎，/地占襲吉。地屬本府上元縣青鳳鄉，地名石柱衝山之源〔7〕，坐丑艮/山未坤向，堪爲宅兆。梯已出俻錢綵九万九千九百九十九零，買到東/王公、西王

圖三九　江蘇南京出土戴得原買地磚券拓本
（《華夏考古》2020 年 1 期，117 頁）

母墓地一所，東至南西北，俱界明白。左有青龍，右至白虎，前有/朱雀，後至玄武。内方勾陳，管分擘四域。坵承〔8〕墓伯，封步界畔；道路/將軍，齊整阡陌。致使千秋万載，永無殃咎。若有干犯，并令將軍、亭/長交付河伯。令儉錢財牲酒之儀，共作信契，財地兩相分付。今出此券/之後，永保安吉。知見人：歲月主；代保人：今日直符。故氣邪精，不得不得占吝〔曾〕〔9〕。/先有居者，永避万里。地府主吏，自當其禍。助葬〔10〕主裏外存亡，悉皆安吉。/急急如奉太上五符使者〔11〕女青律令。勅！/地主：張堅固；買地人：李定度；爲書人：主簿〔12〕；時見人：功德〔13〕。/

【校釋】

〔1〕“京都應天府龍江左衛前所而南”，明時除在地方設有以府、

縣爲代表的民政管理系統外，還設有一套與之類似的軍事管理制度，即所謂衛所、軍戶制度。此券中的"龍江左衛前所"，即爲南京設置的衛所之一。據《明太祖實錄》記載，龍江左衛乃是洪武二十五年（1392）七月由龍江衛所改①。券主戴得原生前或屬龍江左衛前所軍戶。另據學者研究，明代衛所軍戶多屬軍事移民，其特徵是家屬同守、寓兵於農，共同聚居在衛所城池或附近的堡塞之中。戴得原券文頗與一般地券不同，如不列原籍，又記其子嗣婚娶情況甚詳，都可能與其衛所軍戶這一特殊身份有關。

〔2〕"伏惟"，表原由。買地券常作"伏爲"。《北宋元祐元年（1086）趙懷爲父趙榮等買地石券》："維南贍部州大宋國鄧州武勝軍右廂第四界居住，弟子趙懷，伏爲父超趙榮等，今不行早終。"《南宋寶祐二年（1254）張重買地石券》："孤哀子張叔子，伏爲先考重四宣義，生於紹熙庚戌九月十有八日，終於嘉熙丁酉十一月二十七日。"或作"伏緣"。《明正統九年（1444）陶時陰契券文》："直隸廬州府合肥縣在城右三廂長寧坊居住，遷啓孝陶盛，伏緣故弟陶時，於正統八年六月初七日吉時還山安厝之後，纍生災咎，亡魂不能安妥。"

〔3〕"故考"，即"先考"，指亡父。"故"，先，祖先。《穀梁傳·襄公九年》："春，宋災。外災不志，此其志，何也？故宋也。"范寧注："故猶先也，孔子之先宋人。""考"，指亡父。《禮記·曲禮下》："生曰父，曰母，曰妻；死曰考，曰妣，曰嬪。"

〔4〕"戴得原老官人"，生於元順帝至正十七年（1357）十月二十五日，殁於永樂十七年（1419）五月十七日，葬於同年八月十二日，享年六十三歲。娶沈氏，有子二人：戴禮、戴信，媳蔣氏、費氏、胡氏。女六人：善智、善惠、善聰、善蓮、真真、旺奴。孫三人：戴寧、戴祥、周興。其弟戴德名，娶弓氏，有子六人：戴仁、戴忠、戴順、戴

---

① （明）胡廣等纂修. 明太祖實錄（卷二百一十九）［M］. 臺北：中研院史語所校印本，1962：3216.

福、戴髮、戴謙。

〔5〕"存日"，生前。在世之時。元鄭光祖《倩女離魂》楔子："不幸父母雙亡，父親存日，曾與本處張公弼指腹成親。"《金瓶梅》第六十五回："故錦衣西門恭人李氏之靈，存日陽年二十七歲。"《漢語大詞典》未收此詞，當補。

〔6〕"遂今術者"之"今"，原報告録作"令"。今審驗拓本圖版，此字筆畫清晰，下面没有點。今審驗此券另外二處"今"字與二處"令"字圖版字形。兩者之相較，有點没點，相差甚明。"遂今術者"，買地券習語，但是由於二字字形相似，鐫刻時多有誤刻。

〔7〕"地屬本府上元縣青鳳鄉，地名石柱衝山之源"，亡人戴得原之葬地。"青鳳鄉"未見於史籍，應爲"清風鄉"之誤刻。《萬曆上元縣志》卷二《版籍·鄉圖》載，上元縣有鄉十八，清風鄉乃爲其一①。另據《景定建康志》②《至正金陵新志》③，清風鄉至遲於南宋即已設置，隸上元縣。元明沿之未改，至清末方并入江乘鄉。"石柱衝山"之地名見於史籍。清人靳治荊《思舊録》："（鄭）簠④字汝器，本貫莆田，世居江寧……江上有地，名石柱衝，古梅盛開，帶山映水者數里不絶。穀口載酒，邀予暨諸同人往遊，流連竟日。"⑤ 今按：靳文中的石柱衝距長江不遠，戴得原買地券的出土地點舊屬上元縣，又在南京長江二橋旁，故兩者所記之石柱衝當爲一地。"石柱衝"或簡稱"石柱"。據《帶經堂詩話》卷六，在遊覽石柱衝古梅後，鄭簠嘗寄所作詩《石柱看梅詩十絶句》給王士禛，以求品題⑥，可以爲證。

〔8〕"坵承"，模仿令丞之類人間官爵形成的冥府官吏。買地券中

---

① 程三省等. 萬曆上元縣志·版籍（卷二）［M］. 南京：南京市通志館，1947：8.
② 周應合. 景定建康志·疆域志二（卷十六）［M］. 南京：南京出版社，2009：366 - 367.
③ 張鉉. 至正金陵新志·疆域志（卷四）［M］. 成都：四川大學出版社，2009：802.
④ 據陳作霖《金陵通傳》記載，鄭簠，清代著名書法家，字汝器，號穀口，本籍福建莆田，明洪武間其先祖鄭道先（一作光）遷至上元縣，遂爲江寧府人。
⑤ 靳治荊. 思舊録［M］. 臺北：明文書局，1985：6 - 7.
⑥ 王士禛. 帶經堂詩話［M］. 北京：人民文學出版社，1963：154.

常作"丘丞"。《彭盧買地鉛券》："謹請東陵、西陵、暮（墓）伯、丘丞、南栢、北栢、地下二千石……土公神□。"《徐副買地磚券》："至三會吉日，當爲丘丞諸神，言功舉遷，各加其秩禄，如天曹科比。"

〔9〕"不得占吝〔曾〕"，原報告録作"不得占。曾"。"曾"字連下句，兩句意義不明。今依買地券習例，校録作"不得占曾"，而"曾"當爲"吝"字之誤。"占吝"，冒犯、侵占之義。買地券文已成慣用語，字形變化較多。或作"忓悕"。《北宋熙寧四年（1069）曹氏買地石券》："故氣邪精，不得忓悕。"或作"慳悋"。《北宋崇寧二年（1103）劉密爲妻張氏二娘買地磚券》："故氣邪精，不得慳悋。"或作"懺恀"。《北宋大觀三年（1109）孫大郎、徐大娘買地石券》："故氣邪精，不得懺恀。"或作"忓犯""干犯"。《南宋紹興二十二年（1152）衛氏、任某買地石券》："故炁邪精，不得忓犯。"《南宋咸淳十年（1274）吕文顯買地磚券》："故炁邪精，不得干犯。"或作"干擾""忓擾"。《唐天寶六年（747）陳聰懃及其妻買地陶券》："謹直□故氣邪精，不得干擾。"《唐大曆四年（769）張無價買陰宅地契》："故氣邪精，不得忓擾。"

〔10〕"助葬"，佐助他人發喪送葬。《禮記·曲禮上》："適墓不登壟，助葬必執紼。"唐于鵠《哭王都護》："告哀鄉路遠，助葬戍城空。"《新五代史·雜傳·羅紹威》："紹威子廷規娶梁女，會梁女卒，太祖陰遣客將馬嗣勳選良兵實輿中，以長直軍千人雜輿夫入魏，詐爲助葬，太祖以兵繼其後。"

〔11〕"五符使者"，買地券中或作"五帝使者"，如，明景泰七年（1456）司禮監太監金英買地券文、成化十四年（1478）李善買地券文皆作"急急（如）五帝使者女青律令"，或作"五帝主者"，如宋嘉熙元年（1237）李氏買地券文"急急（如）五帝主者女青律令"。

〔12〕"主簿"，明代買地券罕見，頗疑與江西出土的明正統十一年（1446）余妙果買地券中作爲給券人的"金主簿"屬同一類神祇。而"金主簿"則屢見於宋代買地券，如，宋淳熙十三年（1186）謝氏買地券文"讀契人金主簿"、宋宣和五年（1123）孟氏三娘子買地券文"書

券人金主簿"。不僅如此，"主簿"在宋代買地券中亦多以讀券人的身份出現，如，宋紹興十七年（1147）謝一郎買地券文"讀契主簿"、宋慶元三年（1197）姚暉買地券文"讀人曰主簿"等，可見兩者之間的聯繫。

〔13〕"功德"，功業和德行，首見於買地券神祇系統。

【有關問題探討】

據券文體例、内容及功用，該券屬於典型的冥契。此類買地券在出土的同類遺物中數量最多。其文本細節，特別是諸神名稱及其職責，在不同時期、不同地區雖略有差異，但皆旨在保證券主對地下陰間土地的合法擁有權，而非現世的土地買賣契約，故不具有實現土地所有權轉換等現實意義。

此外，券文中作爲土地買賣的見證、地主、代保、書契諸人皆爲虛擬的神煞地祇，東王公、西王母、張堅固是地主，李定度是買地人，歲月主與功德是見證人，今日直符爲保人，主簿爲書契人，五符使者爲執法者，它們共同確保了券主對地下土地的合法擁有權。其中東王公、西王母、張堅固、李定度、歲月主、今日直符諸神祇，前人多有考論，茲不贅述。但"功德"與"五符使者"，則是首見於買地券神祇系統。

【主要參考文獻】

［1］陳作霖. 金陵通傳［M］//中國方志叢書：華中地方第38號. 臺北：成文出版社，1970：506－507.

［2］顧誠. 明帝國的疆土管理體制［J］. 《歷史研究》，1989（3）：135－151.

［3］郭紅. 明代衛所移民與地域文化的變遷［J］. 《中國歷史地理論叢》，2003（2）：151－156.

［4］高慶輝，王志高. 南京新見兩方明代買地券考釋［J］. 《華夏考古》，2020（1）：116－122.

明正統元年（1436）王景弘買地石券

【題記】

2012 年 10 月，南京市博物館考古部在配合基建的過程中於南京市雨花臺區賽虹橋街道鳳凰村三組一户已拆遷民居的廢墟内，采集到一方保存完整、字迹清晰的買地券。青石質地，近方形，高 41、寬 40.8、厚 6 厘米。券文頭尾分別以楷、篆兩種大號字體題刻 "高上后土皇地祇賣地券文" 之名稱；中間正文爲楷體、字號大小縮小，以一行正寫、一行倒寫的回文形式刻成，以反映買、賣雙方對坐、對書的場景。券文共 18 行，350 字。券文中詳細記載了明正統元年（1436）内官監太監王景弘向后土神購買陰地一事。祁海寧、龔巨平（2014）發表《南京 "王景弘地券" 的發現與初步認識》一文，最早作了介紹，有録文，并附有拓本圖版。茲據拓本圖版，參校各家著録，重新校録如下（圖四〇）。

【録文】

高上〔1〕后土皇地祇〔2〕賣地券文

后土皇係后/土主宰，今有地一段，坐落地名應天府江寧縣安德門外崇因/寺〔3〕東。見今東至青龍、西至白虎、南至朱雀、北至玄武、中有勾陳，/分治五土。今憑兩來人田交佑引至内府内官監太監王景弘〔4〕/向前承買，當日三面言定，時值價錢玖千玖百玖拾玖貫玖文，/置立地券，當日成交了當〔5〕。其錢及券，當日兩相交領〔6〕並足訖，即/無未盡短少分文〔7〕。所作交易係是二家情愿〔8〕，非相抑逼〔9〕；亦不是/虚錢實券，未賣之先並不曾將在公私神祇上重行典賣〔10〕。此地/係是后土自己物業〔11〕，與上下土府諸神無干〔12〕，亦不是盜賣〔13〕他人/物業。如有一事一件來歷不明，后土自管理落〔14〕，並不干買主之/事，聽從買主管業建立塔院〔15〕。今恐無憑，故立賣地券文與買主，/永遠收執〔16〕爲照用〔17〕。正統元年太歲丙辰

圖四〇　江蘇南京出土王景弘買地石券拓本
（《東南文化》2014 年 1 期，100 頁）

四月建己巳丁酉朔/二十五〔18〕日辛酉辛卯吉時。立券神后土皇、同
賣/人太歲神、證見〔19〕神東王公、同見/神西王母、兩來神田交佑
〔20〕、同立/券神崇因寺護伽藍神〔21〕。依經爲，/書人鬼谷仙。/

　　□高上后土皇地祇賣地券文（"□"爲一特殊道符）

【校釋】

〔1〕"高上"，謂身份地位高。《荀子·非十二子》："高上尊貴，
不以驕人。"楊倞注："在貴位不驕人。"

〔2〕"后土皇地祇"，俗稱后土娘娘、地姥娘娘、地母娘娘、地母
元君、虛空地母至尊、后土夫人。"后土皇地祇"是盤古之後第三位誕
生的大神，被稱爲大地之母，是最早的地上之王。民間建后土娘娘祠，
每年農曆十月十八日是后土娘娘聖誕日。

〔3〕"崇因寺"，目前已不存。明人葛寅亮《金陵梵刹志》"新亭崇因寺"條記載："在郭外，南城安德鄉。北去所統報恩寺十里、聚寶門十里。劉宋時，名曠野寺。齊廢。梁大同中，復。唐開元中，以懶融嘗居，改禪居院。太和中，改崇果院。宋改寺額曰崇因。嘉靖間，重修。此地舊爲新亭，有王、謝遺迹，宋蘇長公畫像頌。又劉誼詩云：'十里重因寺，臨江水氣中。'皆爲寺證據。所領小刹，曰英臺寺、慈善寺、興福寺、鳳嶺寺。"① 買地券發現地屬於王景弘葬地和墳寺範圍，位於崇因寺之東，因此崇因寺本址則應再嚮西稍許，正好符合《金陵梵刹志》所記其與聚寶門和大報恩寺相距十里的記載。

〔4〕"内府内官監太監王景弘"，"王景弘"，明初人，宦官，航海家。永樂三年（1405）與鄭和等奉命通使西洋。五年出使東南諸國，七年再使西洋，均與鄭和等同任正使。乾隆《龍岩州志·人物上·中官》："王景弘，龍岩集賢里人，後分屬寧洋；永樂間隨太宗巡狩，有擁立皇儲功，賜嗣子王禎世襲南京錦衣衛正户。"清蔡永兼《西山雜記·四監異域》："永樂三年，成祖疑惠帝南逃，命中官鄭和、王景弘、張文等造大舟百艘，率軍二萬七千餘。王景弘，閩南人，調雇泉船，以東石沿海名舟代導引，從蘇州劉家入海至泉州寄泊。上九日岩祈風，至清真寺祈禱。滿載陶瓷、竹繡、幣帛，歷漳、潮、瓊、崖至占城……泉司舵司，俱導之於泉。"由於龍岩集賢里在明朝乃屬漳州管轄，當地通行閩南話，因此《西山雜記》謂王景弘爲閩南人是有根據的，并未與志書記載相左。

〔5〕"當日成交了當"，在同一天交易完成。"當日"，就在本天；同一天。北魏賈思勰《齊民要術·造神麴并酒等》："團麴當日使訖，不得隔宿。"唐杜甫《散愁》詩之二："幾時通薊北，當日報關西。"宋周密《癸辛雜識續集·海井》："此物我實不識，今已成交得錢，決無悔理，幸以告我。""了當"，完畢；停當。（宋）岳飛《奏乞罷制置使

① （明）葛寅亮. 金陵梵刹志·新亭崇因寺（卷四〇）［M］. 天津：天津人民出版社，2007：583.

職事狀》："臣深體國事之急，憤激於懷，是以承命出征，不暇辭請，今來并已收復了當。"

〔6〕"交領"，猶交接。唐馮翊《桂苑叢談·太尉朱崖辯獄》："初上之時，交領既分明，及交割之日，不見其金。"

〔7〕"即無未盡短少分文"，一分一文也不缺少。"短少"，缺少；不足。《元典章·兵部四·不入遞》："各路不時於急遞舖內轉遞絲貨錢數、弓箭軍器、茶、墨等物，往往遺失短少。""分文"，一分一文，極言錢少。宋蘇軾《應詔論四事狀》："若謂非貧乏有可送納，即自元祐元年至今，并不曾納到分文。"

〔8〕"情願"，心裏願意。元楊梓《霍光鬼諫》第一折："老臣情願致仕閑居。"《紅樓夢》第三七回："容我入社，掃地焚香，我也情願。"

〔9〕"抑逼"，强迫。唐韓愈《辭唱歌》："抑逼教唱歌，不解看艷詞。坐中把酒人，豈有歡樂姿?"《元典章·户部五·房屋》："成交之時，初非抑逼，亦無兢意。"

〔10〕"重行典賣"，指重予活賣。"重行"，重予，重加。宋無名氏《張協狀元》戲文第三四出："如犯約束，重行治罪。"典賣"，舊指活賣。"即出賣時約定期限，到期可備價贖回，不同於"絕賣"。宋蘇軾《奏浙西災傷第一狀》："又緣春夏之交，雨水調匀。浙人喜於豐歲，家家典賣，舉債出息，以事田作。"《元典章新集·國典·詔令》："其腹裏百姓因值災傷，典賣兒女，聽依原價收贖。"

〔11〕"物業"，産業。宋李綱《上道君太上皇帝封事》："宰執及觀察使待制以上官，在京有物業者，仍令各進家財以助國用，事平，施行給還。"元石子章《竹塢聽琴》楔子："與你這紙從良的文書。這一紙文書將我那家私裏外田産物業，你都與我記者。"

〔12〕"無干"，沒有關係，沒有牽涉。明車任遠《蕉鹿夢》第五折："鹿到原有，祇你是夢中打的，我是醒時得的，與你無干。"

〔13〕"盜賣"，盜竊出賣；私自出賣。《元史·食貨志五》："或船户運至好鹽，無錢致賄，則故生事留難，以致停泊河岸，侵欺盜賣。"

清唐鑒《諭發膏火田總管值年首士執照》："本府已將盜賣之契追繳，分別懲創退耕。"《文明小史》第三回："現在柳知府膽敢私自賣與外國人，絕滅我們的產業，便是盜賣皇上家的地方。"

〔14〕"理落"，處理、解決。契約用語，古代契約文書中常見用例。《乾隆三十四年（1769）二月初五日姜文佐賣山場契》："如有來歷不清，俱在賣主䜌前理落，不與買主何干。"①《道光十年（1769）十二月二十六日姜紹清等斷賣地坪契》："倘有此情，賣主䜌前理落，不與買主何干。"②《漢語大詞典》未收此詞，當補。

〔15〕"聽從買主管業建立塔院"，"聽從"，接受依從。《禮記·內則》："女子十年不出，姆教婉娩聽從。"《左傳·昭公十三年》："齊人懼，對曰：'小國言之，大國制之，敢不聽從！'""管業"，管理產業。《元典章·禮部三·喪禮》："擬責胡文玉近限遷改强葬墳墓，其地斷還章能定管業。"無憑，沒有憑據。唐韓偓《幽窗》詩："無憑諳鵲語，猶得暫心寬。"王景弘在此地建立一座寺院。同時，他爲自己選定的葬地就是崇因寺東側的這片土地。在王景弘買地券出土之前，一些學者根據王景弘原籍福建而又葬地不明，曾經推測他死後很可能歸葬於閩。王景弘買地券出土之後，這種推測即不成立。王景弘與鄭和、洪保、羅智、楊慶等宦官一樣，雖然籍貫各異，但是最終都入葬於他們長期爲官的大明都城——南京。

〔16〕"收執"，收存。元秦簡夫《東堂老》楔子："這張文書，請居士收執者。"《三國演義》第一〇五回："既丞相有戒約，長史可收執。"

〔17〕"照用"，證明；憑證。《朱子語類》卷六四："遠人來，至去時，有節以授之，過所在爲照。"《初刻拍案驚奇》卷三三："你既是劉安住，須有合同文字爲照。"《漢語大詞典》收有"照憑""照證"，與此詞詞義相同。"照憑"，憑據。《宣和遺事》前集："歸家切恐公婆

---

① 安尊華、潘志成校釋. 土地契約文書校釋（卷1）〔M〕. 貴陽：貴州民族出版社，2016：15.
② 安尊華、潘志成校釋. 土地契約文書校釋（卷1）〔M〕. 貴陽：貴州民族出版社，2016：409.

責，也賜金杯作照憑。""照證"，憑據；明證。宋范仲淹《奏乞指揮管設捉賊兵士》："或出怨言扇搖軍衆者，明立照証，處斬訖奏。"明馮夢龍《掛枝兒·木梳》："嚮粧臺設箇誓，願得白頭相并，靠著鏡兒爲照證。"《漢語大詞典》未收此詞，當補。

〔18〕"正統元年四月二十五日"，王景弘爲自己預製壽藏的日子。從預製壽藏到去世，中間無法確定時日，不能將此作爲王景弘去世的日期。陳學霖《明王景弘下西洋史事鈎沉》通過全面檢索《明實録》的記載發現，王景弘最後一次出現於《明實録》是在正統二年（1437）十月癸未條，當時明英宗要求王景弘與成國公朱勇、新建伯李玉等南京重要官員共同整訓南京軍備。其後《實録》之中就再未出現過王景弘的名字，而且南京守備太監也很快以羅智、袁誠等人接任。由此陳氏推測王景弘應於正統二年末告老或逝世①。原報告據此認爲，在無其它新出史料的情況下，這仍是王景弘卒年最爲可信的推測，其時王景弘應爲 68 歲。

〔19〕"證見"，證人。《敦煌變文集·張義潮變文》："阿耶驅來作證見，阿娘也交作保知。"關漢卿《裴度還帶》第三折："山神，你便是證見，我兩隻手便還他，也是好勾當。"

〔20〕"田交佑"，以往的地券中很少出現，道教典籍《靈寶天尊説禄庫受生經》記載曰："酉生人，本命元辰田交佑，當得人身，許錢五千貫。"由此可知，田交佑乃是酉年生人的"本命元辰"，他在很大程度上掌管着該生辰之人來生的命運。王景弘在地券中特意以他爲兩來神，通過他向后土買地。由此不難推測：王景弘很可能是酉年生人，屬鷄，田交佑乃是他的"本命元辰"。原報告據此判斷，祇要王景弘本命年爲酉年這一前提正確，那麼他出生於洪武二年（1369）是可以基本確定的。其説可從。

〔21〕"崇因寺護伽藍神"，王景弘買地是爲建立墳寺，而其墳寺緊鄰崇因寺，且將屬該寺管轄，因此在地券中擬創出這位崇因寺護伽藍

---

① 〔美〕陳學霖. 明王景弘下西洋史事鈎沉［J］.《漢學研究》第九卷第 2 期，1992：223 – 256。

神，使之與后土共同立券，意味著讓他代表崇因寺對王景弘買地的行爲給予認可，并對王景弘將來的墳寺給予庇佑。

【有關問題探討】

王景弘買地券中提及了多位神祇，其中后土、太歲、東王公、西王母、鬼谷仙等，自兩漢地券興起以來，在全國各地的地券中屢屢出現，與他們類似的還有歲月主、五帝使者女青、白鶴仙、張堅固、李定度、楊筠松（楊救貧）等，這些神祇在地券中的作用一般是固定的，比如后土是地神，是土地的出讓者；東王公、西王母、太歲、歲月主、張堅固、李定度等，主要充當保人和見證人；楊筠松本是唐僖宗時掌管靈臺地理事務的官員，由於精於風水之術，被堪輿術士神化，在地券中承擔起爲墓主選定吉穴的重任；鬼谷仙、白鶴仙經常充當書寫人；而女青被認爲是天帝、太上老君和元始天尊的使者，又負責掌管鬼律，所以在地券中由她代表上天對地券的合法性進行確認。總之，地券中各路神祇的名號雖然眾多，看似紛繁雜亂，但實際上各司其職，皆有所用，絕非陰陽先生隨意而寫。值得注意的是，此次在王景弘買地券中出現了兩位罕見的神祇——"兩來神田交佑"和"崇因寺護伽藍神"，他們的名號在其他地券中極少出現，或者根本沒有出現過，打破了以往地券行文相對固定的套路。這説明他們二位對於王景弘具有特別重要的意義，特意被列入地券之中。

【主要參考文獻】

［1］陳琦. 王景弘簡論［J］.《海交史研究》，1987（1）：91–95.

［2］陳琦. 王景弘考略［J］.《文教資料》，1987（2）：116–121.

［3］〔美〕陳學霖. 明王景弘下西洋史事鈎沉［J］.《漢學研究》第九卷第2期，1992：223–256.

［4］王曉雲. 王景弘的祖籍及宗教信仰略考［J］.《福建師範大學學報（哲學社會科學版）》，2007（6）：257–261.

［5］祁海寧，龔巨平. 南京"王景弘地券"的發現與初步認識

〔J〕.《東南文化》, 2014（1）: 98 – 106.

　　〔6〕龔巨平.王景弘的買地券〔J〕.《瞭望東方周刊》, 2019
（23）: 1 – 2.

　　〔7〕張榮.王景弘研究〔M〕.北京: 海洋出版社, 2019.

　　〔8〕張永和, 王笑芳.王景弘傳〔M〕.北京: 中國文史出版
社, 2019.

明正統九年（1444）陶時買地磚券

【題記】

　　1988 年 12 月出土於安徽合肥桐城路南段省郵電器材廠内明正統九
年（1444）墓。灰磚質, 正方形, 邊長 31 厘米。正面上方從右至左横
書陰刻 “陰契券文” 四字, 楷書體。四字下竪書券文 16 行, 行字不
等, 共約 408 字。正、反面陰刻文字内均塗有朱紅, 應爲具有辟邪功能
的硃砂。汪煒、趙生泉、史瑞英（2005）最早發表《安徽合肥出土的
買地券述略》一文, 作了介紹。原報告著有録文, 并附原券圖版。兹據
圖版, 參校各家著録, 校録如下（圖四一、四二）。

【録文】

　　維大明正統玖年歲次甲子十二月初一日乙巳朔越葬日庚申〔1〕/,
直隸廬州府合肥縣在城右三廂長寧坊〔2〕居住、遷啓孝陶盛, 伏緣故/
弟陶時, 於正統八年六月初七日吉時還山安厝之後〔3〕, 纍生災咎,
亡魂不能安妥, /夙夜憂思, 不惶所厝〔4〕。遂〔令〕（合）日者
〔5〕, 擇此高原, 來去朝迎, 地占襲吉。地屬/本縣南鄉第一保之原,
〔堪〕（墻）爲宅兆〔6〕, 作丁未山, 結穴〔7〕癸丑向, 〔梯〕己出錢
綵, 買/到墓地一方〔8〕。南北長一十二步, 東西闊二十四步〔9〕。東
至甲乙青龍, 南極丙丁朱雀, 西抵/庚辛白虎, 北拒壬癸玄武。内方勾
陳, 管分四域。丘丞墓伯, 封步界〔畔〕（迷）。道路將軍, /齊整阡
陌。致使千秋百載, 永無殃咎。若有干犯, 並令將軍亭長, 縛付河伯。/

圖四一　安徽合肥出土陶時買地磚券正面原券
（《文物春秋》2005 年 3 期，64 頁）

圖四二　安徽合肥出土陶時買地磚券背面原券
（《文物春秋》2005 年 3 期，64 頁）

今備牲牢酒脯，［百］（有）味香新，共爲信契。財地交相各已分付，令工匠修營安［厝］（告），［永］（求）保休吉。/知見人：歲月主；代保人：今日直符。故氣邪精，不得［干恡］（于愵）。有此先/［居］（厝）者，永避萬里。［若］（君）違此約，地府主吏，自當其禍。助葬主［裏］（哀）外存亡，/悉皆安吉。急急如五帝使者女青律令。/券立二本：一本付后土，一本乞付墓中，令亡弟陶時收把準備，恐有邪神野鬼妄/行争占，仰亡過陶時執此前赴/大玄都省陳告，付□［執］（遠）照用。今分券，背上又書合同二字，令故氣伏尸，永不/侵奪。/張堅固。/李定度。/給。/

【校釋】

〔1〕“維大明正統玖年歲次甲子十二月初一日乙巳朔越葬日庚申”，原簡報録作“維大明正統玖年歲次甲子十二月初一日乙巳朔，葬日庚申越”；魯西奇校録作“維大明正統玖年歲次甲子十二月初一日乙巳朔葬日庚申，越”。今查閲歷代買地券“越”字用例，南宋共 4 例，元 1 例，明 1 例，均是“××（干支）朔越××（干支）”，今校録如上。如，《南宋嘉定四年（1211）周氏買地石券》：“維皇宋嘉定四年歲次辛未十一月己酉朔越十有一日己未。”《元大德二年（1298）劉千六買地石券》：“維大元大德二年歲次戊戌六月丙辰朔越十有八日癸酉。”《明正統三年（1438）何銘等爲父買地磚券》：“大明正統三年歲次戊午四月甲寅朔越初捌日辛酉。”

〔2〕“直隸廬州府合肥縣在城右三廟長寧坊”，應是廬州府城内。《嘉靖南畿志》卷三六《廬州府》“城社”謂：“唐刺史路應求始甃以甓，宋郭振帥淮西，展跨金斗河北；守臣王希吕、陳規相繼繕治，胡舜陟增置東西水關。元末圮而復修。國初，江淮行省平章俞通海重築，浚西北壕。後都御史李蕙檄府、衛甃其缺壞，周十里，爲門七，各有樓。”① 按：

---

① （明）聞人詮修；（明）陳沂纂；劉兆祐主編. 嘉靖南畿志·廬州府（第 24 册）［M］. 北京：書目文獻出版社，1988：453.

郭振師淮西，在南宋乾道五年（1169），其所築斗梁城橫絕舊城之半，跨金斗河北，而阻絕舊城於斗梁之外，對晚唐五代以來之廬州城爲一大改造。關於宋元明時期廬州城内之管理，向無史料足以説明。本券以"合肥縣在城右三廂長寧坊"界定陶氏兄弟居里，説明直到明前期，廬州城内仍分置各廂，廂下置有坊，作爲編排居民身份與區劃居住地的單元。

〔3〕"遷啓孝陶盛，伏緣故弟陶時，於正統八年六月初七日吉時還山安厝之後"，據此知，此券爲陶盛爲弟陶時遷葬所用，陶時初葬於正統八年（1443）六月初七日，葬後"纍生災咎，亡魂不能安妥"，故於一年後遷葬。

〔4〕"不惶所厝"，第二字，原報告作缺字處理；魯西奇補録作"不惶所厝"。魯氏所補甚確。明時買地券中常見用例。《明宣德元年（1426）陳仲良爲考陳子名、妣富氏買地磚券》："今者卜筮未吉，日夜憂思，不惶所厝。"

〔5〕"遂［令］（合）日者"，第二字，原報告録作"合"；魯西奇校録作"遂［令］（合）日者"。魯氏所校爲是。買地券中常見用例。《明永樂十九年（1421）徐道成爲父徐道張、母李妙果買地券》："遂令日者，擇此高原，來去朝迎，占襲吉地。"《明宣德元年（1426）陳仲良爲考陳子名、妣富氏買地磚券》："遂令日［者］（老），擇此高原，動［土］（工）立券。"

〔6〕"地屬本縣南鄉第一保之原，［堪］（墻）爲宅兆"，原報告録作"（吉）地屬本縣南鄉第一保之原墻，爲宅兆（作）"。上句"吉"字連在句首，後一句"作"連在句尾。魯西奇校録作"地屬本縣南鄉第一保之原，［堪］（墻）爲宅兆"。魯氏所校甚確。明代買地券常見用例。《明宣德元年（1426）陳仲良爲考陳子名、妣富氏買地磚券》："地屬寧城之東南山，坐坤［嚮］（問）艮之吉地，堪爲宅兆。"《明正統三年（1438）何銘等爲父買地磚券》："地屬順天府東安縣徐村里固城屯廣善寺傍之高原，堪爲宅兆。"

〔7〕"結穴"，堪輿家語，指龍脈在適當的位置停蓄、融結成龍穴。《葬經》："氣感而應，鬼福及人。"注曰："蓋真龍發迹，迢迢百里，或數

十里結爲一穴。"清蔣平階《秘傳水龍經·自然水法歌》:"湖蕩之處多有結穴,如波心蕩月,如雁落平沙,又如海鷗點水,審而穴之,無不發福。"

〔8〕"[梯]己出錢綵買到墓地一方",原報告錄作"□己,出錢綵買到墓地一方";魯西奇補作"[梯]己出錢綵,買到墓地一方",魯氏甚是。明代買地券中有用例,今不贅舉。

〔9〕"南北長一十二步,東西闊二十四步",此冢田爲長方形,計算過程簡單。依宋代畝制,240步/畝,計算過程如下:$S = 12 \times 24 = 288$,$288 \div 240 = 1.2$(畝)。

【有關問題探討】

買地券背面從右至左陰刻豎行道教符咒語8行16句,共64字,左側從上至下陰刻篆字圖章一枚,文字莫辨。券文曰:"太乙金章,神氣輝光。六丁左侍,六甲右旁。青龍拱衛,白虎趨鏘。朱雀正視,玄武當堂。蛇鼠[滅](獅)迹,邪精伏藏。亡魂安[妥](乎),子孫吉昌。五方五土,不得飛揚。川源吉水,永鎮山崗。"其中"六丁左侍,六甲右旁",道教認爲六丁(丁卯、丁巳、丁未、丁酉、丁亥、丁丑)是陰神,六甲(甲子、甲戌、甲申、甲午、甲辰、甲寅)是陽神,爲天帝所役使,能行風,制鬼神。道士可用符籙召請,從事祈禳驅鬼。"蛇鼠[滅](獅)迹",原報告錄作"蛇鼠獅迹"。魯西奇校錄作"蛇鼠[滅](獅)迹"。今依明清買地券習例,此處當爲"滅"之形近誤字。"亡魂安[妥](乎)",原報告錄作"亡魂安乎";魯西奇校錄作"亡魂安[妥](乎)"。今依明清買地券習例,此處當爲"妥"之形近誤字。"五方五土",即"五方五神",掌管五方土地龍脈的神明,分別是東方青帝土府宅龍神君、南方赤帝土府宅龍神君、西方白帝土府宅龍神君、北方黑帝土府宅龍神君、中央黃帝土府宅龍神君。

【主要參考文獻】

〔1〕汪煒,趙生泉,史瑞英.安徽合肥出土的買地券述略[J].

《文物春秋》, 2005（3）: 61 -67.

[2] 魯西奇. 中國古代買地券研究 ［M］. 廈門: 廈門大學出版社, 2014: 584 -585.

明正德十二年（1517）丘志泉夫婦買地磚券

【題記】

2012 年 9 月出土於江蘇南京西南郊牛首山麓的江寧區谷里街道周村社區大世凹村施家山, 現藏南京市江寧區博物館。此券一面略有殘損, 所幸關鍵信息尚存, 其意大體可知。買地券, 磚質, 長 31.5、寬 31.7、厚 3.5 厘米。兩面陰刻券文, 共 253 字。正面 12 行 174 字, 券面略有殘損, 背面 8 行 79 字, 券文均右起左讀。宋會群（1985）、章均立（1988）、欒成顯（1997）均有錄文。高慶輝、王志高（2020）發表《南京新見兩方明代買地券考釋》一文, 做了校釋, 加了標點。原報告著有錄文, 并附有拓本圖版。茲據拓本圖版, 參校各家著錄, 重新校錄如下（圖四三、四四）。

【錄文】

正面:

謂觀《易》曰:“乾陽为天为父, 坤陰为地为/母。”〔1〕人生之中, 命皆稟乎阴阳, 体悉屬乎/父母。郭璞云:“本骸得氣, 遺［体］受蔭。”〔2〕以鏵、鐶兄弟, 思父丘□字志泉、母姚氏妙蓮共/塚〔3〕, 先塋衝西。□不佳, 是復憑于江右祖/居。姪孫丘嵩、丘尚昇, 轉擇地於牛首〔4〕, 山/名棗木〔5〕, 抵□□□, 卯山辛向而迁, 酉水/流坤而取。年□□丑并癸丑日, 時甲申/□□寅。賣山□姓趙輔, 为中人名德姓/顧。以銀六兩, □令買賣, 四至明白, 刊立/□□一樣□碑, 一片在墓, 一片存家〔6〕, 与/□子孫綿綿。是記謹序!

背面:

一地名棗木山, 計山地五分〔7〕。/東至崙脊, 西至山脚, /南至

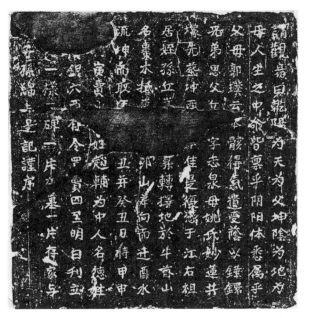

圖四三　江蘇南京出土丘志泉夫婦買地磚券正面拓本
（《華夏考古》2020 年 1 期，118 頁）

圖四四　江蘇南京出土丘志泉夫婦買地磚券背面拓本
（《華夏考古》2020 年 1 期，118 頁）

合水，北至合水。/應天府江寧縣建業乡第一圖趙輔賣〔8〕，/中人顧德，/丘尚昇撰。/江西南昌府奉新縣祖姪地理丘尚昇。/正德丁丑年季冬月吉旦〔9〕，丘鏵、鐶立。/

【校釋】

〔1〕"乾陽为天为父，坤陰为地为母"，此券書寫多采用簡化字體，下文"体""于""迁""并""与""脚""乡""圖"等，皆爲其例。

〔2〕"本骸得氣，遺〔体〕受蔭"，此句出自郭璞《葬經》，據原文補出"体"字。

〔3〕"父丘□字志泉、母姚氏妙蓮共塜"，據券文，墓主丘志泉及姚氏夫婦祖貫江西南昌府奉新縣，其葬地先在"衝西"，後遷至牛首棗木山，其地係從建業鄉趙輔處購得。

〔4〕"牛首"，據明葛寅亮《金陵梵刹志》卷三十三，"牛首山"即在建業鄉，可知券文中的"牛首"即今牛首山。

〔5〕"山名棗木"，未見文獻有載，或以山多棗樹爲名也。

〔6〕"一片在墓，一片存家"，由此可知，當時除埋置於墓的一方買地券外，還有一方藏於家中。這種處置方式與冥契類買地券有別。後者皆置於墓中，有立一券、立二券兩種情況。立一券者，則交付買地人即墓中亡人收執。如，《明弘治十五年（1502）余氏二娘買地券》之"亡人余氏二娘收執"①。立二券者，一則交付后土，一則交付墓中亡人。如，《明弘治六年（1493）周妙香買地券》之"券立二本：一本付后土；一本乞付墓中買地亡人周氏妙香隨身收照"。前者買賣雙方均是生人，其目的是保護墓地在現世的所有權，而不是防止陰間的侵擾，一般不會置於墓中，多應如本券所云藏之於家，故墓葬中罕有出土。

〔7〕"計山地五分"，即半畝。前文亦有"值銀六兩"，則地價爲十二兩一畝。明俞弁《山樵暇語》卷八〔M〕："弘治間，常熟桑民……皆不肯置田，其價頓賤，往常十兩一畝者，今止一兩，尚不欲買。蓋人皆以喪身

---

① 京山縣博物館．京山孫橋明墓清理簡報〔J〕．《江漢考古》，1989（3）：22-25.

滅家爲慮故也。江南之田，惟徽州極貴，一畝價值二三十兩者，今亦不過五六兩而已，亦無買主。"① 俞弁所記十兩一畝應是承平年份常熟的地價，考慮到弘治與正德亦不過一二十年之隔，且常熟與江寧雖同屬南直隷，但江寧牛首山屬南都所在，則丘志泉夫婦券文所記畝價十二兩一畝當屬實情。

〔8〕"建業乡第一啚趙輔"，據文獻記載，明代鄉村建置複雜，不僅稱呼多樣，還存在較大的地區差別。"啚"即鄉下之"里"，《萬曆嘉定縣志》卷一《疆域考上》曰："圖即里也，不曰里而曰圖者，以每里册籍首列一圖，故名曰圖。"② 據《正德江寧縣志》，建業鄉下轄里四、村三③，而第一圖即其中一里也。

〔9〕"正德丁丑年季冬月吉旦"，丘鐸、鐶立爲其父遷葬時間爲正德丁丑十二年（1517）冬季十二月。

【有關問題探討】

該券的書寫體例也甚爲特殊，與明代一般買地券通篇格式化的文本語言大不相同。其内容可分爲兩部分，券文首句"謂觀《易》曰"至"是記謹序"，爲本券之序言，先叙遷葬之緣由，後述擇地、立契之過程。自"一地名棗木山"至"丘鐸、鐶立"，則是買地券正文，主要記載墓地四至、買賣雙方、中人、撰契人及立契時間。

此券券文既不見反映民俗信仰之諸神，亦未有誇大買地面積、價格等虛妄之言。先看，墓地四至、面積與價格。據券文，丘志泉夫婦墓地在牛首棗木山，"東至崙脊，西至山脚，南至合水，北至合水東"，四至皆有具體所指。面積與價格也符合當時實情。再看，此券所記土地買賣關繫人的身份。在券文中，賣地人是趙輔，中人是顧德，撰契人是丘尚昇，立契人是丘鐸、丘鐶。其中立契人、撰契人分別是券主子、侄，

① 俞弁. 山樵暇語：卷八［M］//四庫全書存目叢書：子部第152册. 濟南：齊魯書社，1995：56.
② 韓浚等. 萬曆嘉定縣志：卷一：疆域考上［M］//中國方志叢書：華中地方第421號. 臺北：成文出版社，1983：122，123.
③ 王誥等. 正德江寧縣志：卷五：坊鄉［M］//北京圖書館古籍珍本叢刊·史部地理類（第24册）. 北京：書目文獻出版社，2000：736.

均是生人。賣地人趙輔爲建業鄉第一圖人，與當時鄉里建置吻合，可知也是生人。如果賣地人和買地人都是生人，那麼，作爲居間介紹或作證的中人顧德亦當是生人。

概言之，丘志泉夫婦買地券雖置於墓中，但卻是一份頗爲完備的現世土地買賣文書。券文中所涉及的買賣雙方、見證人均是生人，買賣的墓地面積、價格等亦與現世實情相符。值得一提的是，像丘志泉夫婦買地券這樣的實用類買地券，在迄今發現的買地券中雖不常見，但亦有所獲①。如安徽南陵出土之《孫吳赤烏八年（245）肖整買地券》、江蘇南京出土之《孫吳建衡二年（270）徐林買地券》、浙江慈溪出土唐光化三年（900）《唐故扶風郡馬氏夫人墓誌銘并序》之後半部分、河南三門峽出土《元代元貞三年（1297）馮興等爲父祖買地券》等，皆屬此類。明代同類買地券，還有揚州博物館收藏的一件《明崇禎二年（1629）吳東川夫婦買地券》。券文所記賣地者爲王應魁，土地的位置在南善應鄉斑竹園南，價錢二兩八錢，四至：東止大路，西止賣塘，南止王宅後，北止陳宅地等②。這些信息無不清楚地昭示了該券的性質。

【主要參考文獻】

［1］南京博物院，南京市文物保管委員會. 南京棲霞山甘家巷六朝墓群 ［J］. 《考古》，1976（5）：316 – 325，351 – 356.

［2］安徽省文物工作隊. 安徽南陵縣麻橋東吳墓 ［J］. 《考古》，1984（11）：974 – 978，1020，1058 – 1059.

［3］宋會群. 三門峽市上村嶺發現元代墓葬 ［J］. 《考古》，1985（11）：1053 – 1055.

［4］章均立. 上林湖地區出土兩件唐代瓷刻墓誌 ［J］. 《文物》，1988（12）：90 – 91.

［5］欒成顯. 明代里甲編制原則與圖保劃分 ［J］. 《史學集刊》，

---

① 王志高，董鷹. 六朝買地券綜述 ［J］. 《東南文化》，1996（2）：49 – 54.
② 王勤金. 提到斑竹園的一方買地券 ［J］. 《東南文化》，1985（0）：244 – 245.

1997（4）：20-25.

　　[6] 高慶輝，王志高．南京新見兩方明代買地券考釋［J］．《華夏考古》，2020（1）：116-122.

明萬曆二十年（1592）陳翼陽買地磚券

【題記】

　　2003 年 11 月，南寧市博物館在今南寧市江南區江西鎮同江村三江坡對疑是南明永曆帝嫡母墓葬的興陵之拜亭建築遺迹進行局部試掘時，偶然在附近一處民宅地基之下發現了一座明代磚室墓，并對其進行了清理，出土了部分文物，其中包括一塊完整的買地券。買地券出土後，曾一度被誤當成墓主的墓志，存放於南寧市博物館庫房中。

　　黎文宗、賈小梅（2019）發表《廣西南寧出土的兩塊明代買地券》一文，最早對其買地券的性質進行了認定，有圖版及録文。買地券，青磚材質，正方形，邊長31.2、厚4 厘米。磚的正反兩面均刻有銘文，其中正面銘文 16 字，作楷書，雙綫陰刻，自右嚮左呈竪嚮排列，4 列，每列4 字。銘文爲："吉人卜兆，合江宋村，真龍正穴，萬代昌榮。"背面小字銘文約300 字，楷書陰刻，20 列，每列字數不等，自右嚮左竪讀。碑文字體大小不一，爲保證字列整齊，刻製者先在磚面上刻劃出多道整齊、大致等寬的陰刻竪綫，然後纔進行銘刻。原報告著有録文，并附拓本圖版。茲據圖版，參校各家著録，重新校録如下（圖四五、四六）。

【録文】

　　維大明萬曆二十年四月二十七日，南寧 宋 府，在城四/達，方孝信陳衡耒、復耒等以/顯考〔1〕陳公翼陽〔2〕，生扵丁酉年三月十一日未時，殁扵壬/午年九月十一日巳時，停柩未葬，就于祖山合江宋村，作/癸酉山癸卯向，仍俻金銀財帛，買本山東至青龍，西至/白虎，南至朱雀，北至玄武，上止青天，下止黄泉，中止/亡人吉穴，内方勾陳，分掌四域，道路將軍，董守封界〔3〕/，若輒干犯阿禁，即行勅付河

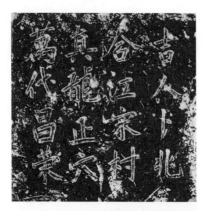

圖四五　廣西南寧出土陳翼陽買地磚券正面拓本
（《中國國家博物館館刊》2019 年 3 期，64 頁）

圖四六　廣西南寧出土陳翼陽買地磚券背面拓本
（《中國國家博物館館刊》2019 年 3 期，64 頁）

伯。今以牲牢、酒礼共盟信/誓，財地兩相交付。董用今月二十四日，
天地開張。日吉時/良，斬草立穴。再用二十七日，玉犬金鷄鳴吠，奉
柩安塋山/川。锺葵見，孫衔慶，富貴双全，人才茂盛，爵祿綿綿。奉/
太上王帝、女青真人律令！

立賣地契人　　后土皇地（祇）〔祇〕
牙证人　　　　張堅固、李定度
過錢人　　　　水裡魚、天边雁
中見人　　　　東王公、西王母
尋龍点穴　　　青鳥白鶴仙人

【校釋】

〔1〕"顯考"，古代對亡父的美稱。元以後專稱亡父爲顯考。《書·康誥》："惟乃丕顯考文王，克明德慎罰。"孔傳："惟汝大明父文王能顯用俊德，慎去刑罰，以爲教育。"《文選·曹植〈王仲宣誄〉》："伊君顯考，弈葉佐時。"李周翰注："考，父也。"按，清徐乾學《讀禮通考·神主》："古人於祖、考及妣之上，皆加一皇字，逮元大德朝始詔改皇爲顯，以士庶不得稱皇也。不知皇之取義，美也，大也，初非取君字之義。"

〔2〕"陳公翼陽"，這塊買地券是明萬曆二十年（1592）時，陳衡未、陳復未兄弟爲其去世的父親陳翼陽刻製的。"陳翼陽"，生平事迹史料無載，據券文所記，其生於"丁酉年"，卒於"壬午年"，生卒年月均未書帝號。今據買地券書刻的年代（萬曆二十年，1592年）回溯，則最近的"壬午年"爲萬曆十年（1582），最近的"丁酉年"則是嘉靖十六年（1537），因此，墓主陳翼陽當是生於明嘉靖十六年，卒於萬曆十年，享年45歲。

〔3〕"菫守封界"之"菫"，今按，其他買地券常用作"謹"。需要注意的是，在陳翼陽買地券的券詞中，出現了許多別字藉代同音或近音、近形字現象，如"菫守封界，若輒干犯阿禁"中的"菫""謹""阿""訶"，"锺葵見"中的"葵""馗""見""現"等。這種用字現象在同時期其他民間書刻的碑文、銘刻中也是非常常見的。

【有關問題探討】

券文"停柩未葬"一句，墓主死後一直是"停柩未葬"的，直到萬曆二十年時，纔在"祖山合江宋村"安葬，期間共歷十年。十年不葬，在南寧這種濕熱的氣候環境下，顯然是超乎我們想象的，但這種現象在明代卻是一種普遍的社會風氣。在當時，"停棺不葬"幾乎就是一種普遍現象，明太祖朱元璋甚至曾爲此下詔明令禁止，但卻收效甚微，甚至於在明末之際仍有"數十年不剋葬者"。"停棺不葬"并非完全不下葬，而祇是在死者死後，停棺於某處暫不入土安葬，而待擇好"風水佳地"的"陰宅"後，再擇吉時下葬。陳翼陽十年"停柩未葬"，正是這種風氣的反映，而他"停棺不葬"的原因，也正是爲了擇一"吉穴"，因此也纔會在買地券正面書刻"合江宋村，真龍正穴"等字昭示墓穴風水之佳，由此亦可見墓主及其家屬對風水"寶穴"選擇的慎重。值得一提的是，這種"停棺不葬"的例子，在深圳等地出土的同時期買地券中亦可見到，如黃氏買地券中黃三"停棺"一年多、曾文氏買地券中曾文氏"停棺"五年有餘，皆是因風水原因而導致葬期拖長，停柩數年甚至十多年纔下葬。

【主要參考文獻】

［1］《南寧古籍文獻叢書》編纂委員會編．南寧古籍文獻叢書·南寧府志［M］．南寧：廣西人民出版社，2008：391.

［2］黎文宗等．明南寧衛衛尉朱公墓誌考釋［J］．《文物春秋》，2018（2）：63－68.

［3］黎文宗，賁小梅．廣西南寧出土的兩塊明代買地券［J］．《中國國家博物館館刊》，2019（3）：63－68.

明萬曆三十七年（1609）孫遇誥買地磚券

【題記】

1995 年出土於河南洛陽瀍河區回族區五股路龍泉小區工地，買地券，泥質灰陶，正方形，邊長 47 厘米、厚 5.5 厘米，正面有朱色邊框，題目爲橫額，自左至右用硃砂楷書"幽堂券式"四字。正文以朱筆寫於陶面上，自左至右直書，朱書行楷 20 行，滿行 20 字，共 300 餘字。

邢富華等（2008）發表《洛陽出土明代買地券》一文，首次作了介紹。據其介紹，目前已發表的洛陽地區出土的明代買地券僅此一件，它反映了明代道教鎮宅、鎮墓等活動在洛陽民間較流行。這件買地券不僅是冥世土地私有權的憑證，也是當時民間祈求神靈保佑墓主人及子孫平安、吉祥的一種方式，它的發現爲研究明代洛陽地區的歷史、道教、經濟等提供了珍貴的實物資料。此外，此券文中涉及的買賣雙方均爲具體人物，其中 4 位在《河南洛陽縣志》中有記載，具有重要的史料價值。原報告據摹本錄文，并附有圖版。茲據拓本、摹本圖版，參校各家著錄，重新校錄如下（圖四七、四八）。

【錄文】

幽堂券式〔1〕

維/萬曆三十七年歲次己酉十二月十三日庚申〔2〕，□□吉。/安葬。孝男廩生孫衛宸〔3〕、舉人孫向宸〔4〕，長孫廩生□憚〔5〕，/伏緣亡考儒官孫公遇誥靈魂〔6〕，自從奄逝，［未］（永）擇祖穴，/夙夜憂思，不遑所厝。遂［令］（今）日者，卜此平原，自□/癸龍，艮山落脉，水出己午，來去朝迎，□占全吉，地/屬洛陽縣生員吳本厚之地〔7〕。儅到價錢九萬九千/九百九十九貫文，謹設牲牢酒脯，共爲信契。財/地相交，各已分明，令工匠修莹安厝之後，永保安/吉。知見人：歲主神后之神，/月主太乙之神。/代保人：日主小吉之神。/左隣人：東王公。右隣人：西王母。/驗地人：白鶴仙。書契人：青衣童子。/故氣邪精，永不干恠。先有居者，永避萬里。若違/此約，地府主吏，自當其禍。助保葬主内外存亡，悉/皆安吉。急急如/五帝使者女青律令。券立二本：一本奉付/后土地祇〔8〕，一本給付墓中亡考［收］（孜）執，［永］（之）爲照用〔9〕。/立券之後，故氣伏屍，永不侵争。/

圖四七　河南洛陽出土孫遇誥買地磚券拓本
（《文物》2011 年 8 期，71 頁）

幽堂券式

立券之後 故氣伏屍永不侵事
后土地祇 一本給付墓中古考攷䩱之為照用
五帝吏者女青律令 券立二本一本
皆要吉急如
北約地府主吏 自富其禍勠保養主
故氣徐絰永不干㤟先有居者永避
驗地人白鶴仙
在隣人東王公　　　　　右隣人西王母
代保人日主小吉　　　　　書契人青烏子
月主太乙之神　　　　　里吾遘
見人歲主神后之神　　　　外䖍六恵

地相交各已分明令工匠修笭安厝之後永保要
九百九十九貫文謹設牲牢酒脯其為信契財
洛陽縣生買美本厚之地倫到償㦲九萬九千
龍良山潛縣水出巳午未去朝迎頭占巳之地
玆貪憂思不遠所屑遷令日者上此平原自從
伏綠吉券儒宦孫公遇誥靈魂永得祖穴
安葬亡孝男庶生孫衛辰舉人孫向廈䁻縣生
三十七年歲次巳酉十月十三日庚虔生
吉埠

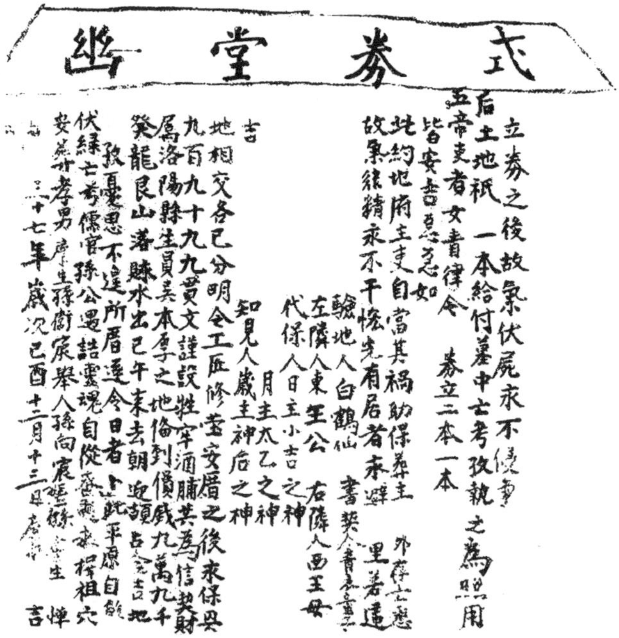

圖四八　河南洛陽出土孫遇誥買地磚券摹本
（《文物》2011 年 8 期，71 頁）

【校釋】

〔1〕"幽堂券式"，這件買地券題目的書寫方式尚屬首次發現。券文橫額中的"幽堂"應爲墳墓之意。唐代韓愈《劉統軍碑》有"有諡有誄，有幽堂之銘"。浙江温嶺新河鎮出土的南宋戴鍾墓志的墓志銘的題目爲"有宋校尉戴公幽堂記"。此件買地券的橫額及券文均從左到右書寫，表明在明萬曆三十七年（1609）洛陽道教中已有了從左到右的漢字書寫方式。

〔2〕"維[萬][曆]三十七年歲次己酉十二月十三日庚申"，券文拓本、摹本，第二、三字殘缺，今根據《孫遇誥墓志》記載"萬曆三十七年五月二十一日丑時我父卒，於是年十二月十三日窆葬新塋"，券文中缺失的應爲"萬曆"二字。

〔3〕"孝男廩生孫衛宸"，《河南洛陽縣志》貢生條載"孫衛宸，溫縣教諭"。《孫遇誥墓志》云"衛宸，庠廩生"，《孫拱宸墓志》云"衛宸，邑庠廩生"，以上文獻均可互證。

〔4〕"舉人孫向宸"，《河南洛陽縣志》舉人條載"孫向宸，萬曆丙午"，《孫遇誥墓志》云"向宸，萬曆丙午科舉人"，《孫拱宸墓志》云"向宸，丙午舉人"。

〔5〕"長孫廩生□惲"，據《孫遇誥墓志》《孫拱宸墓志》，券文所缺之字當爲"晫"。《河南洛陽縣志》舉人條載"孫晫，乙卯未任"，《孫遇誥墓志》云"晫萬曆乙卯科舉人"，《孫拱宸墓志》云"晫，舉人"。買地券、《河南洛陽縣志》二志記載基本相同。

〔6〕"伏緣亡考儒官孫公遇誥靈魂"，"亡考"，先父，去世的父親。《孔叢子·執節》："然，吾亦聞之，是亡考起時之言，非禮意也。"同墓所出《明顯考儒官孫公及母常氏合葬墓志銘》中謂孫遇誥別號松溪，爲庠生，"五試棘圍，未博一第"，後"拔之膠庠，授以儒官"，本身并無功名。

〔7〕"地屬洛陽縣生員吳本厚之地"，此土地所有者是吳本厚。吳本厚是亡者的長孫孫晫的岳父。《孫遇誥墓志》載："我父遇誥墓，松溪其別號也，庠生。……生我兄弟三，女一。長拱宸……孫男八，晫萬

曆乙卯科舉人，娶貢生吳本厚女。"《孫拱宸墓志》云："先考諱拱宸，字蓋甫，別號蓋一。……生孤兄弟二，長即孤晫，舉人，娶博士吳公諱本厚女。"《河南洛陽縣志》貢生條有"吳本厚，西安教授"。由此可知，買地券、《河南洛陽縣志》二志可互補。

〔8〕"券立二本：一本 奉 付 后土地祇"，摹本"一本"後兩字殘缺，原報告錄文補出"奉付"，甚是！如《明永樂十九年（1421）徐道成爲父徐道張、母李妙果買地券》："券立二本，一本奉付后土，一本乞付墓中，令亡人徐道□、□□□□□□□備隨身，永遠照用。"《清道光十五年（1835）王敏買地券》："□□□□二本上下后土地祇，一本給付上人王敏執并備用，永遠存照……"

〔9〕"一本給付墓中亡考〔收〕（孜）執，〔永〕（之）爲照用"，原報告錄作"一本給付墓中亡考，孜執之爲照用"。魯西奇校錄作"一本給付墓中亡考〔收〕（孜）執，〔永〕（之）爲照用"。今審驗摹本圖版，又參照買地券習例，魯氏所校甚是，今從之。

【有關問題討論】

洛陽地區出土的漢代買地券中有記載買、賣雙方具體姓名的，如《東漢中平五年（188）房桃枝買地鉛券》，券文云："雒陽大女房桃枝，從同縣大女趙敬買廣德亭部羅西造步兵道東冢下餘地一畝，直錢三千，錢即畢。"《東漢光和七年（184）樊利家買地鉛券》云："光和七年九月癸酉朔六日戊寅，平陰男子樊利家從雒陽男子杜謂子、子弟□買石梁亭部桓千東比是佰北田五畝，畝三千，并直萬五千。錢即日異。"洛陽地區出土的漢代以後的買地券不記載賣地人的具體姓名，而變成執掌土地的"后土"等鬼神，有的則祇云"買地一段""買得吉地"等，顯然是迷信的虛無說法。這種現象值得重視。

【主要參考文獻】

[1]〔清〕魏襄修，陸繼輅纂．河南洛陽縣志〔M〕．清嘉慶十八年（1813）刻本。

［2］李獻奇．河南嵩縣發現金大定董承祖買地券［J］．《中原文物》，1993（1）：110．

［3］刁淑琴．洛陽嵩縣發現金代買地券［J］．《文物》，1997（9）：70，72．

［4］洛陽市文物工作隊．洛陽孟津縣麻屯金墓發掘簡報［J］．《華夏考古》，1996（1）：13 - 16．

［5］褚衛紅等．洛陽邙山出土金代買地券［J］．《文物》，1999（12）：88．

［6］邢富華等．洛陽出土明孫氏父子墓志反映的孫氏世系及其它問題釋略［M］//王支援，朱世偉主編．洛陽民俗文化研究論文集［M］．西安：三秦出版社，2008：161 - 169．

［7］邢富華等．洛陽出土明代買地券［J］．《文物》，2011（8）：69 - 72．

［8］魯西奇．中國古代買地券研究［M］．廈門：廈門大學出版社，2014：616．

明崇禎十三年（1640）陳贊化買地石券

【題記】

2005 年 7 月出土於山東聊城市城內閘口東 700 米路南建築工地。買地券，青石質，方形，保存完整，高 52.5、寬 52.5、厚 12 厘米。陽面自左至右鑿刻楷書小字券文 30 行，行 1 ~ 28 字不等，共計 571 字，字上曾填過硃砂，字迹清晰。在買地券左邊中部偏下有半個合體文，應是"合同"這兩個字的合體。另外，清理中還發現買地券上方用 11 枚銅錢組成近似"山"形符號，現僅存 1 枚銅錢，爲"萬曆通寶"，銅錢擺放工整，似乎代表某種含義，也許這跟當時盛行道教有關。魏聊、劉超（2019）發表《聊城出土明代陳贊化買地券》一文，作了介紹，有錄文，并附有拓本圖版。茲據拓本圖版，參校各家著錄，重新校錄如下（圖四九）。

圖四九　山東聊城出土陳贊化買地石券拓本
（《海岱考古》2019 年 0 期，327 頁）

【録文】

　　維/大明山東東昌府濮州朝城縣秋三、九甲人氏〔1〕，見在本府城中四牌坊南/街北〔2〕居住，主祭〔3〕孝男〔4〕陳天瑞。/明故顯考原任都察院左副都御史〔5〕加俸一級。/勑贈右都御史〔6〕陳公諱贊化〔7〕，生於萬曆十五年丁亥十一月二十四日寅/時，大限〔8〕卒於崇禎十年丁丑正月三十日寅時。蒙〔9〕/諭祭〔10〕、/諭葬〔11〕。/欽差東昌道帶分守道王公弼〔12〕，扵崇禎十二年十一月二十四日祭訖，今/扵崇禎十三年歲次庚辰閏正月癸未朔越二十四日，丙午天地開/通日吉時良。/欽差本縣知縣陶以銓特來開山斬草破土，用工修建，工程畢後，擇本年/三月壬午朔越初四日乙酉〔13〕，酉時天地和寧，玉犬金雞鳴吠歌吼，俸/柩安葬。自奄逝以來停棺扵室三載有餘〔14〕。

今卜東震有氣之原，巽已/發龍過脉夾帶坤申，貪武雙潮盈趣於厥，水
出癸方達通湖海〔15〕。來去/有情，藏風聚氣，堪爲宅兆。丙山爲主
三七分，今按古經八藏點穴，頂/棺接緒地乃廉真駕天才巨門，棺深一
丈一尺六寸大吉。地屬本府/聊城縣之原，謹憑白鶴仙人置剛鬣柔毛、
金銀財帛九萬九千九十/貫文，共盟信誓，財地兩相交付於：開皇后土
元君〔16〕，買到龍子山崗〔17〕陰地一方。南北長一百步，東西闊四
十二/步，積步四千二百步，乘地一十七畝五分。東至青龍，西至白虎，
南至/朱雀，後至玄武〔18〕。上指/青天，下指黃泉，中止顯考陳公諱
贊化爲陰宅之主。內方勾陳，分掌四域。/丘承墓伯，謹守封界。道路
將軍，齊整阡陌〔19〕。致使千秋永無殃咎。若有/干犯，山川神祇，
縛付河伯。地府主吏，自當厥禍，福其掌握。內外存亡，/永叶真吉。
急急奉/太上五帝律令。勅！券立二本：一本奉后土陰君，一券付玄堂
神主陳公諱贊化收執炤用。代保人：年直符大吉、月直符從魁、日直符
太衝、時直符功曹〔20〕。/

【校釋】

〔1〕"大明山東東昌府濮州朝城縣秋三、九甲人氏"，陳贊化原籍
濮州朝城縣，歸東昌府管轄。當時朝城實行里（坊）甲制，這是明代
社會基層組織。每一百十戶爲一里，推丁糧多者十戶爲長，餘百戶爲
甲，甲凡十人，歲役里長一人，甲首一人，以丁糧多寡爲序，凡十年一
周，曰排序。在城曰坊，近城曰廂，鄉都曰里。可見"甲"是里（坊）
之下的一種更基層的組織名稱，里甲又是規定人們居住的具體位置。秋
三、九甲，是城市里坊制住址的表述。唐代白居易《登觀音臺望城》
中描繪："百千家似圍棋局，十二街如種菜畦。"這就是古代城市里坊
制的形象體現。"秋三"，應是西方的第三坊，因爲秋在方位上代表西
方。"九甲"，是第三坊的第九甲。

〔2〕"本府城中四牌坊南街北"，"本府"是指東昌府；"四牌坊南
街"是本府某街道，具體位置尚無史料可查。可以認定，明代東昌府內
牌坊是比較多的。

〔3〕“主祭”，主持祭祀。《孟子·萬章上》：“使之主祭而百神享之。”《三國志·魏志·東夷傳》：“國邑各立一人主祭天神，名之天君。”明顧起元《客座贅語·文廟主祭》：“上丁祀先師孔子，禮部奏准，南京國子監祭酒主祭。

〔4〕“孝男”，居喪的兒子。《八瓊室金石補正·唐金大娘壙志》：“孝男徐德行以大唐寶應元年七月十四日葬金大娘於崑山依仁岡，從父穴也。”

〔5〕“都察院左副都御史”，據文獻記載，陳贊化官職爲都察院左副都御史。根據《簡明古代職官辭典》可知，明代設監察御史，遂廢御史臺之名，改稱都察院，以總領各道監察御史，并以都御史、副都御史爲其長官。

〔6〕“右都御史”，官名。明代改歷代所置之御史臺爲都察院，設左、右都御史各1人，爲都察院長官，皆爲正二品。掌監察舉劾之事，兼管審理重大案件及考核官員。右都御史位略次於左都御史。

〔7〕“陳公諱贊化”，墓主陳贊化，生於萬曆十五年（1587）十一月二十四日，卒於崇禎十年（1637）丁丑正月三十日。清康熙時期《聊城縣志·人物志》記述：“陳贊化，字金鉉，朝城人，居郡城。登天啓壬戌進士。授太湖縣知縣。有豚鳴冤，贊化齋戒祈於城隍廟，得其狀，隨豚行至所止，令人發之，得尸，逐審得其情正法，人稱神明。調繁桐城，時魏璫籍左光斗家，贊化調停陰護，桐人得之。擢給事中，清正不阿，發宜興，藐視上語，稱爲‘羲皇上人’，直聲動中外。宜興尋罷去，贊化升太常寺少卿再進太僕通政，協理院事左副都御史。勞瘁嘔血請假歸，至恩縣病篤。前一日命發牌赴焦山任，次日卒。上傷悼予祭葬，贈左都御史。贊化清介，饋遺不納，四壁蕭然，無異寒素。祀鄉賢。”此買地券雖然充滿迷信色彩，但其中也透露出較珍貴的地方史料。

〔8〕“大限”，壽數，死期。晉葛洪《抱樸子·極言》：“不得大藥，但服草木，可以差於常人，不能延其大限也。”唐權德輿《古興》詩：“人生大限雖百歲，就中三十稱一世。”《水滸傳》第八五回：“羅

真人笑道：'大限到來，豈容汝等留戀乎？'"

　　〔9〕"蒙"，敬詞。承蒙。《後漢書·班超傳》："臣超區區，特蒙神靈。"宋王安石《答司馬諫議書》："昨日蒙教……終必不蒙見察。"

　　〔10〕"諭祭"，謂天子下旨祭臣下。明袁中道《東遊日記》："文莊知之，上聞於朝，遣使諭祭。"明朱國禎《湧幢小品·諭祭》卷三："諭祭，有遣本縣主簿者。"

　　〔11〕"諭塟"，謂天子下旨葬臣下。《諭塟王永光暨妻文》："崇禎十三年，遣長垣縣知縣段耀然，諭塟光禄大夫柱國少保兼太子太傅吏部尚書王永光暨妻累贈一品夫人孔氏、胡氏、李氏。"清趙翼《文端師諭葬事畢余囑其二子入京詩以志愧》詩："文端師諭葬事畢，余囑其二子承需、承霈入京奏謝，舊時賓客皆目笑之，以爲何所望也。"《漢語大詞典》未收此詞，當補。

　　〔12〕"東昌道帶分守道王公弼"，"王公弼"，是東昌道帶分守道，這個官職是布政史佐官，參議分理各道錢穀。《津門詩鈔》曰："公弼，字直卿，號梅和，滄州人。萬曆丙辰進士，國朝戸部侍郎，都察院都御史。"

　　〔13〕"擇本年三月壬午朔越初四日乙酉"，三月初四是鳴吠日。所謂"鳴吠日共十四日①"或"鳴吠對日共十日②"。陳贊化墓斬草日、安葬日爲什麼要選擇鳴吠日呢？這是因爲自唐代起就有"金雞鳴、玉犬吠、上下不呼、亡靈安穩，子孫富昌"的神煞觀念。券文下曰："酉時天地和寧，玉犬金雞鳴吠歌吼。"可見，古代選擇陰宅十分慎重，既選擇時辰又按古經點穴，還要根據八卦占卜。

　　〔14〕"自奄逝以來停棺扵室三載有餘"，古代有停尸三年守孝的葬俗。陳贊化卒於崇禎十年（1637）正月，其墓直到崇禎十三年（1640）正月知縣陶以銓親自來山斬草破土，用工修建，直到崇禎十三年

---

① 即庚午日、壬申日、癸酉日、壬午日、甲申日、乙酉日、庚寅日、丙申日、丁酉日、壬寅日、丙午日、己酉日、庚申日、辛酉日。

② 即丙子日、庚子日、壬子日、乙卯日、辛卯日、丁卯日、癸卯日、丙寅日、甲午日、甲寅日。

（1640）三月初四纔占卜後俸柩安葬。

〔15〕“今卜東震有氣之原，巽巳發龍過脉夾帶坤申，貪武雙潮盈趣扵厥，水出癸方達通湖海”，古人選墓地點穴講究風水。“震”，是八卦之一，在位爲東，在季爲春，陽氣之始也，所以爲“氣之原”。“巽”，八卦之一，在位東南，爲風。“巳”，地支第六位，時辰爲上午九點至十一點，古代方位上也是東南。“坤”，八卦之一，在位西南，爲地爲母，十二地支中第九位。“貪武”，應爲“玄武”，四神之一，爲北方之神。“癸”，天干的第十位，方位爲北方，主水，所以能“達通湖海”。

〔16〕“后土元君”，應爲土地之神。

〔17〕“龍子山崗”，現在龍山小區在柳園路西，而買地券出土地點在柳園路東 700 米，則明代末年龍子山崗應是橫跨柳園路、雄居閘口南的一個大土山。

〔18〕“青龍、白虎、朱雀、玄武”，四方之神，再加上“上青天、下黄泉”，這樣就給陳贊化營造了一個陰宅空間，由勾陳之神管理。宋代《地理新書》載：“青龍，犯之，三年内害家長及子孫；朱雀，犯之，主縣官文書、公訟争鬥；白虎，犯之，主年内害子孫；玄武，犯之，散失錢財，盜賊。”侵犯這些主管各個方位的神煞將會造成嚴重的後果。

〔19〕“道路將軍，齊整阡陌”，“將軍”，是主管墓地道路之武將。阡陌，指田間的道路，南北爲阡，東西爲陌，是讓“道路將軍”管好田間通往墓的道路，這樣就可以使陳贊化陰宅千秋永無殃咎。

〔20〕“代保人”，券文記載有四個代保人，分别是年、月、日、時的值日官，實際上“大吉、從魁、太衝、功曹”都是天上的星宿。古代認爲天上星神輪流值班，掌管人間之事，如“從魁”是北斗七星中從斗頭數起第二星的别稱，原名稱爲“天璇”。

【有關問題探討】

券文中“券立二本”，買地券一般都券立二本，一券埋葬在墓葬所在地，通常都覆蓋在棺木上方；另一券安放在墓主人生前所在地。明清買地券常見用例。《明永樂十九年（1421）徐道成爲父徐道張、母李妙果買地券》：“券立二本，一本奉付后土，一本乞付墓中，令亡人徐道□、□□□□□□備隨身，永遠照用。”《明正統九年（1444）陶時買地磚券》：“券立二本：一本付后土，一本乞付墓中，令亡弟陶時收把準備，恐有邪神野鬼妄行爭占，仰亡過陶時執此前赴大玄都省陳告，付□〔執〕（遠）照用。”《清道光十五年（1835）王敏買地券》：“□□□□二本上下后土地祇，一本給付上人王敏執并備用，永遠存照……”1957 年 12 月，河北安次發現一座太監墓，出土兩方磚質買地券，其中一方置於墓門內，另一方置於北券洞內。這兩方買地券形制和文字內容完全相同，唯券文一方自左嚮右書寫，另一方由右嚮左書寫①。

【主要參考文獻】

［1］（清）何一傑，應純仁纂修．（康熙）聊城縣志［M］．1662 –
1722.

［2］顏品忠等．中華文化制度辭典［M］．北京：中國國際廣播出版社，1998：395.

［3］劉廷鑾，孫家蘭．山東明清進士通覽·明代卷［M］．濟南：山東文藝出版社，2015：347.

［4］魏聊，劉超．聊城出土明代陳贊化買地券［J］．《海岱考古》，2019（0）：326 –331.

清康熙五十三年（1714）顧楷仁買地磚券

【題記】

江蘇蘇州出土，磚質，各行順逆相間。原報告著有錄文，并附有拓本圖版，無法看清。朱江（1964）發表《四件沒有發表過的地券》一

---

① 馮秉其．安次縣西固城村發現明墓［J］．《文物》，1959（1）：71.

文，作了介紹，有録文，并附有拓本圖版，惜模糊不清。茲參校各家著録，重新校録如下。

【録文】

維大清康熙伍拾三年拾貳月貳拾捌日，長/洲縣〔1〕奉鳳池鄉張明土地界中居住、信宦孝子/顧楷仁〔2〕、植義、梓材、松齡，爲顯妣〔3〕誥封〔4〕一品夫人〔5〕張太夫人〔6〕，生於順治貳年正月初四日未/時，卒於康熙伍拾壹年四月初柒日戌時，享/年陸拾捌歲。今卜吳縣南宮鄉興福土地界/中、穹隆山紫藤塢之原〔7〕，謹憑白鶴仙師〔8〕，置金/錢財帛玖萬玖千玖佰玖拾玖貫文，致敬於/開皇后土元君位下，買到木山。東至青龍，西/至白虎，南至朱雀，北至玄武，上止青天，下止/黃泉，中止吉穴。内方勾陳，分掌四域。丘承墓/伯，謹守封界。道路將軍，齊〔整〕（肅）阡陌〔9〕。若有干犯/訶禁，將軍即付河伯。虔備牲牢酒禮〔10〕，共盟信/誓。財地相交。謹擇康熙伍拾叁年拾貳月貳/拾捌日申時〔11〕，奉柩安葬。山川鍾靈，神祇保祐，/永錫洪庥〔12〕。若違斯約，地府主吏，自當厥咎〔13〕。内/外存亡，永貞葉吉。急急奉太上五帝律令。勅！/

【校釋】

〔1〕“長洲縣”，唐萬歲通天元年（696）置，治所即今江蘇蘇州市。1912 年并入吳縣。與買地券出土地相一致。

〔2〕“顧楷仁”，字晉裴，江蘇吳縣人。清康熙三十九年庚辰科（1700）二甲進士，官雲南道監察御史，居官盡職，議訂廢銅鼓鑄，以除隱蔽，父歿服闋不出。《清雍正十二年（1734）蘇州至行坊惠民藥局碑》：“賜進士出身協理河南道事廣東道監察御史顧楷仁撰并書。”工書法，宗二王，撰有《内閣中書吳孟舉墓志銘》等。其父顧汧，康熙十二年（1673）進士，歷官編修内閣學士、禮部右侍郎、河南巡撫等，有《鳳池園集》傳世。

〔3〕“顯妣”，舊時對亡母的美稱。漢王粲《思親爲潘文則作》詩：

"穆穆顯妣，德音徽止。"清代墓志銘中常見用例，如崇禎十二年
（1639）《明顯考邑學生静生張公府君顯妣張母譚氏孺人墓》、清光緒二
十一年（1895）《皇清誥封一品夫人顯妣蕭母盧夫人之墓》等。

〔4〕"誥封一品夫人"，"誥封"，明清對五品以上官員及其先代和
妻室以皇帝的誥命授予封典，謂"誥封"。明歸有光《六母舅後江周翁
壽序》："中憲公以河南之貴受誥封。"明無名氏《霞箋記・煙花巧賺》：
"賤妾不願生前受享誥封，祇願死後再同枕席耳。"清王應奎《柳南隨
筆》卷一："後忠毅受恤典，而太公亦誥封如其官。"

〔5〕"一品夫人"，明清時期外命婦分七品九等，其中夫人有一品、
二品之别，一品之夫人俗稱一品夫人，以别於夫人之二品者。《明史・
職官志》一《吏部》："外命婦之號九：公曰某國夫人，侯曰某侯夫人，
伯曰某伯夫人，一品曰夫人，二品曰夫人，三品曰淑人，四品曰恭人，
五品曰宜人，六品曰安人，七品曰孺人。"《清史・職官志》一《吏
部》："命婦之號九：一曰一品夫人，二品亦夫人……"

〔6〕"張太夫人"，顧楷仁、植義、梓材、松齡等四兄弟之母，顧
沂之妻。生於清順治二年（1644）正月初四，卒於康熙五十一年
（1712）四月初柒，享年68歲。

〔7〕"吳縣南宫鄉興福土地界中、穹隆山紫藤塢之原"，亡人葬地。
《吳郡諸山志》："穹隆山紫藤塢，深幽多藤花可掇。"

〔8〕"白鶴仙師"，道教仙人。據説，"白鶴仙師"是洪門五宗之一
陳永華。因居湖北襄陽城南"白鶴洞"，號"白鶴道人"，藉傳道爲名，
遊蕩四方，聯絡仁人義士。

〔9〕"齊肅阡陌"之"肅"，當爲"整"之形誤。此爲買地券習
語，宋以來買地券常見用例。《北宋崇寧二年（1103）劉密爲妻張氏二
娘買地磚券》："道路將軍，齊整阡陌。"《南宋慶元四年（1198）朱濟
南買地石券》："道路將軍，齊整阡陌。"《明永樂十七年（1419）戴得
原買地磚券》："道路將軍，齊整阡陌。"

〔10〕"虔備牲牢酒禮"，"虔"，恭敬；誠心。《左傳・莊公二十四
年》："女贄，不過榛栗棗脩，以告虔也。"杜預注："虔，敬也。"《文

選·張衡〈西京賦〉》："豈伊不虔思於天衢。"薛綜注："虔，敬也。"
此句雖爲買地券習語，但從宋至清，用詞稍有變化。兩宋時期常作"牲
牢酒飯"。《北宋大觀三年（1109）孫大郎、徐大娘買地石券》："今以
牲牢酒飯，百味香新，共爲信契。"《南宋咸淳十年（1274）呂文顯買
地磚券》："今以牲牢酒飯，百味香新，共爲信誓。"明代改作"牲牢酒
脯"。《明正統三年（1438）何銘等爲父買地磚券》："今備牲牢酒脯，
百味香新，共爲信契。"《明萬曆三十七年（1609）孫遇諧買地磚券》：
"謹設牲牢酒脯，共爲信契。"

〔11〕"謹擇康熙伍拾三年拾貳月貳拾捌日申時"，張太夫人於康熙
五十三年（1714）十二月二十八日15時至17時下葬。據上文可知張太
夫人卒於康熙五十一年（1712）四月初七，康熙五十三年（1714）十
二月二十八日纔下葬，停柩時間長達兩年八個多月，使我們瞭解到清代
蘇州地區也保有延葬習俗。

〔12〕"洪庥"，猶洪庇。"庥"，庇護。明徐渭《鮑府君醮科·散
花初獻》："今醮主某深荷洪庥，預蒙陰隲，敬以歲辰之吉，謹陳醮禮
之筵。"清黃爵滋《敬陳六事書》："謹天戒以迓洪庥也。"

〔13〕"地府主吏，自當厥咎"，"厥"，代詞，其。表示領屬關繫。
《書·伊訓》："古有夏先后方懋厥德，罔有天災。"《明崇禎十三年
（1640）陳贊化買地石券》："地府主吏，自當厥禍，福其掌握。"買地
券中多作"其禍"。《北宋崇寧二年（1103）劉密爲妻張氏二娘買地磚
券》："若違此約，地府主吏，自當其禍。"《明永樂十七年（1419）戴
得原買地磚券》："地府主吏，自當其禍。"《明宣德元年（1426）陳仲
良爲考陳子名、妣富氏買地磚券》："若違此約，地府主吏，自當其
禍。"《明萬曆三十七年（1609）孫遇諧買地磚券》："若違此約，地府
主吏，自當其禍。"

【有關問題探討】

券文中"張明土地"與"興福土地"應是當地的土地神祇。本券
以土地神的"神境"界定亡人生前居地與墓地所在，清晰地顯示出其

主要面嚮神祇的功能。原報告作者説，他曾在蘇州、無錫負責基本建設工程工地墓葬發掘兩年餘，清理清墓不下百十座，但發現的清代地券，卻祇有一兩例。這至少可以説明，清代在蘇南地區，磚質或石質買地券的使用已不普遍。

【主要參考文獻】

［1］朱江．四件没有發表過的地券［J］．《文物》，1964（12）：61-64.

［2］朱保炯等．明清進士題名碑録索引［M］．上海：上海古籍出版社，1980：2672.

［3］魯西奇．中國古代買地券研究［M］．廈門：廈門大學出版社，2014：623-624.

［4］高磊等．清人選宋詩研究［M］．蘇州：蘇州大學出版社，2017：148.

後　記

　　本書是本人承擔的 2016 年全國高等院校古籍整理研究工作委員會直接資助項目"歷代買地券輯注"（批准編號：1625）的結項成果。

　　本書是中國博士後第 59 批科學基金面上資助項目"買地券詞彙專題研究"（資助編號：2016M590528）的進一步深化，也是教育部人文社會科學研究一般項目"漢魏六朝墓券語言研究"（項目批准號：17YJC740012）的階段性成果，同時也是河南省高等學校人文社會科學重點研究基地"河南古都文化研究中心"的研究成果。

　　本人在浙江大學人文學院做博士後研究工作，對古代買地券的關注始於博士後合作導師方一新先生的指導。在方老師的指導下，完成了博士後面上資助項目、古委會項目、教育部項目等的立項，在此深表感謝。北京語言大學博士生導師華學誠先生也一直關心我的學業和生活，讓我感動不已。洛陽理工學院人文與社會科學學院及社會科學處的各級領導與老師也非常關心我，給予大力支持，特此致謝。

　　在項目研究的過程中，以一己之力完成這麽多的內容，從能力上講較難勝任，尤其是部分圖版或者是外文資料在國內暫時查找不到。書中觀點僅代表一家之言，如有新資料公布或新研究成果問世，願加以補充修訂。

　　本書囿於個人能力，主要是做了輯録與考釋工作，但有些資料尚未查閲，因此，本書結論有待新材料與新研究成果的檢驗。

褚　紅

2020 年 8 月